Hans Kelsen zur Einführung

Robert Walter (1931–2010),
dem großen Kenner und Förderer
der Reinen Rechtslehre,
zum Gedenken

Horst Dreier

Hans Kelsen
zur Einführung

JUNIUS

Junius Verlag GmbH
Stresemannstraße 375
22761 Hamburg
info@junius-verlag.de
www.junius-verlag.de

Umschlaggestaltung: Florian Zietz
Printed in the EU 2026
ISBN 978-3-96060-336-8
2., ergänzte Auflage 2026

Bibliografische Information der Deutschen Nationalbibliothek
Die Deutsche Nationalbibliothek verzeichnet diese Publikation in der Deutschen Nationalbibliografie; detaillierte bibliografische Daten sind im Internet über http://dnb.dnb.de abrufbar.

Zur Einführung ...

... hat diese Taschenbuchreihe seit ihrer Gründung 1977 gedient. Zunächst als sozialistische Initiative gestartet, die philosophisches Wissen allgemein zugänglich machen und so den Marsch durch die Institutionen theoretisch ausrüsten sollte, wurden die Bände in den achtziger Jahren zu einem verlässlichen Leitfaden durch das Labyrinth der neuen Unübersichtlichkeit. Mit der Kombination von Wissensvermittlung und kritischer Analyse haben die Junius-Bände stilbildend gewirkt.

Seit den neunziger Jahren reformierten sich Teile der Geisteswissenschaften als Kulturwissenschaften und brachten neue Fächer und Schwerpunkte wie Medienwissenschaften, Wissenschaftsgeschichte oder Bildwissenschaften hervor. Auch im Verhältnis zu den Naturwissenschaften sahen sich die traditionellen Kernfächer der Geisteswissenschaften neuen Herausforderungen ausgesetzt. Diesen Veränderungen trug eine Neuausrichtung der Junius-Reihe Rechnung, die seit 2003 von der verstorbenen Cornelia Vismann und zwei der Unterzeichnenden (M.H. und D.T.) verantwortet wurde.

Ein Jahrzehnt später erweisen sich die Kulturwissenschaften eher als notwendige Erweiterung denn als Neubegründung der Geisteswissenschaften. In den Fokus sind neue, nicht zuletzt politik- und sozialwissenschaftliche Fragen gerückt, die sich produktiv mit den geistes- und kulturwissenschaftlichen Problemstellungen vermengt haben. So scheint eine erneute Inventur der

Reihe sinnvoll, deren Aufgabe unverändert darin besteht, kompetent und anschaulich zu vermitteln, was kritisches Denken und Forschen jenseits naturwissenschaftlicher Zugänge heute zu leisten vermag.

Zur Einführung ist für Leute geschrieben, denen daran gelegen ist, sich über bekannte und manchmal weniger bekannte Autor(inn)en und Themen zu orientieren. Sie wollen klassische Fragen in neuem Licht und neue Forschungsfelder in gültiger Form dargestellt sehen.

Zur Einführung ist von Leuten geschrieben, die nicht nur einen souveränen Überblick geben, sondern ihren eigenen Standpunkt markieren. Vermittlung heißt nicht Verwässerung, Repräsentativität nicht Vollständigkeit. Die Autorinnen und Autoren der Reihe haben eine eigene Perspektive auf ihren Gegenstand, und ihre Handschrift ist in den einzelnen Bänden deutlich erkennbar.

Zur Einführung ist in der Hinsicht traditionell, dass es den Stärken des gedruckten Buchs – die Darstellung baut auf Übersichtlichkeit, Sorgfalt und reflexive Distanz, das Medium auf Handhabbarkeit und Haltbarkeit – auch in Zeiten liquider Netzpublikationen vertraut.

Zur Einführung bleibt seinem ursprünglichen Konzept treu, indem es die Zirkulation von Ideen, Erkenntnissen und Wissen befördert.

Michael Hagner
Ina Kerner
Dieter Thomä

Inhalt

Vorwort zur zweiten Auflage

Bei der hier vorliegenden 2. Auflage handelt es sich um eine durchgesehene, geringfügig überarbeitete Auflage. Offensichtliche Druckfehler sind beseitigt sowie einige kleinere sprachlich-stilistische Verbesserungen vorgenommen worden. Im Wesentlichen ging es darum, einzelne in der Zeit nach der Drucklegung der ersten Auflage erschienene Titel einzuarbeiten, die mir wichtig erschienen. Nicht mehr berücksichtigen konnte ich allerdings den Band »Kelsen's Legacy: Legal Normativity, International Law and Democracy«, edited by Jorge Emilio Núñez, Gonzalo Villa-Rosas and Jorge Luis Fabra-Zamora, Oxford 2025.

Horst Dreier — Reinbek, den 7. Januar 2026

Vorwort zur ersten Auflage

Kelsen gilt nicht wenigen als *der* Jurist des 20. Jahrhunderts: »the outstanding jurist of the twentieth century« (Tur/Twining 1986). Kein Geringerer als Thomas Nipperdey hat ihn in seiner *Deutschen Geschichte* durchaus anerkennend als den »größten der reinen Positivisten« bezeichnet. Diese zentrale Rolle im Pantheon der Rechtswissenschaft ist ihm gewiss. Seinem Lebenswerk, der *Reinen Rechtslehre*, wird selbstverständlich auch in der hier vorliegenden Einführung der gebührende Platz eingeräumt. Dennoch sollten wir darüber nicht vergessen, dass Kelsen so viel mehr war als nur ein bedeutender Rechtstheoretiker. Er startete seine insgesamt erstaunliche Karriere als Verfassungsexperte in ganz verschiedenen Funktionen, wandte sich später stark dem Völkerrecht zu und verfasste einige der wichtigsten Demokratiebegründungsschriften überhaupt. Soziologische und ideologiekritische Schriften treten hinzu. In der Summe präsentiert sich uns also ein vielschichtiges, in viele Bereiche und andere als rechtswissenschaftliche Disziplinen ausgreifendes Werk, das diese Einführung zumindest ansatzweise zu erfassen versucht.

Der Autor hat vielfältigen Anlass, Dank zu sagen. Er geht zunächst an die vorzügliche Betreuung des Büchleins durch den Junius Verlag, insbesondere in Gestalt von Steffen Herrmann, meinem Lektor. Zu besonders großem Dank verpflichtet bin ich sodann – alphabetisch gereiht – Franz-Alois Fischer, Clemens Jabloner, David Kuch, Helmuth Schulze-Fielitz und Ewald Wiederin, die freundlicherweise frühere Manuskriptfassungen gelesen und mich mit außerordentlich hilfreichen Hinweisen und weiterführenden Kommentaren bereichert haben. Ihnen sage ich auch auf diesem Wege noch einmal ein großes und tief empfundenes: Dankeschön!

Zur Zitierweise sei nur angemerkt, dass ich insbesondere die Werke Hans Kelsens häufig nicht nur nach der Erstveröffentlichung, sondern auch nach verbreiteten anderen Drucken zitiert habe; darüber gibt das Literaturverzeichnis näheren Aufschluss. Die *Hans Kelsen Werke*, verdienstvollerweise seit Jahren von Matthias Jestaedt herausgegeben, habe ich, wo immer es möglich war, als Quelle und (zusätzlichen) Beleg herangezogen. Stets steht die Seitenzahl der Erstveröffentlichung vor dem Schrägstrich, die der anderen Ausgabe danach. Also etwa: Reine Rechtslehre von 1960/Studienausgabe von 2017, abgekürzt zitiert: RR^2 196 ff./346 ff.

Alle Hervorhebungen in den wörtlichen Zitaten finden sich im Original, nur Abweichungen wurden kenntlich gemacht. Auf das Abkürzungsverzeichnis sei eigens hingewiesen.

Horst Dreier — Reinbek, den 7. Januar 2023

Abkürzungsverzeichnis

(vgl. zusätzlich das Verzeichnis der abgekürzt zitierten Hauptwerke Kelsens, unten S. 232 ff.)

ABGB	Allgemeines Bürgerliches Gesetzbuch
AJIL	American Journal of International Law
AöR	Archiv des öffentlichen Rechts
ARSP	Archiv für Rechts- und Sozialphilosophie
ASwSp	Archiv für Sozialwissenschaft und Sozialpolitik
Bd., Bde.	Band, Bände
BVerfGE	Entscheidungen des Bundesverfassungsgerichts. Herausgegeben von den Mitgliedern des Bundesverfassungsgerichts
B-VG	Bundes-Verfassungsgesetz [Österreichs v. 1. Oktober 1920]
Ed., Eds.	Editor, Editors
EJIL	European Journal of International Law
HKW	Hans Kelsen Werke. Herausgegeben von Matthias Jestaedt in Kooperation mit dem Hans Kelsen-Institut, 2007 ff. (bislang sind zehn Bände erschienen, die den Zeitraum von 1905 bis 1923 umfassen)
Hrsg.	Herausgeber
i. E.	im Erscheinen
JA	Juristische Arbeitsblätter
JöR	Jahrbuch für öffentliches Recht/Jahrbuch des öffentlichen Rechts
JW	Juristische Wochenschrift
JZ	Juristenzeitung
KrV	Immanuel Kant, Zur Kritik der reinen Vernunft (1781 = A; 2. Aufl. 1787 = B)
Ms.	Manuskript
NZZ	Neue Zürcher Zeitung

ÖZöR	Österreichische Zeitschrift für öffentliches Recht und Völkerrecht
SJZ	Süddeutsche Juristenzeitung
UCLA	University of California Los Angeles
VerwArch.	Verwaltungsarchiv
VfSlg	Sammlung der Erkenntnisse und Beschlüsse des Verfassungsgerichtshofes
VVDStRL	Veröffentlichungen der Vereinigung der Deutschen Staatsrechtslehrer
WRS	Die Wiener Rechtstheoretische Schule. Ausgewählte Schriften von Hans Kelsen, Adolf Julius Merkl und Alfred Verdroß, herausgegeben von Hans R. Klecatsky, René Marcic und Herbert Schambeck, Bde. I und II, Frankfurt/M. u.a. 1968
WRV	Verfassung des Deutschen Reichs (= Weimarer Reichsverfassung) vom 11. August 1919
ZNR	Zeitschrift für Neuere Rechtsgeschichte
ZöR	Zeitschrift für öffentliches Recht
ZRG GA	Zeitschrift der Savigny-Stiftung für Rechtsgeschichte, Germanistische Abteilung
ZSR	Zeitschrift für Schweizerisches Recht
ZStW	Zeitschrift für die gesamte Staatsrechtswissenschaft

Prolog: Kelsen als Feindbild

Würde man eine Rangliste der am heftigsten kritisierten, wenn nicht geschmähten Rechtswissenschaftler des 20. Jahrhunderts in Deutschland aufstellen, so hätte Hans Kelsen beste Aussichten auf einen Spitzenplatz.[1] Es lässt sich durchaus von einem »Feindbild« Kelsen sprechen (Jabloner 2022). Die Gegner kamen von rechts und von links, es waren dezidierte Antisemiten unter ihnen, und falsche Freunde gab es wohl auch. So hat man ihn, um einige wenige Kostproben zu geben, zu den »Zeloten eines blinden Normativismus« (Schmitt 1931, 30) gerechnet und seine *Allgemeine Staatslehre* zu einem »ganz bewußt erreichten Nullpunkt« (Smend 1928, 124) dieses Genres erklärt. Seine Rechtslehre ordnete man als bloßen »Normlogismus« (Heller 1934, 185, 264) ein: sie sei »zwar nicht wertfrei, aber wertlos« (Heller 1934, 55). Ganz ähnlich wurde Kelsens Theorie als blutleer und als ein »auf die Spitze getriebener juristischer Nominalismus, der jede sittlich-geistige Substanz des Rechts und des Staates« leugne,[2] verworfen.

Allerdings weisen Stoßrichtung und Motivation seiner Ablehnung im Laufe der Jahrzehnte durchaus markante Unterschiede auf. In den Jahren der Weimarer Republik attackierten ihn seine Gegner vor allem aus dem antipositivistischen Lager zwar durchaus heftig, betrachteten und achteten ihn jedoch zumindest überwiegend noch als akademischen Widersacher (Dreier 2001, 20 ff./99 ff.). In der Zeit des Nationalsozialismus wurde aus dem wissenschaftlich bekämpften, aber letztlich respektierten Gegner ein politischer Feind, den man offen und dezidiert antisemitisch angriff und verhöhnte (Dreier 2001, 25 ff./104 ff.). Diffamierung, nicht Kritik war hier das Mittel der Wahl, wie sich in der Charakterisierung der *Reinen Rechtslehre* als der »Ausgeburt eines fremdrassigen, wurzellosen Intellektualismus« (Ule 1940, 201) nur besonders drastisch zeigt.

An der häufig pauschalen und schlicht uninformierten Ablehnung Kelsens änderte sich allerdings auch nach Ende des Zweiten Weltkriegs wenig. Leere Logelei, Spiel hohler Begriffe, purer Formalismus, Staatslehre ohne Staat – so lauteten die verbreiteten Einschätzungen. Ignoranz und Abschottung bildeten die vorherrschende Form des Umgangs mit seiner Lehre.[3] In West- wie in Ostdeutschland war man sich weithin einig: sie ende in der »Absurdität« (v. Oertzen 1974, 261), ja sie sei eigentlich eine »Rechtsleere« (Klenner 1972).

Hinzu kam, dass sich in den Jahren nach dem Zusammenbruch des Nationalsozialismus die These breiter Beliebtheit erfreute, der Rechtspositivismus, als dessen herausragender Vertreter Kelsen gelten durfte, sei an der Machtergreifung des Nationalsozialismus und dessen allgemeiner Akzeptanz schuld gewesen. Das ist nicht zuletzt deswegen interessant, weil Kelsen in der Zwischenkriegszeit überwiegend als staatsverneinender Liberaler oder gar als Anarchist eingeordnet wurde. Nun sah man nicht in der Staatszersetzung, sondern in der vorgeblichen Staatsvergottung das Gefährliche seiner Lehre, in ihrer angeblichen Affirmation des Bestehenden.[4] So ließ sich dem Rechtspositivismus im allgemeinen, Kelsen im besonderen ein hohes Maß an Mitschuld für den Gang in die Diktatur zuweisen. Von außergewöhnlicher Wirkkraft war der Satz Gustav Radbruchs, der Positivismus habe »mit seiner Überzeugung ›Gesetz ist Gesetz‹ den deutschen Juristenstand wehrlos gemacht gegen Gesetze willkürlichen und verbrecherischen Inhalts« (Radbruch 1946, 107/215). Mit solchen und ähnlichen Vorwürfen ernteten die Opfer des Nationalsozialismus Schuldvorwürfe, während die Legitimationsbeschaffer des NS-Regimes[5] an ihren materialen, substanzhaften Positionen und ihrer Verurteilung des Rechtspositivismus strukturell festhielten oder sich als Naturrechtsapostel stilisierten. Diese Zuschreibungen an den Positivismus haben freilich wenig mit der historischen Wahrheit, aber viel mit dem Phänomen der Schuldverschiebung zu tun. Denn der Rechtspositivismus war weder der Steigbügelhalter des Nationalsozialismus noch sein willfähriger Handlanger. Insbesondere Kelsen trägt mit seiner Rechtslehre überhaupt nichts zur Rechtfertigung irgendeines (sei es demokratischen, sei es autoritären, sei es totalitären) Staates bei und stützt daher auch nicht das NS-Regime.[6] Im Grunde ist diese Schuldverschiebungsstrategie leicht durchschaubar, und so ist denn die Positivismuslegende seit Jahrzehnten als solche entlarvt.[7]

Schließlich und endlich dürfte ein weiterer Grund für die sich über die Jahrzehnte hinziehende, ebenso konstante wie vehemente Zurückweisung Kelsens sicher darin zu suchen sein, dass er selbst es – wie seine zahlreichen polemischen Schriften zeigen[8] – niemals an Streitlust hat fehlen lassen. Er war eben nicht nur ein umstrittener, sondern seinerseits auch ein sehr debattierfreudiger Denker, der keiner Kontroverse aus dem Weg ging. Und indem er seine eigene Rechtslehre als »wahre Rechtswissenschaft« (RR[1] 17/30; RR[2] 112/207) titulierte, setzte er, bewusst oder unbewusst, andere Deutungen und Interpretationsrichtungen natürlich stark herab. Zugleich ist nicht zu verkennen, dass sich das Verhältnis zu Kelsen auch in Deutschland, wo er lange Zeit auf vehemente Ablehnung stieß, in den letzten Jahrzehnten deutlich entspannt hat (Dreier 2001, 30 ff./109 ff.). In Österreich bildete er ohnehin bei seinen Befürwortern wie auch bei seinen

Gegnern stets den zentralen »Referenzpunkt« (Jakab 2021, 58) aller Debatten, in Lateinamerika und Asien war er schon seit der Zwischenkriegszeit intensiv und oft sehr positiv rezipiert worden.[9] Nichts anderes gilt für die italienische Rechtswissenschaft sowie die überwiegend englischsprachige analytische Rechtstheorie, wo Kelsen sich seit langem hoher Reputation erfreut.[10] Er ist, wenn die Zeichen nicht trügen, mittlerweile weltweit ein breit und gewissermaßen »normal« rezipierter Wissenschaftler geworden, dessen Schriften genau so herangezogen und zitiert werden wie die anderer großer Rechtswissenschaftler auch. Das bietet im folgenden die Möglichkeit, Leben und Werk dieses bedeutenden Denkers in sachlicher Weise zu porträtieren. Jedenfalls wollen wir das versuchen.

Teil 1: Kelsens Lebensstationen

Einem geläufigen Bonmot zufolge haben Wissenschaftler eigentlich keine nennenswerte Biographie, sondern stattdessen eine Bibliographie. Die Werke zählen, nicht die Vita. Natürlich gilt das im Grundsatz auch für Hans Kelsen, zumal er bei allen Wechselfällen seines Lebens die wissenschaftliche Arbeit im Grunde weithin unbeirrt von den äußeren Umständen fortgeführt hat. Und doch weist seine Biographie exemplarische Qualität für ein fast schon typisches Intellektuellenschicksal im 20. Jahrhundert auf. Der Autor der maßgeblichen Kelsen-Biographie meint, man könne dessen Leben durchaus als eine Art von »Mikrohistorie der Jahre 1881–1973« sehen (Olechowski 2020, 20). Denn: »Das lange Leben von Hans Kelsen (1881–1973) war ein erfülltes, nicht nur vom intellektuellen und kulturellen Gesichtspunkt her – gekennzeichnet von einer unerreichbaren Fülle juristischer Schriften –, sondern auch ein sehr interessantes Leben, voll existentieller Ereignisse, jedoch mit schwierigen Wendepunkten und dramatischen Momenten.« (Bersier Ladavac 2004, 169) Das ist eine überaus treffende Kurzcharakteristik des Lebens von Hans Kelsen, der über eine ebenso »bewegende wie bewegte Biographie« (Losano 2020, 1) verfügt. Alle halten ihn für einen großen, viele für den größten Juristen des 20. Jahrhunderts. Wir wollen im folgenden die Stationen dieses Lebens ganz klassisch, aber knapp Revue passieren lassen, bevor wir in den anschließenden Kapiteln die wichtigsten Teile seines umfangreichen Werks (Verfassungsexpertise, Rechts- und Demokratietheorie, Völkerrecht, Ideologiekritik) vorstellen.

I. Wien: Früher Ruhm und erste Rückschläge

Kelsen wurde am 11. Oktober 1881 in Prag geboren, wohin seine Eltern kurz nach der Eheschließung in Wien gezogen waren und wo sein Vater ein kleines Geschäft für Installateurbedarf betrieb. Doch schon drei Jahre später siedelte die Familie wieder in die österreichische Hauptstadt über. Kelsens Eltern waren jüdischer Herkunft, aber offenbar nicht sonderlich religiös. Er selbst ging auf das renommierte Akademische Gymnasium in Wien, das älteste der Stadt, wo er 1900 mit eher mittelmäßigen Leistungen die Matura ablegte (Olechowski 2020, 45 ff.), leistete sodann sein militärisches »Einjährig-Freiwilligen-Jahr« ab und nahm danach an der Wiener Universität das Jus-Studium auf, das er 1906 erfolgreich mit der Promotion zum *doctor juris* abschloss. Bereits im Jahr zuvor war sein erstes Buch erschienen: *Die Staatslehre des Dante Alighieri* (HKW 1, 134–300).[11] Ebenfalls 1905 tritt der nach eigenem Bekunden religiös völlig Indifferente zum römisch-katholischen Glauben über, um sich eine Universitätskarriere nicht zu verbauen. Diese startet er, nachdem 1907 sein Kommentar zur Reichsratswahlordnung erschienen war (HKW 1, 322–544), mit seiner 1911 publizierten Habilitationsschrift über *Hauptprobleme der Staatsrechtslehre entwickelt aus der Lehre vom Rechtssatze* (HdS), die auf eine Revision der methodologischen Grundlagen der Staatsrechtslehre zielte und deren grundstürzende Bedeutung in ersten Rezensionen sogleich wahrgenommen wurde. Ein Jahr später wechselt er erneut die Konfession und tritt gemeinsam mit Margarete (Grete) Bondi, die er wenige Tage später heiraten wird, zum evangelischen Glauben (Augsburger Bekenntnis) über. Vermutlich war der Hintergrund, dass einem evangelischen Ehepaar die Scheidung offenstand, einem katholischen nach der damaligen Rechtslage in Österreich hingegen nicht. Auf diese Möglichkeit wollte man offenbar nicht verzichten. Aus der Ehe gingen zwei Töchter hervor: Anna (*1914) und Maria (*1915).

Bei Kriegsbeginn wird Kelsen zunächst nach Innsbruck einberufen, jedoch nach einer schweren Lungenentzündung für dienstuntauglich und »nur zu Kanzleidiensten fähig« erklärt, die er in verschiedenen Funktionen (Kriegsfürsorgeamt, Militärgericht, Gnadenreferat) ableistet (Olechowski 2020, 173 ff.). 1917 ordnet man ihn ins Präsidium des Kriegsministers, Freiherr Stöger-Steiner von Steinstätten, ab, wo er im Oktober des Jahres zum Hauptmann-Auditor ernannt wird und in seiner Funktion als administrativer Vertreter des Kriegsministers mit vielen politisch wichtigen Personen in Kontakt kommt. Kelsens Biograph geht so weit, den Eintritt in das Kriegsbüro als den »entscheidende[n] Schritt in seiner gesamten beruflichen Laufbahn« (Olechowski 2020, 195) anzusehen.

In der Tat nimmt Kelsens Karriere nach dem Ende des Ersten Weltkriegs einen geradezu atemberaubend steilen Verlauf. Innerhalb weniger Jahre war der vormals nur rechtstheoretisch Interessierten bekannte, im Verfassungsrecht praktisch unausgewiesene Privatdozent an der Wiener Universität zum führenden Verfassungsrechtler der neuen, jungen Republik aufgestiegen. Das lag vor allem an einer besonderen Verknüpfung mehrerer, jeweils schon für sich genommen wichtiger Aufgaben: »Er hatte als Konsulent der Staatskanzlei die ersten Entwürfe [der Verfassung, H.D.] ausgearbeitet, er hatte als Experte der Konstituierenden Nationalversammlung die intensiven Verfassungsberatungen von Anfang bis zum Ende begleitet, er hatte als Mitglied des Verfassungsgerichtshofes in der Interpretation der neuen Verfassung die ersten Weichen gestellt.« (Wiederin 2020, 27)[12] Und als Herausgeber der »Verfassungsgesetze der Republik (Deutsch-)Österreich«, Teile I–IV (1919/1920), die vor allem die Arbeit zunächst der provisorischen, dann der konstituierenden Nationalversammlung begleitete, sowie danach als Mitherausgeber des nunmehr gemeinsam mit Georg Froehlich und Adolf J. Merkl herausgegebenen Kommentars zur endgültigen Bundesverfassung vom 1. Oktober 1920 (erschienen 1922), hatte er seine Stellung als »führender Verfassungsrechtler der jungen Republik Österreich« (Wiederin 2020, 27) eindrucksvoll und innerhalb kürzester Zeit gefestigt.[13] Seine Ernennung zum ordentlichen Universitätsprofessor für Staats- und Verwaltungsrecht an der Universität Wien im Jahr 1919 bildet einen echten Meilenstein auf dieser Etappe. Insgesamt ist er »in seiner – nicht nur auf Österreich beschränkten – Disziplin, an der ersten Fakultät des Landes, in der (Verfassungs-)Rechtspraxis als ›Architekt‹ der neuen Bundesverfassung von 1920 und als Mitglied des Verfassungsgerichtshofes, schließlich als ›public intellectual‹ der Ersten Republik zu einer gleich im mehrfachen Sinne bekannten, herausragenden und bestimmenden Figur avanciert« (Jestaedt, HKW 7, VII).

Freilich bleibt Kelsen wissenschaftlich keineswegs unangefochten. Gerade seine rechtstheoretischen Publikationen, die sich langsam zur *Reinen Rechtslehre* ausformen,[14] stoßen auf heftige – nicht immer nur sachlich motivierte – Kritik, und das auch und gerade in der eigenen Wiener Fakultät. Hier beginnen nun die für den weiteren Verlauf seines wissenschaftlichen Lebens so charakteristischen und zentralen Auseinandersetzungen mit Fachvertretern unterschiedlichster Ausrichtung. So ist für die Zwischenkriegszeit etwa an die in scharfem polemischen Ton ausgetragenen Kontroversen mit seinen Fakultätskollegen Alexander Hold-Ferneck (SaÜ) und Ernst Schwind (RgR) zu denken, aber auch an die nicht minder kritischen Auseinandersetzungen mit Rudolf Smend (SaI) und Carl Schmitt vor allem über den »Hüter der Verfassung« (HV).[15]

Gleichzeitig verdunkelt sich die politische Entwicklung in Österreich zunehmend und erreicht mit dem Brand des Justizpalasts im Jahr 1927 einen ersten Tiefpunkt. Ungeachtet dessen muss Kelsen die Ausrichtung der sechsten Tagung der Vereinigung der Deutschen Staatsrechtslehrer in Wien 1928, bei der er einer der Hauptreferenten war und sich auch bei der Tagungsorganisation hervortat (Olechowski 2013a, 14 ff.), als einen Höhepunkt seiner Karriere empfunden haben. Wenig später gehört er dem Vorstand der Staatsrechtslehrervereinigung an, auch wenn er zu diesem Zeitpunkt schon nicht mehr in Wien weilt. Denn in der Folgezeit nehmen dort die teils politisch, teils antisemitisch motivierten Anfeindungen zu. Als er dann 1930 auch noch seines Amtes als Richter am Verfassungsgerichtshof, in das er ursprünglich auf Lebenszeit gewählt worden war, enthoben wird,[16] nimmt er einen Ruf an die Universität Köln an und verlässt Wien.

II. Unruhige Jahre in Europa

Während es in den zwölf Wiener Jahren von 1918 bis 1930 mit Kelsens Karriere stetig bergauf ging und sein nationaler wie internationaler Ruhm sich ständig vergrößerte, erwies sich das nächste Jahrzehnt als unruhig, unstet und instabil. Es wechseln die Orte und Handlungsfelder, bis mit der Emigration in die USA im Jahr 1940 der nächste entscheidende Schritt markiert und der letzte, sehr lange währende Lebensabschnitt eingeläutet wird.

1. Ein Zwischenaufenthalt in Köln

Der Wechsel von Wien nach Köln im Sommer 1930 stellt sicher einen der »schwierigen Wendepunkte« in Kelsens Leben dar, von denen Bersier Ladavac (2004, 169) gesprochen hat. Allerdings schien es sich zunächst nur um einen relativ normalen Wechsel des Lehrstuhls zu handeln – auch wenn wir mit Sicherheit davon ausgehen dürfen, dass die Begleitumstände seiner Entlassung aus dem Richteramt sowie verschiedene Anfeindungen fachlicher, politischer und antisemitischer Art maßgebliche Motive für die Entscheidung waren, Wien den Rücken zu kehren. Aber zur Anfangszeit in Köln darf man sich Kelsen als einen durchaus zufriedenen Menschen vorstellen, wie auch seine Autobiographie bestätigt (HKW 1, 78 f.). Seine Berufung auf den Lehrstuhl für »Öffentliches Recht, insbesondere Allgemeine Staatslehre und Rechtsphilosophie« war zu sehr erfreulichen Bedingungen erfolgt (Olechowski 2020, 485 ff.), in Forschung und Lehre konzentrierte er sich neben der Rechtstheorie auf das in seinem Werk zunehmend wichtiger werdende Völkerrecht, und er scharte auch wieder einige Schüler um sich. Im Kreis der Kollegen, zu denen mit seiner tatkräftigen Unterstützung bald auch Carl Schmitt zählen sollte,[17] war er respektiert (Lepsius 2009a, 277). Privat siedelte er sich mit seiner Familie, der Ehefrau und zwei Töchtern, im feinen Köln-Marienburg an. Zu seinem fünfzigsten Geburtstag widmeten ihm seine Wiener Schüler und noch einige andere Autoren eine über 400 Seiten starke Festschrift.[18] Zwei weitere sollten später noch folgen.[19] Wissenschaftlich sind die Kölner Jahre durch völkerrechtliche Studien und die Kontroversen mit Smend (Staat als Integration) und Schmitt (Hüter der Verfassung) dominiert. Am 1. November 1932 tritt Kelsen das Amt des Dekans für das Studienjahr 1932/33 an.

Doch diese Amtszeit sollte bald enden. Denn mit der Machtergreifung der Nationalsozialisten findet die Phase befriedigender und allseits anerkannter wissenschaftlicher Arbeit ein jähes Ende. Am 13. April 1933 wird Kelsen als einer der ersten Betroffenen aufgrund des Gesetzes zur »Wiederherstellung des Berufsbeamtentums« seines Amtes enthoben,[20] wovon er tags darauf aus der Zeitung erfährt (Lepsius 2009a, 271 ff.). Bereits am

11. April hatte es in einem bemerkenswerten Akt vorauseilender Selbstgleichschaltung der Universität[21] Neuwahlen aller Dekane und auch des Rektors der Universität gegeben (Olechowski 2020, 547ff.). Die Intervention von Kelsens Fakultätskollegen, die in einem von allen – mit der einzigen Ausnahme Carl Schmitts – unterschriebenen Bittgesuch an das preußische Innenministerium für seinen Verbleib votieren,[22] bleibt ohne Erfolg. Kelsen verlässt Köln umgehend und kehrt für einige Zeit nach Wien zurück.

2. *Eine Zuflucht in Genf*

Nun stellte sich die dringliche Frage nach seiner Zukunft. Kelsen war auf der Suche nach einer (möglichst deutschsprachigen) Universität außerhalb Deutschlands. In Österreich beruflich wieder Fuß zu fassen kam aus verschiedenen Gründen für ihn nicht in Betracht und wäre ohnehin aussichtslos gewesen. Nachdem sich eine Berufung auf den Völkerrechtslehrstuhl an der Deutschen Universität Prag auf unbestimmte Zeit verzögerte (Olechowski 2020, 561ff.), nahm er den Ruf auf einen Lehrstuhl am »Institut universitaire de hautes études internationales« in Genf[23] an (Busch/Bersier Ladavac 2019, 169ff.), wo er im Wintersemester 1933/34 seine Lehrtätigkeit begann. Mit dessen Direktor, William E. Rappard, hatte Kelsen schon Jahre zuvor Bekanntschaft geschlossen und zudem nach einigen Vorträgen im Jahr 1930 das Sommersemester 1932 als Gast am Genfer Institut verbracht. Mit Rappard verband ihn ein freundschaftliches Verhältnis. Das intellektuell herausragende Klima dieser interdisziplinären Einrichtung für *post-graduate*-Studenten des internationalen Rechts kam ihm naturgemäß sehr entgegen. Insgesamt waren die Genfer Jahre wissenschaftlich außerordentlich fruchtbar (Bersier Ladavac 2004, 174ff.). Besondere Hervorhebung verdient, dass im Jahr 1934 die erste Auflage der *Reinen Rechtslehre* erscheint, fraglos eine der »rechtstheoretischen Schlüsselschriften des 20. Jahrhunderts« (Jestaedt 2008, IX). Hierbei handelt es sich um sein erstes »Exilwerk« (Cadore 2018, 260). Dessen Vorwort verfasste er im Mai des Jahres in Genf, und es erscheint in der Tat »erstaunlich, dass Kelsen ausgerechnet in jener Zeit, in der seine persönliche Existenz auf das Höchste bedroht war, die Muße fand, ein derartiges Manuskript abzuschließen« (Olechowski 2020, 590). Freilich lässt sich das gut erklären: Er stand praktisch mit dem Rücken zur Wand und reagiert darauf, indem er eine äußerst kompakte Bilanz seines rechtstheoretischen Œuvres zieht. Es spricht viel dafür, dass er das Werk »als eine Art Portfolio konzipierte« (Cadore 2018, 260), mit dessen Hilfe er eine wissenschaftliche Karriere außerhalb rein deutschsprachiger Universitäten anstreben konnte.

3. Ein Gastspiel in Prag

Im Oktober 1936 tritt Kelsen sein Ordinariat für Völkerrecht an der Deutschen Universität Prag an, kehrt also gewissermaßen in seine Geburtsstadt zurück. Den Ruf auf den dortigen Lehrstuhl für Völkerrecht hatte er bereits am 14. Dezember 1933 erhalten und Anfang Januar 1934 angenommen, aber aufgrund zahlreicher Querelen und Widerstände gegen seine Berufung, die sich zu einem umstrittenen Politikum entwickelt hatte, verzögerte sich sein Amtsantritt um mehr als zwei Jahre.[24] Die Verbindung mit Genf sollte dadurch jedoch nicht abreißen; Kelsen hatte sich in den Berufungsverhandlungen ausbedungen, nur im Wintersemester in Prag zu lehren, um im Sommer weiterhin am Genfer Institut präsent sein zu können. Verbunden mit der Rufannahme war die im März 1936 erfolgende Verleihung der tschechoslowakischen Staatsbürgerschaft, womit er zugleich seine österreichische Staatsangehörigkeit verlor – die deutsche war ihm bereits im Januar 1936 aberkannt worden.

Ein Hauptmotiv für die Entscheidung zugunsten Prags war wohl, dass es sich hier um eine Stelle mit Pensionsberechtigung handelte, die er in Genf nicht hatte und in Deutschland verloren zu haben schien.[25] Freilich währte dieses Zwischenspiel nicht lang. Zwar hatte Kelsen sich im September 1936 noch an der Verleihung der Ehrendoktorwürde durch die Harvard University erfreuen dürfen und an den Feierlichkeiten in den USA teilgenommen (Olechowski 2020, 604 ff.). Doch als er Mitte Oktober seine Vorlesungen aufnehmen wollte, begann sogleich das »Fiasko« (Osterkamp 2009a, 311). Beim Eintritt in den Hörsaal ist dieser fast ausschließlich mit deutschnationalistischen, zum Teil fakultätsfremden Studenten oder anderen Personen besetzt, die den Saal nach Kelsens ersten Worten sofort wieder verlassen – eine demonstrative, ja ostentative Brüskierung. Der Vorgang wiederholt sich am Tag darauf, es kommt zu tumultartigen Szenen im Universitätsgebäude, woraufhin der gesamte Lehrbetrieb der juristischen Fakultät für mehrere Wochen ausgesetzt wird. Doch auch danach konnte Kelsen, der in der Zwischenzeit Drohbriefe erhalten hatte, seine Vorlesungen nur im Beisein von zwei Polizeibeamten halten (Olechowski 2020, 612 ff.). Schließlich beruhigt sich die Lage wieder, so dass er – entgegen seinen ursprünglichen Plänen, im Sommer stets in Genf zu weilen – im Sommersemester 1937 und im Wintersemester 1937/38 in Prag vor allem Völkerrecht liest. Das darauffolgende Sommersemester verbringt er dann wieder in Genf. Danach ist allerdings wegen des Ausbruchs der Sudetenkrise, des Abschlusses des Münchner Abkommens und der Abtretung des Sudetenlandes an Deutschland an eine Rückkehr nach Prag nicht mehr zu denken. In seiner Autobiographie nennt Kelsen die Prager Zeit ein »nicht sehr glückliches Gastspiel« (HKW 1, 84). Seinem im Mai des Jahres 1939 gestellten Antrag auf Pensionierung wird nicht stattgegeben, stattdessen verfügt man zum Jahresende seine Versetzung in den Ruhestand – jedoch ohne Pensionsbezüge (Olechowski 2020, 635). Auch in dieser insgesamt schwierigen Phase bleibt Kelsen wissenschaftlich konstant aktiv. So erscheint 1939 der Aufsatz »Die Entstehung des Kausalgesetzes aus dem Vergeltungsprinzip« und markiert den Beginn einer ganzen Reihe von Beiträgen teils auch monographischer Art, die sich mit der Differenz von Vergeltung und Kausalität, Rechtsgesetz und Naturgesetz, Society and Nature, Causality and Retribution auseinandersetzen.[26]

III. Von Europa in die USA

Beim Ausbruch des Zweiten Weltkriegs hielt sich Kelsen in den USA auf, wo er an einem Kongress an der Harvard University teilnahm, von dem er dann aber schneller als geplant nach Genf zurückkehrte. Rückblickend hat er seine dortige Zeit als die »schönsten Jahre« seines akademischen Lebens bezeichnet (vgl. Losano 2020, 6). In der Schweiz befand er sich aus heutiger Sicht in einer vermeintlich ungefährdeten Position. Doch die Neutralität des Landes erschien damals keineswegs gesichert. Man musste ernsthaft damit rechnen, dass die Deutschen auch in die Schweiz einmarschieren könnten (Losano 2020, 4 ff.). So entschloss sich Kelsen, eigenem Bekunden zufolge »schweren Herzens« (HKW 1, 88), zur Emigration in die USA – und damit zum »Verlust einer rechtswissenschaftlichen Arena, die drei Jahrzehnte lang optimale Entstehungsbedingungen für die Reine Rechtslehre bereitet hatte« (Cadore 2018, 251). Von Genf ging die Reise über Zürich, Locarno und Barcelona bis nach Lissabon, von wo aus die »S. S. Washington« in See stach und schließlich am 21. Juni 1940 glücklich New York und damit das Land der unbegrenzten Möglichkeiten erreichte (Olechowski 2020, 667 ff.). Für Kelsen, der englischen Sprache kaum mächtig, waren die Möglichkeiten indes ziemlich begrenzt. Zwar hatte ihn kein Geringerer als Roscoe Pound einige Jahre zuvor als »unquestionably the leading jurist of the time«[27] charakterisiert, und auch die Verleihung der Ehrendoktorwürde der Harvard University sei hier nochmals in Erinnerung gerufen. Das änderte aber nichts daran, dass man in den USA mit seiner Rechtslehre schlichtweg nichts anzufangen wusste.[28] Sie hatte dort, zumal in der Hochzeit des *legal realism*, keinerlei »impact« (Telman 2010, 376), was auch der Grund dafür ist, dass Kelsen in den USA niemals an einer Law School gewirkt hat. Letztlich trifft er in der neuen Welt auf ein »berufliches Worst-Case-Szenario« (Cadore 2018, 255).

Dennoch erschien der Start durchaus vielversprechend: Kelsen fand Aufnahme in der Harvard University und wurde dort für das Studienjahr 1940/41 mit den (ersten) Oliver Wendell Holmes Lectures betraut (Feichtinger 2009, 329). Dann aber scheiterte der Versuch der Universität Chicago, ihn im Folgejahr als Gastprofessor (für Sozialwissenschaften) zu berufen, ebenso wie verschiedene eigene Anstrengungen Kelsens, in Harvard eine dauerhafte Anstellung zu finden, worüber er sich auch in seiner Autobiographie beklagte (HKW 1, 90). Schon 1938/39 hatte Kelsen Verhandlungen mit verschiedenen amerikanischen Universitäten geführt, die aber alle im Sande verliefen (Cadore 2018, 251 ff.; Olechowski 2020, 659 ff.). Das wiederholte sich nun in gewisser Weise, denn auch andere Optionen (University of Illinois, New School for Social Research) zerschlugen sich. In Harvard stellte man ihn schließlich nach längerem Hin und Her im Wintersemester 1941 für ein Jahr als »Research Associate in Comparative Law« ein, und im darauffolgenden Sommersemester 1942 unterrichtete er zusätzlich als Gastprofessor am Wellesley College in Massachusetts (Olechowski 2020, 706 ff.). Direkt im Anschluss konnte Kelsen dann als Gastprofessor an die University of California, Berkeley, gehen, mithin von der Ostküste an die Westküste, vom Atlantik zum Pazifik wechseln. Nun stabilisierte sich seine berufliche Position sukzessive, indem er die »disziplinäre Wanderung von der Rechtswissenschaft zur Politikwissenschaft« (Cadore 2018, 256) abschloss. Er wurde im Anschluss an seine – wiederum von der Rockefeller Foundation mitfinanzierte – Gastprofessur (»visiting lectureship«) im akademischen Jahr 1942/43 ebendort im Juli 1943 erst »Lecturer in Political Science«, um schließlich Mitte 1945 zum Full Professor am Political Science Department in Berkeley ernannt zu werden (Olechowski 2020, 761 ff.), und zwar für »International Law, jurisprudence, and origins of legal institutions«.[29] Damit war es nun also endlich geschafft! Nur einen Monat nach dieser Ernennung wurde ihm und auch seiner Ehefrau die amerikanische Staatsbürgerschaft verliehen. Sechs Jahre später steht seine am 1. November 1951 erfolgende Emeritierung an.[30] Er kann freilich erreichen, dass man seine Anstellung noch um ein weiteres Jahr verlängert (Olechowski 2020, 818 ff.). Seine Abschiedsvorlesung widmet sich dem Thema: »Was ist Gerechtigkeit?«

IV. Als Emeritus in Bewegung

Die restlichen gut zwanzig Jahre seines langen Lebens verbringt Kelsen unverändert in seinem kleinen, aber hübschen Haus in Berkeley, 2126 Los Angeles Avenue. Er ist jetzt emeritiert und befindet sich im Ruhestand. Aber kann man das wirklich Ruhestand – oder auch den vielzitierten »geruhsamen Lebensabend« – nennen? Wohl kaum. Dagegen sprechen intellektuell-biographische und allgemein-politische Faktoren. Fangen wir mit den politischen an.

In den frühen 1950er Jahren befinden wir uns auf dem Höhepunkt der sogenannten McCarthy-Ära, die benannt ist nach

Senator Joseph McCarthy, einem blindwütigen Kommunistenverfolger und Verschwörungsfanatiker. Auch Kelsen blieb von diesem weithin wahnhaften Kampf gegen »unamerikanische Umtriebe« nicht unberührt. Das FBI legte 1953 aus Anlass von Vorlesungen, die Kelsen am Naval War College in Rhode Island hielt, einen »Report of Loyalty Data« an und leitete eine »full investigation« gegen ihn ein (Rathkolb 2009, 343 ff.). Die Anlässe erscheinen im Grunde lächerlich: Zum einen hatte Kelsen 1948 gemeinsam mit anderen Professoren aus Berkeley die Kandidatur von Jack Howard für die zweite Kammer des kalifornischen Parlaments unterstützt. Howard war Mitglied der »Independent Progressive Party«, die vom FBI als kommunistische Tarnorganisation eingestuft wurde (Olechowski 2020, 801). Zum anderen ging es um seinen Universitätskollegen Harold Winkler, der – mit der Folge seiner Entlassung aus dem Amt – einen speziellen, 1950 in Kalifornien eingeführten Loyalitätseid verweigert hatte, mit dem er seine Nicht-Mitgliedschaft in der Kommunistischen Partei hätte beschwören müssen. Diesen Eid hatte Kelsen selbst zwar geleistet, aber zugleich seine Hochachtung vor der ablehnenden Haltung Winklers und weiterer Kollegen zum Ausdruck gebracht. Interessant ist an den (zensierten und in Teilen geschwärzten) Dokumenten allein, dass Kelsen die Frage, ob er Interesse am sozialistischen Programm habe, rundheraus bejaht und hinzufügt, Teile davon könnten auch gut in die US-Verfassung eingebaut werden; die weitere Frage, ob er ein Sozialist sei, bejaht er ebenso und charakterisiert sich selbst als einen »liberalen Sozialisten«. Doch Sympathie mit dem Kommunismus verneint er deutlich und verweist auf sein Buch *The Political Theory of Bolshevism* aus dem Jahre 1948.[31] Daraus lässt sich folgern, dass Kelsen sich »nicht in die auch universitäre antikommunistische Hysterie einspannen« lässt (Rathkolb 2009, 348), sondern einerseits bei seiner klaren anti-kommunistischen Haltung bleibt, aber mit der Selbstbezeichnung als (wenn auch: liberaler) Sozialist eine Position bezieht, die gerade damals nicht als *mainstream* gelten konnte (Losano 2020, 6f.). Gleiches gilt für seine »greatest admiration«, die er den Eidesverweigerern entgegenbringt. Die Sache verläuft im Sand, und spätestens 1955 ist der McCarthy-Spuk ohnehin weitgehend vorüber.

Ganz anders verhält es sich mit den intellektuell-biographischen Faktoren. Denn Kelsens wissenschaftliche Aktivitäten und seine Produktivität halten nach seiner Emeritierung ungebrochen an. Zum einen bleibt er noch etwas länger in der Lehre aktiv: 1952/53 ist er wieder am Institut in Genf tätig, 1953/54 als Gastprofessor am Naval War College in Rhode Island, einer von drei akademischen Ausbildungsstätten der amerikanischen Streitkräfte, und im April 1954 hält er in Chicago die Walgreen Lectures, aus denen dann der umfangreiche Aufsatz *Foundations of Democracy* hervorgeht.[32] Zum anderen beginnt jetzt eine Phase intensiver Reise- und Vortragstätigkeit: So führt ihn eine ausgedehnte Europareise 1952/53 u.a. nach Genf, Wien, Brügge, Kopenhagen, Helsinki und Zürich (Olechowski 2020, 829ff.). Andere Vortragsreisen gingen 1960 nach Mexiko und immer wieder nach Europa: Zwischen 1955 und 1959 weilte er dort jährlich (Olechowski 2020, 864ff.). 1960 reiste er nach Rom zur Entgegennahme des Feltrinelli-Preises (ebd., 882ff.), 1965 war er zum letzten Mal an der Universität Wien zu deren 600-Jahr-Feier (ebd., 904ff.).

Auch die Fülle an Ehrungen, die Kelsen zuteilwerden und die seine große Reputation und weltweite Anerkennung spiegeln, sind immer wieder Anlass für Reisen, die er nur in seinen letzten Lebensjahren nicht mehr antritt. So kommen zu den drei Ehrendoktoraten, die er vor bzw. im Zweiten Weltkrieg in Utrecht und Harvard (beide 1936) bzw. in Chicago (1941) erhalten hatte, weitere hinzu: Mexiko-Stadt (1951), Berkeley (1952),

Salamanca (1954), Berlin, Wien und New School for Social Research New York (alle 1961), Paris (1963), Salzburg (1967) und Straßburg (1972). Zudem wird er Honorarprofessor mehrerer angesehener Universitäten. Als besonders hohe Auszeichnungen dürfen das Österreichische Ehrenzeichen für Wissenschaft und Kunst (1961) und der Ehrenring der Stadt Wien (1966) gelten. Obwohl ihn also gerade sein Heimatland reichlich mit Zeichen der Anerkennung bedacht hat, war an eine akademische Rückkehr nie zu denken.

Die Verleihung des »Premio Internazionale della Fondazione Antonio Feltrinelli« durch die Accademia Nazionale dei Lincei in Rom 1960 verdient besondere Erwähnung. Denn sie war als höchste Auszeichnung, die die Nationalakademie zu vergeben hatte, nicht allein von großer ideeller Bedeutung, sondern auch materiell von besonderem Gewicht, weil mit zwanzig Millionen Lire dotiert, was einer heutigen Kaufkraft von knapp 400.000,- Euro entspricht: »Damit waren Kelsen und seine Frau – nach vielen Jahren materieller Entbehrungen – für den Rest ihrer beider Leben von materiellen Sorgen befreit.« (Olechowski 2020, 882)

Das Jahr 1960 zeigt zugleich eindrucksvoll, wie intensiv sich Kelsen in den Jahren nach seiner Emeritierung der Fortentwicklung seiner Rechtstheorie gewidmet hatte, die in den 1940er Jahren etwas in den Hintergrund getreten war. Denn nun erscheint die zweite Auflage seiner *Reinen Rechtslehre*, die mit etwa fünffachem Umfang im Vergleich zur ersten im Grunde ein neues Buch darstellt und allgemein als Höhepunkt seiner »klassischen« Phase betrachtet wird. Doch war sie auch ein Endpunkt dieser Phase. Denn Kelsen denkt gar nicht daran, mit der Weiterentwicklung seiner Lehre aufzuhören, und wirft dabei auch immer wieder alte Bestände über Bord. So kommt es zu einem Spätwerk, das zwar in Buchform erst postum erscheint (ATdN), sich aber in einigen Aufsätzen und vor allem in einem Briefwechsel mit Ulrich Klug bereits zu Lebzeiten relativ klar abzeichnet und mit einigen bisherigen Grundsätzen seiner Lehre bricht.[33] Seine letzte Publikation zu Lebzeiten erscheint 1968 – bezeichnenderweise eine ausführliche Auseinandersetzung mit einer Kritik an der Reinen Rechtslehre (Kelsen 1968).

Dann verstummt er langsam.[34] In seinen letzten Lebensjahren lassen die körperlichen und zunehmend auch die geistigen Kräfte nach. Ob er den Anfang 1973 eingetretenen Tod seiner Ehefrau Grete, mit der er über sechzig Jahre verheiratet war, noch bewusst registriert, bleibt ungewiss. Seine Tochter Maria bringt ihn Anfang April in ein Pflegeheim in Orinda, das in der Nähe von Berkeley liegt. Dort verweigert er die Nahrungsaufnahme (Olechowski 2020, 916). Am 19. April 1973 stirbt der weltberühmte und hochgeehrte Wissenschaftler. Seine Asche wird wunschgemäß über dem Pazifik verstreut. Der Jurist des Jahrhunderts, der doch so viel mehr war als nur ein Jurist, ist tot. Doch sein Werk lebt weiter. Ihm wollen wir uns jetzt zuwenden.

Teil 2: Kelsen als Verfassungsexperte

Kelsen war nicht nur ein – in der Tat eminenter! – Theoretiker, sondern auch ein nicht minder wirksamer und bedeutender Praktiker des Rechts. Das gilt insbesondere für das Verfassungsrecht und für diejenige Institution, die seit langem in vielen Staaten der Welt als die wichtigste Garantin für die Einhaltung der Bestimmungen der Verfassung fungiert: die Verfassungsgerichtsbarkeit. Der Verfassungshistoriker Gerald Stourzh hat Kelsens verschiedene Rollen in diesem Zusammenhang treffend wie folgt umschrieben: Kelsen fungierte »als staatsrechtlicher und legistischer Experte erst für die Staatsregierung und dann für die Nationalversammlung, als Interpret der Bundesverfassung in seiner Eigenschaft als Mitglied und Referent des Verfassungsgerichtshofes bis 1930, als Kommentator der geltenden Verfassung und schließlich als verfassungspolitisch engagierter Mahner und Warner vor den Gefahren, die der rechtsstaatlichen Demokratie drohten« (Stourzh 1982, 11; siehe auch Wiederin 2014a, 109). Kelsen und das Verfassungsrecht, Kelsen und die Verfassungsgerichtsbarkeit – das ist in der Tat ein mehrschichtiges Thema, das aber auf einen relativ klar definierbaren Zeitraum von rund einem Dutzend Jahren zwischen 1918 und 1930 begrenzt werden kann. In dieser Zeit war Kelsen nicht nur engagierter Fürsprecher einer Verfassungsgerichtsbarkeit, sondern selbst auch zehn Jahre Richter am österreichischen Verfassungsgerichtshof. Und die Errichtung dieses Staatsgerichtshofs beruhte auf dem B-VG von 1920, an dem Kelsen maßgeblich und speziell in diesem Punkt nachhaltig mitgewirkt hatte. Obwohl er schon früh wichtige rechtstheoretische Schriften vorgelegt hatte, wurde sein unbestritten hoher juristischer Rang in diesem Jahrzehnt doch ganz wesentlich durch seine Mitwirkung am Verfassunggebungsprozess und seine Rolle als Verfassungsrichter begründet. Sehen wir uns also der Reihe nach den Verfassungslegisten (»Schöpfer der Verfassung«), den Verfassungskommentator, den Verfassungsrichter und den staatsrechtlichen Verteidiger der Verfassungsgerichtsbarkeit in diesen verschiedenen Funktionen und Aktivitäten näher an.

I. Kelsen als »Architekt« der österreichischen Verfassung von 1920

1. Kelsen als »Schöpfer« der Verfassung?

Lange Zeit war die Rede von Kelsen als dem »Schöpfer«, dem »Autor« oder dem »Vater« des österreichischen Bundes-Verfassungsgesetzes von 1920 verbreitet (Olechowski 2009, 211). Doch das überzeichnet seine Rolle und Bedeutung im Prozess der Verfassunggebung. Diese hat man sich nicht so vorzustellen, als hätte Kelsen »am Reißbrett die Ideen entwickelt und [als hätten] die politischen Kräfte jeglicher Couleur begeistert zugestimmt« (Wiederin 2014a, 112).

Der tatsächliche Verlauf der Ereignisse war ein anderer. Kelsen war zunächst Berater des letzten k.u.k. Kriegsministers Rudolf Stöger-Steiner von Steinstätten gewesen und wechselte dann am 31. Oktober 1918 in die von Karl Renner (1870–1950) geleitete deutsch-österreichische Staatskanzlei. Er verkörperte damit in seiner Person den nahtlosen Übergang von der Monarchie zur Republik ungeachtet der tatsächlichen Diskontinuität zwischen beiden Staatsformen. An diesem 31. Oktober war die von Renner praktisch »im Alleingang« (Wiederin 2014a, 113) konzipierte provisorische Verfassung der Republik schon einen Tag in Kraft (Olechowski 2009, 212). Da das Verfassungswerk aber nach allgemeiner Meinung stark revisions- und ergänzungsbedürftig erschien, beauftragte Renner im Mai 1919 Kelsen mit der Ausarbeitung einer neuen Verfassung. Die politischen Vorgaben gingen dahin, eine bundesstaatliche und eine demokratisch-parlamentarische Struktur zugrunde zu legen. Kelsen arbeitete in den folgenden Monaten mehrere, sich teilweise nur marginal unterscheidende Entwürfe aus, die später lange als verschollen galten und erst 1979 wiederentdeckt wurden (Schmitz 1981).[35] Sie prägten mit ihrer Grundstruktur, die in allen folgenden Entwicklungsphasen kaum angetastet wurde, in der Tat die spätere Bundesverfassung entscheidend vor. Auch referierte Kelsen mehrfach dem Staatskanzler Renner und in interministeriellen Sitzungen in der Staatskanzlei. Freilich nahm er nicht an den wichtigen Besprechungen teil, die der Staatssekretär für Verfassungsfragen, Michael Mayr, im Dezember 1919 und im Januar 1920 in den Landeshauptstädten abhielt. Kelsen war allerdings maßgeblich an der Redaktion eines Entwurfs beteiligt, der im Januar/Februar 1920 auf der Grundlage jener Länderbesprechungen des Staatssekretärs Mayr ausgearbeitet wurde,[36] und desgleichen an einem weiteren Entwurf der Staatskanzlei, der als Vorlage für einen Verfassungsentwurf der sozialdemokratischen Partei gedient haben mag (Stourzh 1982, 16 f.; detailreich Cadore 2020, 538 ff.). Schließlich gehörte er als einziger Nichtpolitiker einem Viererkomitee an, das einige Monate später (letztlich vergeblich) einen gemeinsamen Verfassungsentwurf von Christ- und Sozialdemokraten zustande zu bringen suchte (Cadore 2020, 545 ff.). Nach dem Auseinanderbrechen der Regierungskoalition im Juni 1920 wechselte Kelsen gewissermaßen die Fronten, indem er von der Staatskanzlei in die Nationalversammlung ging. Hier wurde er neben einigen anderen Persönlichkeiten zum verfassungsrechtlichen Experten des einschlägigen Verfassungsunterausschusses bestellt (Olechowski 2009, 226) und hatte als solcher eine »ganz einmalige Vertrauensstellung« (Olechowski 2020, 291) inne. Im September 1920 brachte man das Verfassungswerk schließlich zur Beschlussreife (Ermacora 1971; Cadore 2020, 550ff.).[37]

Das bedeutet: Kelsen gehörte zu den wenigen, die praktisch von Anfang bis zum Ende der Arbeit an der Verfassung (erst an der Ausarbeitung der Entwürfe, dann an den zwischenzeitlichen Beratungen und schließlich der Verabschiedung in der Nationalversammlung) in verschiedenen Rollen mitwirkten (Wiederin 2014a, 111; Olechowski 2020, 303; Cadore 2020, 554). Er saß sozusagen – zusammen mit Georg Froehlich und Adolf J. Merkl – von Anfang bis Ende im »Maschinenraum« (Cadore 2020, 521) der Verfassungsproduktion. Das allein sicherte ihm eine starke und einflussreiche Position. Der nüchterne Duktus des Textes dürfte ebenfalls auf ihn zurückgehen (Wiederin 2023, 85), fügt sich aber auch gut in die spezifisch österreichische Tradition der Legistik ein. Allerdings heißt das nicht, dass Kelsen inhaltlich die Weichen nach Belieben stellen konnte. Es war eher seine Aufgabe, »verfassungspolitisch Gewolltes in verfassungsrechtlich Mögliches zu verwandeln« (Cadore 2020, 521). Schon der Arbeitsauftrag Renners enthielt eindeutige Konditionen, die durch weitere Direktiven ergänzt wurden, und im Laufe der Zeit waren Kelsens Entwürfe »immer neuen Anregungen, Auflagen und Konditionen ausgesetzt« (Stourzh 1982, 17). Vom April 1920 bis zur Beschlussfassung am 1. Oktober fungieren dann die politischen Parteien eindeutig als »Hauptakteure der Verfassungsbildung« (Stourzh 1982, 21; auch Olechowski 2009, 226). Aber wohin man auch schaut: »der Einfluss des spiritus rector Kelsen lässt sich in allen maßgeblichen Verfassungsentwürfen bis hin zum B-VG 1920 erkennen.« (Cadore 2020, 549)

Insgesamt sollte man Kelsen daher besser nicht in einem umfassenden Sinn als Schöpfer der Verfassung, sondern eher und treffender als deren »Architekten« bezeichnen (Olechowski 2009, 228).[38] Der Architekt ist nicht der Bauherr, von dem er seinen Auftrag erhält, er muss dann aber in den Grenzen seiner Möglichkeiten und im Rahmen sonstiger Vorgaben das Bauwerk konzipieren und umsetzen. Das trifft sich mit dem Urteil des Verfassungshistorikers, Kelsen habe »bedeutenden Anteil an der *Form* der Bundesverfassung«, er habe »geringeren – doch nicht geringen – Anteil an ihrem *Inhalt*« (Stourzh 1982, 21). Der formelle Aspekt betrifft vor allem die von ihm geprägte Gliederung der Verfassung, die von seinen ersten Entwürfen bis zur Beschlussfassung praktisch unangetastet bleibt (Wiederin 2023, 85). Aber ein Architekt kann durchaus eigene Ideen entwickeln und beisteuern, und so verhielt es sich im Falle Kelsens. Einige besonders wichtige Bestimmungen der Verfassungen tragen eindeutig seine Handschrift (vgl. Ermacora 1971, 26, 32), so vor allem Art. 1 (»Österreich ist eine demokratische Republik. Ihr Recht geht vom Volk aus.«)[39] sowie das strikte Legalitätsprinzip des Art. 18 B-VG: »Die gesamte staatliche Verwaltung darf nur auf Grund der Gesetze ausgeübt werden.« Kelsen hatte diese Version des Art. 18 in der Schlussabstimmung des Verfassungsausschusses der Nationalversammlung beantragt, die ohne Diskussion angenommen wurde (Stourzh 1982, 25). Angenommen wurde auch sein Vermittlungsvorschlag bezüglich der zwischen Christ- und Sozialdemokraten streitigen Zusammensetzung des Bundesrates gemäß Art. 34 B-VG (Olechowski 2009, 226; Cadore 2020, 553).

2. *Insbesondere: Der Verfassungsgerichtshof*

Unter dem Strich war Kelsens Einfluss besonders groß bei der Institution des Verfassungsgerichtshofs, dessen Bezeichnung im übrigen nicht auf ihn, sondern auf Karl Renner zurückgeht

(Stourzh 1982, 11; Lagi 2012, 275; Techet 2023, 308). Aber Kelsen war es, der in seinen Entwürfen von Anfang an einen Abschnitt zu den Garantien des öffentlichen Rechts vorgesehen hatte. Diese Garantien umfassten eine Kontrolle der Gesetzmäßigkeit der Verwaltung durch die Verwaltungsgerichtsbarkeit und eine Kontrolle der Verfassungsmäßigkeit der Gesetze durch den Verfassungsgerichtshof. Dabei hatte er die Kompetenz, *Landes*gesetze auf ihre Vereinbarkeit mit der Bundesverfassung zu prüfen, schon recht früh ins Visier genommen, nämlich in einer vermutlich im Januar oder Februar 1919 entstandenen Denkschrift, die danach überarbeitet als Beitrag in der ÖZöR erschien. Kelsen sucht hier nach einer »Garantie gegen staatsgesetzwidrige Landesgesetze« und schlägt dafür die entsprechende Kompetenz eines »Bundesverfassungsgerichts« vor (HKW 4, 135). Dieser Gedanke wurde aufgegriffen und in der März-Verfassung von 1919 umgesetzt (Wiederin 2014, 291; Vašek 2020, 32). Die später ergänzte Handhabe der Landesregierungen, auch *Bundes*gesetze einer solchen Prüfung auf Vereinbarkeit mit der Verfassung zu unterwerfen und so gewissermaßen Gegenseitigkeit zwischen Bund und Ländern herzustellen, ist in erster Linie einer Initiative von Karl Renner zu verdanken (Stourzh 1982, 19; Wiederin 2023, 88), die von den Ländern und den politischen Parteien aufgegriffen und schließlich auch von Kelsen vertreten wurde (Olechowski 2020, 292 ff.).[40] Die Aufnahme des Bundes- wie Landesgesetze umfassenden Prüfungsrechts in das sechste Hauptstück der Verfassung erfolgte also schrittweise (Lagi 2012, 278 ff.), und man muss klar sehen, dass die entsprechende Prüfungskompetenz ursprünglich als »Aufsichtsinstrument über die Landesgesetzgebung« intendiert war und die Länder sich gleichsam erst »im Gegenzug« die Anfechtungsmöglichkeit von Bundesgesetzen erstritten (Grabenwarter 2016, Rn. 24).[41] Aber das schmälert die Bedeutung dieser Innovation nicht. Denn die Einführung der abstrakten, auf

Landes- wie Bundesgesetze bezogenen Normenkontrolle war seinerzeit ein absolutes Novum – nicht nur in Österreich.[42] Zugleich bestätigt diese Genese einmal mehr die These von der starken föderalen Wurzel der Verfassungsgerichtsbarkeit.[43] Im Blick hatte Kelsen dabei immer die Durchsetzung und Klärung des objektiven Rechts, weniger den Aspekt der Sicherung subjektiver (Grund-)Rechte, die seinerzeit ohnehin eine sehr viel geringere Rolle spielten als heutzutage. Er war es schließlich, der in einer sehr späten Phase der Verfassungsberatungen erfolgreich die Ergänzung vorschlug, der zufolge der Verfassungsgerichtshof »von Amts wegen« über die Verfassungsmäßigkeit eines Gesetzes entschied, wenn dieses die Voraussetzung eines Erkenntnisses des Verfassungsgerichtshofes bilden soll (Olechowski 2009, 227; Lagi 2012, 283; Wiederin 2014, 295 ff.). Des weiteren ist die Zentralisierung der Überprüfung von Rechtsverordnungen beim Verfassungsgerichtshof erwähnenswert (Wiederin 2014, 298 ff.).[44] In einem seiner späteren JöR-Berichte über die Verfassungsentwicklung in Österreich hat Kelsen davon gesprochen, die ganze Verfassung »gipfele« in den Bestimmungen über die Verwaltungs- und Verfassungsgerichtsbarkeit (HKW 7, 408) – und die Kompetenz des Verfassungsgerichtshofs, über die Verfassungswidrigkeit von Bundes- wie Landesgesetzen zu entscheiden, gilt ihm als »Höhepunkt seiner Funktion als Garant der Verfassung« (HKW 7, 413).

Alles in allem steht außer Frage, dass sich Hans Kelsen um die Bundesverfassung von 1920 im allgemeinen und die Institutionalisierung einer Verfassungsgerichtsbarkeit im besonderen große Verdienste erworben und gewiss das Seine getan hat, um sie zu einer »Verfassung ohne Ornament« (Cadore 2020, 568) werden zu lassen. Doch wenn er in seiner Autobiographie von 1947 schreibt, einer der von ihm ausgearbeiteten Entwürfe sei »mit verhältnismäßig geringen Änderungen von der konstituierenden Nationalversammlung angenommen« worden und der Abschnitt über die Verfassungsgerichtsbarkeit, die er als sein »persönlichstes Werk« betrachte, habe »in den parlamentarischen Verhandlungen überhaupt keine Änderung erfahren« (HKW 1, 67), so liegt darin gewiss eine »starke Übertreibung« (Olechowski 2009, 227 Fn. 97).[45]

II. Kelsen als Verfassungskommentator

Kelsen fungierte aber nicht nur als Berater der Staatskanzlei und Verfassungsarchitekt, sondern er war auch Kommentator derjenigen Verfassungsgesetze, die beginnend mit dem revolutionären Beschluss vom 21. Oktober 1918 zunächst durch die provisorische, dann durch die konstituierende Nationalversammlung vorgelegt wurden, sowie des BV-G 1920. Wir wollen uns diesen Prozess der Genese der neuen Staatsordnung Österreichs kurz vergegenwärtigen (dazu 1.), bevor wir Kelsens »Erläuterungen« zu den Verfassungsgesetzen knapp skizzieren (2.), deren Duktus charakterisieren (3.) und – nach einem Seitenblick auf sein »Österreichisches Staatsrecht« von 1923 (4.) – schließlich auf seine in den späteren 1920er Jahren publizierten »Berichte« zur Verfassungsentwicklung Österreichs eingehen (5.).

1. Der Gegenstand der Kommentare: Österreichs neue Staatsordnung

Die Entstehung der Republik Österreich erfolgte in einem stufenweisen Prozess.[46] Nach dem Ende des Ersten Weltkriegs hatten sich die verschiedenen Nationen des ehemaligen Vielvölkerstaates der k.u.k.-Monarchie für selbständig erklärt. So geschah es auch in Österreich. Die neue Phase staatlicher Grundlegung begann hier nach jahrhundertelanger Monarchie damit, dass sich die Vollversammlung der deutschen Abgeordneten des österreichischen Reichsrates am 21. Oktober 1918 mit einem revolutionären Beschluss als »Provisorische Nationalversammlung für Deutschösterreich«[47] konstituierte (HKW 5, 34) und am 30. Oktober 1918 einen weiteren Beschluss über die grundlegenden Einrichtungen der Staatsgewalt fasste (sog. Oktober-Verfassung; HKW 5, 38 ff.). Diese Provisorische Nationalversammlung, die vom 21. Oktober 1918 bis zum 16. Februar 1919 wirkte, verabschiedete schrittweise eine vorläufige Verfassung in Gestalt verschiedener Verfassungsgesetze. Neben die revolutionäre Proklamation der Volkssouveränität traten die ersten wichtigen Grundentscheidungen staatsorganisatorischer Art: die Einrichtung zentraler staatlicher Institutionen, die Regulierung des Staatsbürgerrechts und die nähere Bestimmung des Territoriums des neuen Staates. Auch die Wahlbestimmungen für die konstituierende Nationalversammlung, die vom 4. März 1919 bis zum 9. November 1920 wirkte, zählten dazu. Diese Nationalversammlung verabschiedete weitere Verfassungsgesetze und beschloss sodann am 1. Oktober 1920 das Bundes-Verfassungsgesetz (B-VG), die im Kern noch heute geltende Verfassung Österreichs.

2. Von den »Erläuterungen« der Verfassungsgesetze zum B-VG-Kommentar

Die Gesetze zunächst der provisorischen, dann der konstituierenden Nationalversammlung zeichnen insgesamt das faszinierende Bild des sukzessiven Aufbaus einer neuen Staatsordnung. Kelsens »Erläuterungen« dieser Rechtsetzungsakte, wie er sie durchweg nannte, entstanden sehr rasch. Es handelt sich dabei um die drei Bände »Die Verfassungsgesetze der Republik Deutschösterreich – Teile 1 bis 3« (HKW 5, 24–129; 130–255; 256–437), die allesamt 1919 erschienen, sowie den vierten Teil: »Die Verfassungsgesetze der Republik Österreich (Teil 4)« aus dem Jahr 1920 (HKW 5, 438–608). Zwei Jahre später folgte dann als Teil 5, wenngleich der Sache nach deutlich abgesetzt, die Kommentierung des Bundes-Verfassungsgesetzes vom Oktober 1920, und zwar in Ko-Autorschaft mit Georg Froehlich und Adolf J. Merkl (HKW 8, 38–502). Bei all diesen Arbeiten konnte sich Kelsen »seines Spezialwissens als Verfassungsberater (ab November 1918) des Staatskanzlers Renner bedienen und aus seiner (Zu-)Arbeit für den Gesetzgebungsdienst der (deutsch-)österreichischen Staatskanzlei bzw. des Bundeskanzleramtes« profitieren (Jestaedt, HKW 5, IX).

Wir behandeln im folgenden die ersten drei Teile der Erläuterungen zu den Verfassungsgesetzen Deutschösterreichs (a), bevor wir uns den Verfassungsgesetzen der Republik Österreich (b) und dem Gesamtkommentar (c) zuwenden.

a) Die Verfassungsgesetze der Republik Deutschösterreich

Den revolutionären Beschluss der Vollversammlung der deutschen Abgeordneten des österreichischen Reichsrates vom 21. Oktober 1918 bezeichnet Kelsen als »provisorische Verfassungsurkunde« (HKW 5, 35). Diesem ersten, grundlegenden Beschluss folgten in den anschließenden Wochen und Monaten weitere Gesetze, die das neue Staatswesen im Sinne eines provisorischen »Notbau[s]« (HKW 5, 28) näher ausgestalteten. Von besonderer Bedeutung ist das Gesetz vom 12. November 1918 über die Staats- und Regierungsform, mit dessen Art. 2 Deutschösterreich zur demokratischen Republik und zum Bestandteil der Deutschen Republik erklärt wurde (HKW 5, 54). Kelsens Erläuterungen hierzu unterstreichen allerdings, dass die demokratische Republik schon mit § 1 des Beschlusses vom 30. Oktober konstituiert worden, die Zugehörigkeit zur Deutschen Republik nur als Artikulation eines politischen Wunsches anzusehen sei, der seiner (tatsächlich dann nie erfolgten) Erfüllung noch harre (HKW 5, 56 f.). Weitere Gesetze betreffen so fundamentale Fragen wie den Umfang des Staatsgebiets, das Staatsbürgerrecht, die richterliche Gewalt sowie die Übernahme der Staatsgewalt in den Ländern. Hier wird schon deutlich, dass die Sammlung der Verfassungsgesetze nicht nur formelle Verfassungsgesetze im strengen Sinne (also solche im Verfassungsrang, die nur mit qualifizierter Mehrheit abgeändert werden können) umfasst, sondern die wichtigsten grundlegenden Rechtsakte der provisorischen und später der konstituierenden Nationalversammlung. Die neue Verfassung, von der Kelsens Sammlung ein möglichst getreues Bild zeichnen wollte, war eben »materiell im Fluss und formell auf verschiedenste Rechtsquellen verteilt« (Wiederin 2020, 28).

Teil 2 der Verfassungsgesetze (HKW 5, 130–255) bietet im wesentlichen das Gesetz über die Einberufung der konstituierenden Nationalversammlung; sodann die Wahlordnung für diese konstituierende Nationalversammlung, die Kelsen mit bis ins letzte Detail vordringenden Erläuterungen versieht;[48] schließlich die durchaus knapper kommentierte Verfassungsnovelle vom 19. Dezember 1918 (sog. Dezembernovelle). Diese regelt des näheren das Verhältnis der drei Präsidenten der provisorischen Nationalversammlung zueinander und trägt damit der Kritik Kelsens, die er in Teil 1 geäußert hatte (HKW 5, 45 ff.), Rechnung, was mit einem gewissen Gefühl der Befriedigung vermerkt wird (HKW 5, 242 ff.).

Hingegen bringt Teil 3 der Verfassungsgesetze (HKW 5, 256–437) einige Nachträge zur Wahlordnung für die konstituierende Nationalversammlung, einschlägige Regelwerke zur Einrichtung von Staatsrechnungshof, Verwaltungs- und Verfassungsgerichtshof sowie wichtige erste Gesetze der konstituierenden Nationalversammlung: an der Spitze das Gesetz über die Volksvertretung vom 14. März 1919, mit dem »die feierliche Selbstinthronisierung der Konstituante« erfolgt (HKW 5, 359), sowie das Gesetz über die Staatsregierung (diese beiden Gesetze werden auch als

März-Verfassung bezeichnet); ferner die einschlägigen Gesetze zur Abwicklung von Monarchie und Adel in der neuen Republik (HKW 5, 387 ff., 395 ff.).

b) Die Verfassungsgesetze der Republik Österreich

Schon durch die andere Bezeichnung signalisiert Teil 4, dass die Nationalversammlung die Konsequenz aus dem (höherrangigen) Staatsvertrag von St. Germain v. 10. September 1919 ziehen musste (vgl. auch HKW 6, 114 ff.). Mit ihm waren alle Hoffnungen auf einen »Anschluss« an das Deutsche Reich zerstoben: »Österreich war zur Eigenstaatlichkeit verdammt. [...] Damit war auch die Entscheidung gefallen, an Stelle einer Gliedstaatsverfassung die Verfassung eines souveränen Staates auszuarbeiten.« (Wiederin 2007, Rn. 6) Konsequenterweise ersetzt das Gesetz v. 21. Oktober 1919 über die Staatsform (HKW 5, 447) »Deutschösterreich« überall durch »Österreich« und setzt Art. 2 des Gesetzes vom 12. November 1918 (»Deutschösterreich ist Bestandteil des Deutschen Reiches«) außer Kraft. Die Erläuterungen zum Gesetz über die Wahlordnung zur (regulären) Nationalversammlung geraten gewohnt ausführlich (HKW 5, 546–555).

c) Der Kommentar zum B-VG 1920

Der im Jahr 1922 erscheinende Teil 5 der Verfassungsgesetze (HKW 8, 38–502) fällt aus dem Rahmen. Anders als in den ersten vier Teilen spielt hier nicht mehr die Begleitmusik für die im steten Fluss befindliche Arbeit der provisorischen und der konstituierenden Nationalversammlung. Jetzt wird vielmehr das fertige Endprodukt, das B-VG vom 1. Oktober 1920, kommentiert, und zwar deutlich ausführlicher und eindringlicher als die vorangegangenen Verfassungsgesetze. Entsprechend größer ist mit rund zwei Jahren der zeitliche Abstand zwischen Verfassungswerk und Kommentierung. Und im Unterschied zu den anderen vier Teilen fungieren Kelsen, Froehlich und Merkl als gleichberechtigte Ko-Autoren, wobei die jeweilige konkrete Autorschaft für die Kommentierung der einzelnen Normen nicht ausgewiesen wird; hier ist man auf Vermutungen angewiesen (Wiederin 2020, 33; Cadore 2020, 561 ff.). Es handelt sich also ganz formell um eine Gemeinschaftsarbeit: »nota bene die einzige, auf die Kelsen sich Zeit seines Lebens eingelassen hat« (Wiederin 2020, 31; vgl. Cadore 2020, 555). Entstanden ist ein »Klassiker« und »Standardwerk« (Wiederin 2020, 35).

Inhaltlich lässt sich dieser Verfassungskommentar als »historischer Kulminations- und Endpunkt« (Cadore 2020, 506) der gesamten Erläuterungsarbeit betrachten. Dabei versteht sich der Schritt »vom Verfassungsdienst zum Verfassungskommentar« (Cadore 2020, 555) nicht von selbst. Dass sich Kelsen nach eigentlich getaner Arbeit diesem großen Projekt verschrieben hatte, dürfte mehrere Gründe haben (vgl. Wiederin 2020, 29 ff.): den Wunsch nach Aufwertung des öffentlichen Rechts, insbesondere des Verfassungsrechts, für das es dem Zivil- und Strafrecht vergleichbare Kommentare noch nicht gab; den offenkundigen Tatbestand, dass niemand für diese Aufgabe besser gerüstet war als Kelsen und seine beiden Mitstreiter; schließlich mag auch der Wunsch nach Stabilisierung der neuen, von ihm begrüßten Republik eine Rolle gespielt haben.[49] Jedenfalls hat der Kommentar Kelsen endgültig zum führenden Verfassungsrechtler der jungen Republik aufrücken lassen.

3. Zum Duktus der Kommentierungen

Mit seinen außerordentlich zeitnahen Erläuterungen zu den in rascher Folge ergangenen Verfassungsgesetzen[50] wie auch mit dem Kommentar von 1922 nahm Kelsen eine »Pionierrolle« (Jestaedt, HKW 5, X) ein. Eine solche bietet zweifelsohne den Vorteil des ersten Zugriffs und damit die große Chance zu früher und womöglich entscheidender interpretatorischer Vorprägung des Verständnisses der Rechtsnormen – andererseits aber natürlich auch die Gefahr, sich im ungeschützten und weder durch Judikatur noch durch andere Literatur vorgeprägten juristischen Niemandsland zu bewegen und sich dabei vollständig zu vergaloppieren. Kelsen entging dieser Gefahr, die schon wegen der Vorläufigkeit der Regelungen der provisorischen Nationalversammlung nicht als besonders groß erscheint, durch weitgehenden Verzicht auf kühne Auslegungsausgriffe und unabgesicherte Deutungsversuche. Seine Erläuterungen sind ganz überwiegend technisch-formaler, einordnender, (fast) immer nahe an Wortlaut, Genese und System orientierter Natur. Das kann insofern nicht verwundern, als die Verfassungsgesetze der ersten beiden Jahre sich im wesentlichen auf Organisations-, Verfahrens- und Kompetenzbestimmungen (insbesondere bezüglich der Abgrenzung von Bundes- und Länderzuständigkeiten) bezogen, weniger auf allgemeine Verfassungsprinzipien und Grundrechte, die im heutigen Verfassungsrecht (nicht allein, aber namentlich auch der Bundesrepublik Deutschland) zu oft weit ausgreifenden Deutungen (ver-)führen.

Eher selten – aber zuweilen durchaus – wird Kelsen grundsätzlich. So etwa bei der Betonung des revolutionären Ursprungs des neuen Staates. Ganz im Einklang mit seiner später theoretisch näher unterfütterten Argumentation stellt er mit Nachdruck fest, die Gründung des Staates Deutschösterreich trage »rein revolutionären Charakter« (HKW 5, 37), da die Kontinuität zwischen der alten Monarchie und dem neuen Staat unterbrochen sei: »Revolution aber ist – vom juristischen Standpunkt aus gesehen – nichts anderes als der Bruch der Rechtskontinuität.« (Ebd.; siehe auch HKW 5, 329f., 449). Das Problem der Rechtskontinuität beschäftigt ihn des weiteren bei der Frage, ob sie zwischen provisorischer und konstituierender Nationalversammlung vorliegt

(HKW 5, 136). Sehr grundsätzlich kann Kelsen auch werden, wenn es um Fragen der völkerrechtlichen Stellung Österreichs (vgl. HKW 5, 61 ff.) sowie um Probleme der Bundesstaatlichkeit geht (HKW 5, 115 ff., 366 ff.). Dass er der Charakterisierung Deutschösterreichs als »demokratische Republik« nur deklaratorische Bedeutung beimisst (HKW 5, 56), wurde bereits erwähnt. Hingegen gilt sein besonderes Augenmerk, angesichts einschlägiger früherer Publikationen wenig überraschend, dem Wahlrecht bis hin zu Einzelheiten der Wahlordnung (HKW 5, 161–239).[51]

Weiterhin ist auffällig, dass ein nicht in allen Teilen gleich großer, aber meistens nicht unerheblicher Anteil der Erläuterungen aus wörtlichen Zitaten (Motivenberichte, Gesetzesmaterialien, Vollzugsanweisungen etc.) besteht. Wir haben »eine Art mitlaufende Dokumentation und Kritik der Verfassungsarbeiten in der Umbruchzeit nach dem Ersten Weltkrieg« (Editorischer Bericht: HKW 5, 645) vor uns, eine »begleitende wissenschaftliche Kommentierung der aktuellen Verfassungsarbeiten« (ebd., 646), die eine »Grundorientierung im provisorischen Verfassungsrecht der Ersten Republik« bietet (ebd.). Letztlich sind die Erläuterungen zu den Verfassungsgesetzen wohl noch am ehesten irgendwo zwischen einer bloß annotierten Gesetzessammlung und einem wissenschaftlichen Kommentar einzuordnen (HKW 5, 642 ff.; Wiederin 2023, 94).

Dieser Linie bleiben Kelsen und seine beiden Mitautoren auch im Verfassungskommentar von 1922 treu. Man wird ihn, schon wegen der prominenten Mitwirkung seiner drei Autoren im Prozess der Verfassunggebung, am ehesten noch als »Referentenkommentar« (Wiederin 2020, 33) einordnen können, der sich weniger um wissenschaftliche Kontroversen kümmert und auch nicht ausführlich die Judikatur berücksichtigt, hingegen Vorarbeiten heranzieht, Hintergründe ausleuchtet sowie Inkonsistenzen und Brüche verzeichnet. Der Kommentar legt durchgängig

Wert auf den Entstehungs- und Entwicklungskontext der Normen, betont regelmäßig die Gestaltungsspielräume der Rechtsanwender, übt auch verfassungslegistische Kritik und bezieht so weit wie möglich die verfassungspraktische Handhabung der Normen mit ein (Cadore 2020, 565 ff.). Leise klingt bereits die in der später entwickelten Interpretationstheorie zentrale Vorstellung von dem Rahmen an, innerhalb dessen verschiedene Konkretisierungen möglich sind.[52] Zusammenfassend hat man geurteilt: »In den Erläuterungen gilt das Augenmerk der Organisation der Macht sowie der Organisation ihrer Kontrolle, mithin der technischen Seite der Verfassung. Zuständigkeiten und Verfahren stehen im Zentrum, das Zusammenspiel der staatlichen Organe, der Verkehr zwischen ihnen, aber auch die zu erwartenden Friktionen werden mit stupendem Gespür für Abläufe und klarem Blick auf die politischen Konsequenzen analysiert, im Stil, im Ton schon fast unterkühlt.« (Wiederin 2020, 34) In der Tat: Wenn man ein einziges Adjektiv verwenden dürfte, um die Kommentierungsarbeit der Teile 1 bis 5 insgesamt und übergreifend zu kennzeichnen, so käme wohl nur in Betracht: *nüchtern*.[53]

4. Österreichisches Staatsrecht 1923

Von dem 1923 erschienenen Buch über *Österreichisches Staatsrecht* sagt Kelsen als Autor selbst, es sei »vornehmlich als Lehr- und Lernbehelf« gedacht (ÖStR VI/46). Etwas überraschend nimmt, was der Untertitel des Buches (»entwicklungsgeschichtlich dargestellt«) freilich schon andeutet, die Vorgeschichte des eigentlich zu behandelnden aktuellen österreichischen Staatsrechts breiten Raum ein. So kommt es, dass mehr als siebzig Seiten dem Staatsrecht der (längst untergegangenen) Monarchie, weitere rund siebzig Seiten dem Verfassungsrecht der Übergangszeit gewidmet sind, während sich weniger als achtzig Seiten auf das B-VG von 1920 beziehen. Dass Kelsen insbesondere den »verfassungsrechtlichen Übergang in die Republik so ausführlich darstellt, zeigt, wie sehr diese Jahre einer überstürzten Verfassungsentwicklung noch als Gegenwart empfunden wurden« (Jabloner 2023, 4). Aber auch die monarchische Vorgeschichte wird von Kelsen gerechtfertigt:

> »Wenn der Verfassung des vorrepublikanischen Österreich ein verhältnismäßig breiter Raum gewidmet wurde, so geschah dies nicht nur deshalb, weil eine Kenntnis dieser Verfassungsperiode oder richtiger: der Verfassung dieses Staates, für ein Studium des Staatsrechts der Republik Oesterreich schon aus Gründen rechtshistorischer Bildung unerläßlich ist, sondern insbesondere darum, weil sehr bedeutende Verfassungsinstitutionen der österreichischen Monarchie in die Republik hineinragen und weil diese auch dort, wo sie für ihre neuen Verhältnisse neue Einrichtungen schuf, sich oft bewußt an analoge Rechtsgebilde des alten Oesterreich anlehnte.« (ÖStR V/46)

In manchem stützt Kelsen sich in diesem Buch auf den Verfassungskommentar, aus dem er Passagen teilweise wörtlich wiederholt. Besondere Aufmerksamkeit gilt den Themen der allgemeinen Staatslehre, dem Wahlrecht sowie der Verfassungsgerichtsbarkeit (Jabloner 2025, 35). Das Werk endet mit einem pathetisch aufgeladenen, aber seinerzeit durchaus üblichen Bekenntnis zur Bildung Deutschösterreichs, als dem »Wunsch: aufzugehen im deutschen Vaterland« (ÖStR 238/263).

5. Die Berichte über die Verfassungsentwicklung Österreichs

Zwar nicht im strengen Sinne als Kommentar, wohl aber als Beiträge zum Verfassungsverständnis und vor allem zur bewegten Verfassungsentwicklung Österreichs sind Kelsens regelmäßige Berichte über »Die Verfassung Österreichs« im *Jahrbuch des öffentlichen Rechts* einzustufen,[54] die schließlich durch den Beitrag »Die Entwicklung des Staatsrechts in Österreich seit dem Jahre 1918« im *Handbuch des Deutschen Staatsrechts* aus dem Jahr 1930 gleichzeitig zusammengefasst und gekrönt werden. Diese Beiträge, in die er zuweilen Abschnitte aus den Teilen 1 bis 4 der »Verfassungsgesetze« auch ohne weiteren Nachweis integriert (Cadore 2020, 517 f.), »geben dem fachkundigen ausländischen Leser einen exzellenten Einblick in die Hintergründe und in die Implikationen der wichtigsten österreichischen Verfassungsänderungen« (Wiederin 2014a, 114). Eine nicht ganz unwichtige Änderung betraf Kelsen selbst, weil sie zu seiner Entlassung als »Richter auf Lebenszeit« am Österreichischen Verfassungsgerichtshof führte. Damit sind wir beim nächsten Abschnitt.

III. Kelsen als Verfassungsrichter

Kelsens herausgehobene Stellung im Kreise der österreichischen Staatsrechtslehrer wurde durch eine weitere Besonderheit unterstrichen, nämlich durch sein Wirken als Richter des Verfassungsgerichtshofs. Dabei handelte es sich zunächst um den durch Staatsgesetz vom 25. Januar 1919 gegründeten deutschösterreichischen Verfassungsgerichtshof,[55] der in die Fußstapfen des alten Reichsgerichts trat, dessen Kompetenzen aber in der Folge beständig erweitert wurden (Wiederin 2014, 284 f.). In diesen Gerichtshof – der somit älter ist als das B-VG von 1920 – wurde Kelsen nach dem Tode seines Lehrers Edmund Bernatzik als dessen Nachfolger am 3. Mai 1919 berufen (Walter 2005, 3 ff.; Jabloner 2020, 146; Techet 2023, 310).[56] Im Juli 1921 erfolgte sodann die Wahl zum Mitglied des nunmehr gemäß den Regelungen des zwischenzeitlich in Kraft getretenen B-VG 1920 gebildeten österreichischen Verfassungsgerichtshofs »auf Lebenszeit« (Walter 2005, 25; Techet 2023, 312).

Kelsen gehörte zu den (insgesamt vier) »neutralen«[57] Richtern, die nicht auf Vorschlag einer bestimmten Partei, sondern parteiübergreifend benannt wurden.[58] Außerdem zählte er seit Oktober 1921 zum Kreis der ständigen Referenten des Gerichtshofs, was ihn alsbald zu einer der wichtigsten Richterpersönlichkeiten werden ließ (Olechowski 2020, 428 ff.; Wiederin 2023, 98 f.). Über seine richterliche Praxis sind wir (erst) seit der kleinen Monographie von Robert Walter (Walter 2005) näher unterrichtet. Es fällt auf, dass Kelsen »seine Richterrolle völlig anders anlegt als seine Rolle als Wissenschaftler« (Wiederin 2014, 304). Hier war er nicht wissenschaftlicher Kommentator oder Rechtsdogmatiker, der bestenfalls verschiedene Auslegungsmöglichkeiten darlegen, aber das Recht nicht autoritativ interpretieren und damit rechtsgestaltend wirken konnte. Genau das aber war seine Aufgabe als Richter, der er sich mit Hingabe und ohne doktrinäre Vorfestlegungen widmete. So war er nicht auf eine bestimmte Interpretationsmethode festgelegt, sondern argumentierte je nach Fallgestaltung systematisch oder teleologisch, keineswegs nur und auch nicht vorrangig mit dem Wortlaut, gelegentlich aber unter Rückgriff auf die Entstehungsgeschichte der Norm (Wiederin 2014a, 115). Insgesamt herrscht ein »eher situativer Auslegungsstil vor« (Jabloner 2020, 147). Auch hatte er »keine Scheu [...], in die politischen Kämpfe der Ersten Republik einzugreifen« (Olechowski 2020, 431), ja er begreift sein Amt als ein politisches (Wiederin 2014, 304; Ehs 2017, 139 ff.). Seine äußerst restriktive Haltung gegenüber der Interpretation durch die Rechtswissenschaft[59] wird also nicht auf das Feld judikativer Tätigkeit übertragen. Auch wird man ihm nicht die Auffassung zuschreiben können, »eine objektive Verfassungsauslegung sei durch Selbstbeschränkung möglich« (so Techet 2021, 1350), weil er eine objektive Auslegung des Rechts einschließlich des Verfassungsrechts nicht für möglich gehalten hat.

Nun stellt sich aber die Frage, ob er sich mit dieser »offensiven« Wahrnehmung seines Richteramts gegen seine eigene (erst später im Detail ausformulierte, aber in den Grundlinien schon vorgeprägte)[60] Interpretationstheorie versündigt, sie sozusagen *in praxi* dementiert hat. Doch nichts könnte irriger sein. Denn seine kreative, zupackende, teilweise offen rechtsfortbildende Art stellt keineswegs seine eher agnostische Interpretationslehre in Abrede, sondern befindet sich ganz auf der Linie der dort niedergelegten Unterscheidung zwischen wissenschaftlicher und authentischer Interpretation.[61] Während die wissenschaftliche im Grunde nur den Rahmen auszuloten hat, in dem sich verschiedene, jeweils rechts- bzw. verfassungsmäßige Konkretisierungen bewegen, hat die authentische Interpretation die verbindliche Konkretisierung im Einzelfall vorzunehmen. Kurz: Rechtsprechung ist nicht Rechtswissenschaft. Rechtsprechung muss das Recht im Prozess der Konkretisierung spezifizieren, zur Anwendung bringen, auf eine bestimmte Fallgestaltung applizieren. Das Ergebnis wird mit dem Geltungsanspruch staatlicher Judikative verkündet. Es gilt, praktische Fälle definitiv zu entscheiden, nicht, objektive Aussagen über die Rechtsordnung zu treffen. So ist es keineswegs überraschend, »dass der Verfassungsdogmatiker Kelsen und der Verfassungsrichter Kelsen zu unterschiedlichen Ergebnissen kamen: ersterer beschreibt den Rahmen, den das Verfassungsrecht vorsieht, letzterer entscheidet innerhalb dieses Rahmens einen Fall« (Jabloner 2020, 147). So hat man zu Recht über Kelsens richterliche Tätigkeit zusammenfassend gesagt: »Die Zurückhaltung, die ihn als Kommentator kennzeichnete, war ihm als Richter völlig fremd.« (Wiederin 2014a, 117)

Lässt man die Judikate, an denen Kelsen als Referent beteiligt war oder bei denen jedenfalls seine Diskussionsbeiträge dokumentiert sind, Revue passieren, so zeigt sich nicht nur eine große Beweglichkeit und »Offenheit« (Walter 2005, 18 f., 92) in seiner Argumentation. Inhaltlich fällt darüber hinaus eine stark liberale, freiheits- und gleichheitsfreundliche Note auf (vgl. Walter 2005, 52 ff.). »Zensurverbot und Geschlechtergleichheit [wurden] mit einer Schärfe exekutiert [...], die manche Entscheidung noch heute als progressiv erscheinen lässt« (Wiederin 2014a, 116). Einige Entscheidungen wirken wie frühe Vorwegnahmen der Judikatur des bundesdeutschen Bundesverfassungsgerichts fünfzig oder mehr Jahre später. So statuiert ein Beschluss aus dem Jahr 1923, das Parlament müsse notfalls dazu gezwungen werden, die wesentlichen Entscheidungen selbst zu treffen, anstatt sie durch weite Verordnungsermächtigungen an die Verwaltung zu delegieren[62] (Wiederin 2014, 304) – das erinnert stark an die Wesentlichkeitslehre, die das deutsche Verfassungsgericht Ende der 1970er Jahre des näheren entfaltet hat.[63] Anderes Beispiel: Ein sehr weites Verständnis dessen, was dem Eigentumsbegriff unterfällt, führte dazu, auch das Mietrechtsverhältnis zum Eigentum zu zählen. Das war 1921.[64] Eine gleichsinnige Entscheidung des Bundesverfassungsgerichts aus dem Jahr 1993[65] löste insbesondere bei konservativen Zivilrechtlern noch blankes Entsetzen aus. Und an die Elfes-Entscheidung des Bundesverfassungsgerichts aus dem Jahr 1957[66] erinnert das Erkenntnis aus dem Jahr 1925,[67] in dem die (letztlich bejahte) Frage aufgeworfen worden war, ob die Verweigerung der Ausstellung eines Reisepasses eine Verletzung des Grundrechts auf Auswanderung bzw. des Verlassens des Staatsgebiets auch für kürzere Zeit darstelle; in der gerichtlichen Beratung bezeichnete es Kelsen als »Formalismus im ärgsten Sinne«, wenn man in der Verweigerung *kein* Verbot der Ausreise sehen wolle (Walter 2005, 49 f.).

2. *Insbesondere: die Dispens-Ehen (Sever-Ehen)*

a) Das Problem

Von letztlich auch in persönlicher Hinsicht größter Bedeutung war Kelsens Position in der Frage der sogenannten Dispens-Ehen. Die sich darum entwickelnde Kontroverse stellte das »wohl heikelste politische Thema der Ersten Republik« (Olechowski 2020, 437) dar und hatte folgenden Hintergrund.[68] Gemäß der damaligen Rechtslage in Österreich war die Ehe für katholische Ehepaare[69] prinzipiell unauflöslich (§§ 62, 111 ABGB). Das bestehende Eheband galt als Ehehindernis für eine weitere Ehe; wurde sie dennoch eingegangen, war diese weitere Ehe vom Gericht für ungültig zu erklären. Allerdings konnte aus wichtigen Gründen eine »Nachsicht von Ehehindernissen« (§ 83 ABGB)[70] erteilt, also das eigentlich bestehende Ehehindernis der (ersten) Ehe für unbeachtlich erklärt werden. Das war bis 1918 ein seltener Ausnahmefall, wurde nach Kriegsende aber zu einer »massenhaften Erscheinung« (Neschwara 2005, 362). Denn nun begannen die Verwaltungsbehörden in relativ großem Umfang (man schätzt die Fälle insgesamt auf mehr als 50 000), Dispense vom Ehehindernis des bestehenden Ehebandes zu erteilen, also faktisch: die zweite Ehe zu ermöglichen (daher: Dispens-Ehen). Besonders der niederösterreichische Landeshauptmann Sever, der sich schon als Mitglied der provisorischen Nationalversammlung für eine Ehereform eingesetzt hatte (Olechowski 2020, 439), war bekannt für die Förderung dieser Praxis (daher: Sever-Ehen).[71] Freilich befanden die Zivilgerichte die Dispensierung vom bestehenden Ehebande (auch wenn die Bescheide in Rechtskraft erwachsen waren) für unzulässig und sich selbst für zuständig, diese Dispens-Ehen für ungültig zu erklären. Hintergrund dieser Judikatur war ein entsprechendes Gutachten des Obersten Gerichtshofs aus dem Jahr 1921, das »eine Lawine an Ungültigkeitserklärungen« auslöste (Neschwara 2009, 251). Allerdings bedurfte es dazu einer entsprechenden Information des Gerichts, weil es sonst kein Verfahren einleiten konnte. In der Praxis führte das dazu, dass es der »ehemalige Ehegatte in der Hand [hatte], durch einfaches Schreiben ans Gericht die neue Eheschließung des Expartners für ungültig erklären zu lassen« (Olechowski 2020, 442; vgl. Mußgnug 2021, 723 f.). »Der Bestand einer Dispensehe war für die Betroffenen zu einem Glücksspiel geworden.« (Neschwara 2009, 251) Das strukturelle staatsrechtliche Dilemma lag klar auf der Hand und schien unerträglich: »Für einen Teil der Staatsorgane bestand die Dispensehe, für einen anderen Teil war diese ungültig (es bestand daher nur die erste Ehe).« (Walter 2005, 58) Die eine Hand, die Verwaltungsbehörde, erteilt Dispens; die andere, das Zivilgericht, erklärt ihn für unwirksam. Der Konflikt war offenbar. Aber war es auch ein Kompetenzkonflikt, der der Entscheidung des Verfassungsgerichtshofs unterlag?

b) Kelsens »Lösung«

Für diese Sichtweise machte sich im Gericht besonders Kelsen mit dem Argument stark, es liege ein »indirekter« Kompetenzkonflikt vor, so dass die zivilgerichtliche Entscheidung im Ergebnis aufgehoben wurde.[72] Eine auf dieser Linie operierende Entscheidung des Verfassungsgerichtshofs aus dem Jahre 1927[73] wurde als »Sensation« empfunden (Neschwara 2009, 253). Für diese Position votierte allerdings das Gericht nicht unisono, sondern nur eine (relativ knappe) Mehrheit von acht der 13 Richter; die fünf von den Christdemokraten benannten Richter stimmten beharrlich dagegen (Olechowski 2020, 446, 448). Kelsens Hauptargument war, beide – Verwaltungsbehörde wie Gericht – hätten über den gleichen Gegenstand entschieden. Das Gericht könne aber den Bescheid nicht wieder rückgängig machen oder für unbeachtlich erklären, weil es nicht über der Verwaltung stehe. An dieser Linie hielt der Gerichtshof bis zu seiner Auflösung im Jahr 1930 fest und fällte bis dahin – bei konstanter Opposition der fünf christlich-sozialen Richter – um die 175 einschlägige Entscheidungen (Neschwara 2009, 259). Für den Obersten Gerichtshof, der seine gegenteilige Position nochmals in einem Gutachten aus dem Jahr 1928 darlegte, lag hingegen keine Entscheidung über die gleiche Hauptsache vor, sondern bildete die Gültigkeit oder Ungültigkeit der Dispens-Ehe lediglich eine Vorfrage, über die zu befinden den Zivilgerichten zukomme.[74]

Der Konflikt eskalierte (im Detail Olechowski 2020, 447ff.): Die Zivilgerichte erklärten die Dispens-Ehen für ungültig, der Verfassungsgerichtshof wiederum hob diese Entscheidungen auf. »Statt das Chaos zu beenden, hatte der Verfassungsgerichtshof es intensiviert.« (Wiederin 2022, 280) Kelsen, unbestrittener »Protagonist der Judikatur« (Walter 2005, 57), verteidigte seine Position auch außerhalb des Gerichts in ungewöhnlich offener, ja teils heftiger Form, so z.B. in Beiträgen in Fachzeitschriften, aber auch in der Tagespresse und auf wissenschaftlichen Tagungen, was ihn zum Ziel zahlreicher, durchaus auch höchstpersönlicher und antisemitisch grundierter Angriffe werden ließ.[75]

Fragt man sich nach Gründen für das hohe persönliche, ja teilweise geradezu emotionale Engagement Kelsens in der Dispens-Ehen-Frage, so drängen sich zwei Erklärungen auf. Zum einen ging es ihm um die von ihm rechtstheoretisch untermauerte und im B-VG 1920 zum Ausdruck gebrachte Parität von Gerichtsbarkeit und Verwaltung, die er als verletzt sah, wenn Zivilgerichte rechtskräftige Verwaltungsakte aufheben oder für unwirksam erklären könnten (Walter 2005, 62, 67f.; Olechowski 2020, 443). Dabei stand im Hintergrund die im Rechtsleben verbreitete, von Kelsen aber abgelehnte Vorstellung von der »Höherwertigkeit des Zivil(prozess)rechts vor dem Verwaltungsrecht« (Neschwara 2009, 258). Zum anderen war es die menschliche Erschütterung angesichts der im Umfeld der Dispens-Ehen sich abspielenden persönlichen Dramen, über die Kelsen erstaunlich offen und vor allem auffällig ausführlich in seiner Autobiographie von 1947 spricht. Dort heißt es, beide Aspekte verknüpfend:

»Damit [scil.: mit der Ungültigkeitserklärung der Dispens-Ehen durch die Zivilgerichte, H.D.] begann ein in der Geschichte des österreichischen Rechts einzig dastehender Skandal. Derselbe Staat, der durch seine Verwaltungsbehörde die Schliessung einer Ehe ausdrücklich erlaubte, erklärte durch seine Gerichte eben diese Ehe für ungültig. Die Autorität des Staates konnte kaum in ärgerer Weise erschüttert werden. Dazu kam dass die Gerichte zuständig waren, von amtswegen die Gültigkeit bestehender Eheverhältnisse zu prüfen und dass eine einfache Anzeige von irgendeiner Seite genügte, um ein Ungültigkeitsverfahren herbeizuführen. Dieser Umstand wurde zu schamlosen Erpressungen benützt. Wer immer in einer von den Verwaltungsbehörden sanktionierten Dispensehe lebte, war der Gefahr solcher Erpressung ausgesetzt. Und nicht nur das, der Ehegatte selbst, der mit Hilfe eines von der Verwaltungsbehörde erteilten Ehedispenses eine zweite Ehe eingegangen war, konnte sich, wenn immer es ihm beliebte, dieser Ehe entledigen indem er einfach das zuständige Gericht im Wege einer Postkarte von der Tatsache informierte, dass er in einer Dispensehe lebte.« (HKW 1, 72)

3. Das Ende

Zur Beendigung des Konflikts führte schließlich im Jahre 1929 eine unter der Formel der »Entpolitisierung« segelnde Reform der Verfassung (Neschwara 2005, 374ff.; Olechowski 2020, 467ff.), die auch die Bestellung der Richter des Verfassungsgerichtshofs umfasste und schließlich zur endgültigen Demission Kelsens führte.[76] Tatsächlich handelte es sich aber wohl eher um eine »Umpolitisierung« (Merkl 1930, 510), wenn nicht gar um eine »Entdemokratisierung« (Ehs 2017, 139). In der Öffentlichkeit löste der Vorgang »großes Aufsehen und [...] helle Empörung« aus (Neschwara 2005, 354). Jedenfalls endete das Amt der ursprünglich auf Lebenszeit ernannten Richter nunmehr kraft Gesetzes am 15. Februar 1930. Die Möglichkeit, sich von der sozialdemokratischen Partei als einer von (nur noch) zwei Kandidaten nominieren zu lassen, lehnte Kelsen unter Hinweis auf deren Feigenblattfunktion und mit Blick auf seine ursprüngliche Bestellung als neutraler Richter ab (Neschwara 2009, 256; Olechowski 2020, 473). So endete seine Zeit als Verfassungsrichter, aber nicht nur diese. Denn im folgenden Sommer wechselte er von Wien nach Köln und übernahm dort einen Lehrstuhl für »Öffentliches Recht, insbesondere Allgemeine Staatslehre und Rechtsphilosophie« (Olechowski 2020, 492). Mit dem Verfassungsrecht Österreichs sollte er sich zeit seines Lebens nie wieder beschäftigen.

IV. »Hüter der Verfassung«: Verfassungstheoretische Verteidigung der Verfassungsgerichtsbarkeit

1. Die Position Carl Schmitts

Bereits in Kelsens Kölner Zeit fällt eine große, ja die »wohl berühmteste juristische Debatte der Weimarer Zeit überhaupt« (Olechowski 2020, 507), die die Verfassungsrechtswissenschaft noch heute beschäftigt.[77] Er trägt diese Kontroverse mit Carl Schmitt aus, der nach einigen Vorläuferaufsätzen, die auf frühere Beiträge Kelsens Bezug nahmen, im Jahre 1931 eine kleine Monographie mit dem Titel *Der Hüter der Verfassung* herausgebracht hatte.[78] In ihr wurde eine echte Verfassungsgerichtsbarkeit in justizförmiger Gestalt für faktisch ausgeschlossen erklärt und stattdessen der Reichspräsident als der eigentliche Verfassungshüter präsentiert (Schmitt 1931, 36 ff., 132 ff.). Verfassungsgerichtliche Entscheidungen könnten, so Schmitt, wegen ihres Gegenstands praktisch niemals justizförmige, also rechtliche, sein, sondern seien unausweichlich Verfassungsgesetzgebung »in hochpolitischer Funktion« (Schmitt 1931, 48, 155). Für Schmitt ist Verfassungsgerichtsbarkeit also im Grunde von vornherein unmöglich, weil sie unweigerlich politisch und daher keine »echte« Justiz wäre (Schmitt 1931, 21, 76, 155f. u.ö.). Die Entscheidung über »Zweifel und Meinungsverschiedenheiten« bezüglich der Bedeutung von Verfassungsnormen durch ein Gericht stellten faktisch (nachgeholte) Sachentscheidungen des Verfassunggebers dar. Die vermeintliche Klärung einer Rechtsfrage entpuppe sich so als Form der Verfassungsgesetzgebung (Schmitt 1931, 45). Richtige Verfassungsstreitigkeiten seien immer politische Streitigkeiten, die in die Hände politischer Instanzen gehörten, nicht in die von Gerichten: »Sonst besteht die Gefahr, daß statt einer Juridifizierung der Politik eine das Ansehen der Justiz untergrabende Politisierung der Justiz eintritt.« (Schmitt 1928, 119) Letzten Endes dienen die in sich durchaus widersprüchlichen Darlegungen Schmitts (dazu Grimm 2020, 19ff.) nur dazu, den seiner Ansicht nach wahren Hüter der Verfassung ins Spiel zu bringen: den Reichspräsidenten, den er als *pouvoir neutre* präsentiert (Schmitt 1931, 132ff.).

2. *Kelsens Gegenposition*

In seiner »Wer soll der Hüter der Verfassung sein?« betitelten Gegenkritik aus dem Jahr 1931, die man treffend »one of the most incisive criticisms of Schmitt's constitutional theory ever written« (Vinx 2015, 6) genannt hat, zerpflückt Kelsen lustvoll die Argumente seines Gegners. Er beginnt mit dem Reichspräsidenten als *pouvoir neutre*: Schmitt verstoße schon gegen den absoluten Konsens in der Rechtswissenschaft, wonach die Prüfung der Verfassungsmäßigkeit von Rechtsakten keinesfalls einem Organ übertragen werden kann, das die zu überprüfenden Akte selbst setzt oder an der Setzung beteiligt ist (HV 577/58f.). Schmitt hole »aus der Rumpelkammer des konstitutionellen Theaters dessen ältestes Versatzstück« hervor, nämlich die These: »das Staatsoberhaupt und kein anderes Organ sei der berufene Hüter der Verfassung« (HV 579/61). Die Übertragung der Figur eines *pouvoir neutre* »auf das unter dem Hochdruck parteipolitischer Strömungen gewählte Staatsoberhaupt einer demokratischen Republik« (HV 582/63) lasse sich – jetzt wird unser Autor sarkastisch – nur dadurch erklären, dass es sich bei dieser Argumentation »um eine politische Theorie des ›Als ob‹« handele (HV 583/64). Positiv wird die Verfassungsgerichtsbarkeit als berufener Hüter der Verfassung mit der Überlegung gerechtfertigt, sie diene der Rechtsgewähr wie andere Gerichte auch (näher Paulson 1995, 52 ff.). Dass sie dabei ›politisch‹ entscheiden müsse, unterscheide sie nicht von den sonstigen Gerichten. Jede gerichtliche Entscheidung enthalte dezisionistische Elemente, wie nicht zuletzt Schmitt selbst in einer frühen Studie festgestellt habe.[79] Die für Schmitts Argumentation entscheidende Gegenüberstellung von Justiz und Politik sowie dessen These einer »sachliche[n] Verschiedenheit von Gesetz und Richterspruch« (Schmitt 1931, 22, 36) weist Kelsen daher *a limine* als untauglich zurück: »Zwischen dem politischen Charakter der Gesetzgebung und dem der Justiz besteht nur eine quantitative, keine qualitative Differenz.« (HV 58/67) Jede gerichtliche Entscheidung und damit auch die eines Verfassungsgerichts ist notwendig politisch; damit wird Schmitts »ganze Argumentation, die die Verfassungsgerichtsbarkeit wegen ihres politischen Charakters nicht als Justiz gelten lassen will, gegenstandslos« (HV 593/73). Schließlich bekämpft Kelsen die für Schmitts Position fundamentale Vorstellung von der substanzhaften politischen Einheit eines vorgeblich homogenen Volkes (Schmitt 1928, 228 ff.; Schmitt 1931, 60, 63, 157 f.) und setzt dem die Vorstellung einer Pluralität von Vorstellungen und Interessen entgegen, die typisch für eine moderne Demokratie mit ihren unterschiedlichen politischen Parteien sei. Schmitts substanzhafter Volkswille hingegen nehme »Ideologie für Realität« und solle die für eine moderne Gesellschaft »effektiv vorhandene, radikale Interessengegensätzlichkeit verhüllen« (HV 614/93); zugleich betrachte jener »das in Wirklichkeit vorhandene pluralistische System als aufgehoben« (HV 613/92). Damit ist der durch und durch ideologische und rechtspolitisch motivierte Charakter von Schmitts *Hüter der Verfassung* erwiesen.

3. *Verfassungsgerichtsbarkeit als Rechtmäßigkeitssicherung*

Die Basis für diese fulminante Attacke auf einen besonders exponierten und engagierten Gegner einer Verfassungsgerichtsbarkeit hatte Kelsen zwei Jahre zuvor gelegt, bei seinem Staatsrechtslehrerreferat in Wien zum Thema »Wesen und Entwicklung der Staatsgerichtsbarkeit« (Kelsen 1929). Hier offenbart »der entschiedenste und in seiner Argumentation konsequenteste Befürworter einer Verfassungsgerichtsbarkeit« (Grimm 2020, 14) den letzten und tiefsten Grund für deren Existenz. Es ist eine Idee von denkbar großer Allgemeinheit, nämlich die Sicherung der »Rechtmäßigkeit der Staatsfunktionen« (Kelsen 1929, 30/1; desgleichen HV 576/58). Diese Forderung der Garantie der Rechtmäßigkeit erstreckt sich für ihn eben nicht allein auf den Verwaltungsakt oder das richterliche Urteil im Verhältnis zum Gesetz, sondern auch auf die Verfassung (Wendenburg 1984, 129ff.). Kelsen schreibt:

> »Die Forderung der Rechtmäßigkeit und spezifischer rechtstechnischer *Garantien* für sie besteht nicht nur in bezug auf den Vollstreckungstatbestand im Verhältnis zu den individuellen Normen des Verwaltungsbefehls, der Verwaltungsentscheidung und des richterlichen Urteils, nicht nur in bezug auf diese Akte der Vollziehung im Verhältnis zu den generellen Normen der Verordnung oder des Gesetzes, sondern auch in bezug auf die Verordnung im Verhältnis zu dem Gesetz und in bezug auf das Gesetz im Verhältnis zur Verfassung. Garantien für die *Gesetzmäßigkeit der Ver-*

ordnung wie für die Verfassungsmäßigkeit des Gesetzes sind daher ebenso möglich, wie Garantien für die Rechtmäßigkeit der individuellen Rechtsakte. *Garantien der Verfassung* bedeutet somit: Garantie für die Rechtmäßigkeit der ***unmittelbar unter der Verfassung*** stehenden Rechtsstufen. Das ist vor allem: Garantie der Verfassungsmäßigkeit des Gesetzes.« (Kelsen 1929, 32f./3)

Ganz schlicht gesagt: Wenn wir mithilfe einer Verwaltungsgerichtsbarkeit überprüfen, ob sich Verwaltungsakte im Rahmen der gesetzlichen Vorgaben halten; warum sollten wir dann nicht durch eine Verfassungsgerichtsbarkeit prüfen, ob der Gesetzgeber sich im Rahmen der verfassungsrechtlichen Vorgaben hält? Genau für diese Aufgabe ist ein spezialisiertes Gericht die beste denkbare Institution (Kelsen 1929, 53ff./23ff.). Wieder gewinnt die Vorstellung der Rechtsordnung als Stufenbau entscheidende Bedeutung: Die seinerzeit und bis heute vielerorts noch gängige Idee, Rechtserzeugung sei Sache des Norm-, insbesondere des Gesetzgebers, während Verwaltung und Justiz das Recht lediglich anwendeten, wird scharf zurückgewiesen. Zwischen Gesetzgebung und Verwaltung bestehe kein absoluter, sondern nur ein relativer Gegensatz:

»Gesetzgebung und Vollziehung sind [...] nur zwei im Verhältnis von Unter- und Überordnung stehende Stufen des Prozesses der Rechtserzeugung, der mit der Stufe des Gesetzes weder beginnt noch endet. Er setzt sich nach unten über die Stufe der Verordnung, die Stufe des richterlichen Urteils und Verwaltungsaktes [...], nach oben bis zur Verfassung fort« (Kelsen 1929, 31/2).

Weil die Verfassung »im wesentlichen bestimmt, auf welche Weise Gesetze zustande kommen, bedeutet die Gesetzgebung dieser Verfassung gegenüber Rechtsanwendung. Im Verhältnis zur Verordnung aber und den anderen unter dem Gesetz stehenden Akten: Rechtsschöpfung.« (Kelsen 1929, 32/3)

So fügt sich eine mit der Kompetenz zur Prüfung der Verfassungsmäßigkeit von Gesetzen ausgestattete Gerichtsbarkeit allein wegen der Stufenbaulehre auf leicht einsichtige und geradezu elegante Art und Weise in das Arsenal rechtsstaatlicher Kontrollmechanismen.[80] »Die Stufenbaulehre kehrt so die Vorstellung einer rechtlichen Allmacht des Gesetzgebers in die Vorstellung der Verfassungsunterworfenheit des Gesetzgebers um und ebnet damit einer justizförmigen Kontrolle der Gesetzgebung im Rahmen der Verfassungsgerichtsbarkeit den Weg.« (Grabenwarter 2016, Rn. 20) Durch die »Betonung des Rechtsanwendungscharakters der Rechtsetzung (und insb. der Gesetzgebung) befürwortete die Stufenbaulehre auch die Möglichkeit der richterlichen Kontrolle des Gesetzgebers« (Jakab 2005, 361 f.). Denn wenn, der Idee des Rechtsstaats und der Rechtmäßigkeit der Staatsfunktionen gemäß, die Übereinstimmung einer rangniederen Norm (wie einer Satzung oder einer Verordnung) mit der ranghöheren Norm (etwa einem Landes- oder Bundesgesetz) oder der Vereinbarkeit eines Verwaltungsaktes mit dem Gesetz gerichtlicher Kontrolle zugänglich ist, gibt es aus dieser Perspektive keinen prinzipiellen Grund dafür, davon Normen auf der Stufe formeller Landes- oder Bundesgesetze auszunehmen. Der Verwaltungsgerichtsbarkeit korrespondiert so zwanglos eine »Gesetzgebungsgerichtsbarkeit« (Schlaich/Korioth 2021, Rn. 6). Sinnfälligerweise ist der österreichische Verfassungsgerichtshof im sechsten Hauptstück des B-VG 1920 neben dem Verwaltungsgerichtshof unter der Rubrik »Garantien der Verfassung und Verwaltung« aufgeführt. So hat die österreichische Verfassung von Anbeginn Garantien »nicht nur für die Gesetzmäßigkeit der Verwaltung, sondern auch für die Verfassungsmäßigkeit der Gesetzgebung« enthalten (Kelsen 1930, 158). Der Verfassungsgerichtshof sollte als ein »objektiver Wahrer der Verfassung« fungieren, wie Kelsen seinerzeit im Verfassungsausschuss der Nationalversammlung formuliert hatte (Stourzh 1982, 27). Wenn freilich verfassungswidrige Gesetze gültig blieben, weil ihre Aufhebbarkeit nicht vorgesehen ist, so enthalte die Verfassung »von einem rechtstechnischen Standpunkte aus nicht viel mehr, als einen unverbindlichen Wunsch« (Kelsen 1929, 78/48).

Kelsens stets wacher Sinn für die politischen Implikationen juristischer Probleme zeigt sich daran, dass er durchaus die Gefahr einer Machtverschiebung vom Parlament auf das Verfassungsgericht sieht und deutlich anspricht (Schönberger 2007, 182). Dabei macht er als größte Gefahrenquelle die Normierung unbestimmter, höchst allgemeiner, wertgeladener Begriffe wie »Gerechtigkeit«, »Freiheit«, »Sittlichkeit« oder »Billigkeit« aus.[81] Speziell aus bundesrepublikanischer Sicht wäre zusätzlich etwa an »Menschenwürde«, »freie Entfaltung der Persönlichkeit« oder »Gleichheit« zu denken. Kelsens Warnung davor, solche Begriffe in die Verfassung aufzunehmen, lässt an Deutlichkeit nichts zu wünschen übrig: sie könnten »eine höchst gefährliche Rolle spielen« (Kelsen 1929, 69/39).[82] Denn es ist

> »die Möglichkeit keineswegs ausgeschlossen, daß ein Verfassungsgericht, zur Entscheidung über die Frage der Verfassungsmäßigkeit eines bestimmten Gesetzes angerufen, dieses Gesetz mit der Begründung kassiert, daß es *ungerecht* sei, denn ›Gerechtigkeit‹ sei ein verfassungsmäßiger Grundsatz und daher vom Verfassungsgericht anzuwenden. Das bedeutet aber, daß dem Verfassungsgericht eine Machtvollkommenheit eingeräumt wird, die schlechthin als unerträglich empfunden werden muß.« (Kelsen 1929, 70/39f.)

Einziges Mittel, diese »gewiß nicht intendierte und politisch höchst unangebrachte *Machtverschiebung vom Parlament zu einer außerhalb desselben stehenden Instanz*« zu vermeiden: Die Verfassung muss sich, »wenn sie ein Verfassungsgericht einsetzt, jeder derartigen *Phraseologie* enthalten« und bei der Errichtung etwaiger inhaltlicher Schranken der Gesetzgebung »diese so präzise wie möglich bestimmen« (Kelsen 1929, 70/40; siehe auch HV 595 ff./76 ff.). Das ist allerdings weithin ein frommer Wunsch geblieben, denn nur wenige Verfassungen haben diesem Postulat wirklich Rechnung getragen.

V. Fazit

Die (österrreichische) Verfassung ist zentraler Gegenstand von Kelsens Wirken in den zwölf Jahren zwischen 1918 und 1930. Zu Recht hat man davon gesprochen, dass er wie kaum ein anderer an der »legislativen Erzeugung wie an der judikativen Anwendung der Verfassung« (Cadore 2022, 570) Anteil hatte. Die Bezüge sind in der Tat vielfältig: Kelsen arbeitet »verfassungslegistisch« als Architekt des B-VG 1920 bei dessen Entstehung mit; er kommentiert diese Verfassung ebenso wie die provisorischen Vorgängergesetze der Jahre 1918 und 1919; er wirkt als Richter des durch die Verfassung von 1920 erstmalig institutionalisierten Verfassungsgerichtshofs; und er verteidigt die Verfassungsgerichtsbarkeit als Institution entschieden gegen kritische Einwände (nicht nur) von Carl Schmitt. In diesen Jahren nimmt Kelsens Karriere einen atemberaubend steilen Verlauf. Schon der 1. Oktober 1920 lässt sich als »ein Höhepunkt, wenn nicht der Höhepunkt in Kelsens beruflichem Leben« (Olechowski 2020, 307) beschreiben, trat er doch an diesem Tag nicht nur das Amt des Dekans der juristischen Fakultät an, sondern wurde am selben Tag auch das B-VG in der konstituierenden Nationalversammlung beschlossen. Spätestens in den frühen 1920er Jahren ist er der bekannteste, wichtigste und bedeutendste österreichische Staatsrechtslehrer. Sein offensiv wahrgenommenes Richteramt am Verfassungsgerichtshof steigert seine Bedeutung noch, führt dann aber letztlich zum Ausscheiden aus dem Amt und, damit verknüpft, zum Ende seiner Zeit in Österreich. Damit endet zugleich seine Befassung mit dem (nicht nur österreichischen) positiven Verfassungsrecht. Ein Dutzend Jahre hatte es im Zentrum seiner vielfältigen Aktivitäten gestanden. Nun sollte sich unser Autor für immer anderen Themenfeldern zuwenden.

Teil 3: Kelsens Lebenswerk: Die Reine Rechtslehre

Zeit seines Lebens arbeitete Kelsen an einer Rechtstheorie, der er im Laufe der Jahre den Namen »Reine Rechtslehre« gegeben hat.[83] Sie darf, wie man rückblickend gesagt hat, »wohl als der kühnste und klarste, konsequenteste und elaborierteste Entwurf eines Rechtspositivismus gelten« (Jestaedt 2011, 282). Grundgelegt wurde die Reine Rechtslehre in Kelsens Habilitationsschrift von 1911 (HdS), sodann in zahlreichen Aufsätzen und Monographien fortentwickelt (PdS; Sb; AS; GNR). Sehr wichtig für die sukzessive Ausarbeitung der Lehre in den Wiener Jahren war der aus Schülern wie Adolf J. Merkl, Alfred Verdroß, Leonidas Pitamic, Fritz Sander, Julius Kraft und anderen bestehende Gesprächskreis, den Kelsen um sich scharte und aus dessen Diskussionen er viele Anregungen gewann.[84] Daher spricht man auch von einer »Wiener Rechtstheoretischen Schule«. Monographisch brachte Kelsen seine Reine Rechtslehre dann in der ersten Auflage von 1934, seinem ersten »Exilwerk« (Cadore 2018, 260),[85] und der im Umfang ungefähr verfünffachten zweiten Auflage von 1960 in eine konsolidierte Gestalt, ohne dass er danach seine selbstkritischen Bemühungen um eine weitere Verbesserung und Fortentwicklung dieser Theorie eingestellt hätte. Nur folgerichtig befasst sich seine letzte zu Lebzeiten publizierte Veröffentlichung in sehr detaillierter Weise mit kritischen Einwänden gegenüber seiner Lehre (Kelsen 1968). Nach 1960 hat er an seinem Theoriegebäude kleinere und größere Umbauten vorgenommen. Davon legt neben einigen Aufsätzen aus den 1960er Jahren insbesondere die postum erschienene Studie über eine allgemeine Normentheorie (ATdN) Zeugnis ab, die zu einigen, zum Teil als gravierend eingeschätzten Revisionen bestimmter Theorieelemente geführt hat.[86] Man sieht also: »Reine Rechtslehre« bezeichnet nicht allein die beiden so betitelten Bücher, sondern das gesamte Theoriegebäude, das Kelsen selbst als »Theorie des positiven Recht(e)s« (HdS V; RR[1] 1/15; RR[2] 1/21), als »Theorie des Rechtspositivismus« (RR[1] 38/50; Kelsen 1953, 153; RR[2] 112/206) oder als »Strukturanalyse des positiven Rechts« (Kelsen 1931, 111; RR[1] 61/72) charakterisiert hat.[87]

Diese jahrzehntelange Werkgeschichte lädt natürlich zu der Frage ein, ob man gewisse Phasen oder Schaffensperioden voneinander abgrenzen kann: ein in der Kelsen-Literatur durchaus intensiv, aber zu Recht auch als durchaus problematisch behandeltes Thema.[88] Ohne diese Frage hier intensiv traktieren zu können, werden wir uns im folgenden bei der Darstellung der Reinen Rechtslehre ganz überwiegend auf deren »klassische« Form stützen, wie sie in den beiden Auflagen von 1934 und 1960 Gestalt gewonnen hat, und nur gelegentlich auf bestimmte Vorformen und spätere Veränderungen verschiedener Theoriebausteine eingehen. Kelsens »Spätlehre« ist allerdings ein eigener Abschnitt gewidmet (IV.).

I. Kelsen als (kritischer) Rechtspositivist

Hans Kelsen gilt allgemein als ein besonders herausragender Vertreter des Rechtspositivismus (Jestaedt 2008, XXX). Das entspricht seiner Fremd- wie seiner Selbstbeschreibung, tituliert er seine Reine Rechtslehre doch, wie soeben bereits angeführt, an zentraler Stelle als eine »Theorie des Rechtspositivismus« (RR[1] 38/50; RR[2] 112/206). Allerdings herrscht darüber, was mit einer Etikettierung als Rechtspositivismus eigentlich genau gesagt sein soll, bei vielen Autoren weder Klarheit noch Einigkeit.[89] Um nur wenige Beispiele zu nennen: Teils schreibt man dem Rechtspositivismus zu, er erhebe Gesetzestreue unkritisch zu einer Art Grundtugend; teils wird gar behauptet, es handele sich um eine zynische Rechtfertigungsideologie diktatorischer Herrschaftssysteme. Und teils sagt man ihm methodologisches Hinterwäldlertum nach und zeiht ihn der Naivität, weil er den kreativen Prozess der Auslegung von Normen auf ein rein logisches syllogistisches Schlussverfahren reduziere. Das sind nur wenige Illustrationen.

H. L. A. Hart hat in einem epochemachenden Aufsatz aus den 1950er Jahren fünf verschiedene Bedeutungen von »Rechtspositivismus« bzw. entsprechende Aussagen identifiziert, die man in der Literatur zu seiner Kennzeichnung findet (Hart 1958, 23). Dreißig Jahre später hat Norbert Hoerster einen sich mit Hart nicht vollkommen deckenden, aber weithin übereinstimmenden Katalog von fünf Thesen formuliert, mit denen die Breite der Zuschreibungen an »den« Rechtspositivismus gut erfasst wird (Hoerster 1989, 10).[90] Es sind dies (1) die Gesetzesthese; (2) die Subsumtionsthese; (3) die Gehorsamsthese; (4) die Subjektivismusthese; (5) die Neutralitätsthese.

Welche dieser fünf Thesen trifft nun auf die Position Kelsens zu? Leicht lässt sich erkennen, dass er auf keinen Fall die beiden ersten Thesen vertritt. Die erste, der zufolge sich die Rechtsordnung in der Summe der Gesetze erschöpft, teilt praktisch niemand, weil natürlich die Existenz von Gewohnheits- und Richterrecht nicht zu leugnen ist und auch von Kelsen nicht in Abrede gestellt wird. Auch lässt sich rasch zeigen, dass Kelsen kein Vertreter der Subsumtionsthese ist, der gemäß die Anwendung des Rechts im Wege wertungsfreier, rein logisch operierender Subsumtion erfolgt. Ganz im Gegenteil werden wir bei der näheren Betrachtung seiner Interpretationstheorie sehen, dass er methodologisch der Freirechtsschule näher steht als der Begriffsjurisprudenz; er hat die Kreativität des Rechtsanwendungsprozesses immer stark betont.[91] Des weiteren lehnt er die Gehorsamsthese ab, der zufolge die Normen des Rechts ausnahmslos zu befolgen sind – auch wenn es zu den Standardvorwürfen gegen die Reine Rechtslehre gehört, sie würde diese Position vertreten. Diese Vorwürfe gehen jedoch vollständig fehl, weil die Frage nach der Befolgungswürdigkeit der Rechtsnormen gerade offengelassen wird, wie wir im Abschnitt über »Individuum und staatliche Rechtsordnung« noch genauer sehen werden.[92] Hingegen ist Kelsen – wie die allermeisten Rechtspositivisten – Anhänger der Subjektivismusthese, vertritt also die Auffassung, dass die Maßstäbe richtigen Rechts subjektiver Natur sind; am breitesten hat er dies in seiner Abschiedsvorlesung (WiG) und im Anhang zur zweiten Auflage der *Reinen Rechtslehre* dargelegt, wo er die Vielfalt, Widersprüchlichkeit und Subjektivität der verschiedenen Gerechtigkeitsvorstellungen behandelt. Und schließlich bejaht er (mit Verve!) die fünfte These, wonach das Recht neutral, insbesondere unabhängig von Normen der Moral zu bestimmen ist (weswegen man sie auch gut als Trennungsthese bezeichnen kann). Sie macht den Kern seines Reinheitspostulats aus, weil Reinheit eben bedeutet, das Recht ohne Bezug auf bestimmte moralische, sittliche oder anderweitige außerrechtliche Maßstäbe zu erfassen.[93] Wir können also den Rechtspositivismus Kelsens in dem zentralen Punkt zusammenfassen, das Recht auf der Basis einer wertrelativistischen Grundposition als eine wirksame, positive Zwangsordnung zu begreifen, ohne nach seiner Moralität, seiner Sittlichkeit oder seiner Vereinbarkeit mit anderen ethischen Prinzipien zu fragen.

Warum aber ist der Rechtspositivismus Kelsens sinnvollerweise mit dem Zusatz »kritisch«[94] zu versehen? Der Grund liegt in der Behandlung der Frage nach dem (letzten) Geltungsgrund des Rechts. Der ältere Rechtspositivismus englischer wie deutscher Provenienz[95] hatte sich mit dem schlichten Tatbestand der sozialen Wirksamkeit der Rechtsordnung und ihrer faktischen Durchsetzung begnügt. Kelsen lässt es nicht bei dieser normativen Kraft des Faktischen bewenden. Er gestaltet die Geltungsfrage komplizierter und anspruchsvoller, indem er die Geltung einer Norm immer auf den Geltungsanspruch einer höheren Norm zurückführt und auf diese Weise letztlich bei der Annahme einer nur vorauszusetzenden Grundnorm landet.[96] Es ist also diese sehr spezifische Vorstellung bzw. Begründung der normativen Geltung des Rechts, die ihn vom älteren Rechtspositivismus unterscheidet (Walter 1992a, 10; Paulson 1993, 53ff.; Bindreiter 2002, 1). Die nicht zwingende, sondern auf einer Wahlentscheidung des Betrachters beruhende Annahme der Grundnorm erlaubt eine Distanzierung zur effektiven Rechtsordnung, die der ältere Rechtspositivismus so nicht kennt.

II. Das Wissenschaftsprogramm der Reinen Rechtslehre

1. Das Reinheitspostulat

Es zeichnet die Reine Rechtslehre Hans Kelsens aus, dass der Anspruch auf Wissenschaftlichkeit explizit, ja demonstrativ erhoben wird. An denkbar herausgehobener Stelle, dem Vorwort zur ersten Auflage der *Reinen Rechtslehre*, legt er sein Wissenschaftsprogramm in aller Klarheit und Kürze dar.[97] Dort heißt es:

»Mehr als zwei Jahrzehnte ist es her, daß ich unternommen habe, eine reine, das heißt: von aller politischen Ideologie und allen naturwissen-

> schaftlichen Elementen gereinigte, ihrer Eigenart weil der Eigengesetzlichkeit ihres Gegenstandes bewußte Rechtstheorie zu entwickeln. Von allem Anfang an war dabei mein Ziel: Die Jurisprudenz, die – offen oder versteckt – in rechtspolitischem Raisonnement fast völlig aufging, auf die Höhe einer echten Wissenschaft, einer Geistes-Wissenschaft zu heben. Es galt, ihre nicht auf Gestaltung, sondern ausschließlich auf Erkenntnis des Rechts gerichteten Tendenzen zu entfalten und deren Ergebnisse dem Ideal aller Wissenschaft, Objektivität und Exaktheit, soweit als irgend möglich anzunähern.« (RR[1] IX/3)

Diese durchaus selbstbewussten Worte enthalten *in nuce* das Wissenschaftsprogramm der Reinen Rechtslehre, das man zu Recht als »ein rigoroses Programm wissenschaftlicher Methodenreinheit« (Jestaedt 2006, 1) bezeichnet hat. In der Reinen Rechtslehre »wird der Name zum Programm« (Cadore 2018, 258). Dabei ist zunächst zu betonen, dass die Reinheit sich auf die Rechtswissenschaft, also die Lehre des Rechts, nicht auf das Recht selbst bezieht (Jestaedt 2008, XXVI; Jestaedt 2013, 219 f.). Denn das ist immer wieder missverstanden worden, obwohl Kelsen diesen Punkt stets mit aller wünschenswerten Deutlichkeit »gegen gebetsmühlenhaft wiederholte Fehldeutungen« (Jestaedt 2008, XXXIV) unterstrichen hat.[98] Deshalb sei hier abermals festgehalten: Die Reine Rechtslehre postuliert nicht die Reinheit des Rechts im Sinne seiner Enthobenheit von realen gesellschaftlichen, politischen und sozialen Vorgängen. Nichts wäre falscher als dies. Die Reine Rechtslehre will nicht Lehre des reinen (also guten, idealen, richtigen) Rechts, sie will reine (unverfälschte) Lehre des Rechts sein (Kelsen 1953, 153). Kelsens »Trachten zielt zuvörderst auf die Reinheit im Sinne der Wissenschaftlichkeit der Lehre vom Recht« (Jestaedt 2013, 219). Nochmals: »Kelsen beabsichtigt also keine *Rechts*reinheit, sondern eine *Methoden*reinheit bzw. eine *Rechtserkenntnis*reinheit. Er hat zu keiner Zeit ein *›reines Recht‹* postuliert, sondern stets nur eine *Reine Rechtslehre*!« (Dias 2005, 125)

Die Inhalte des Rechts hingegen sind nicht rein. Der jeweilige und historisch kontingente Inhalt dieses Rechts war für Kelsen immer ganz selbstverständlich sozial, politisch und ökonomisch bestimmt und bedingt, war Produkt gesellschaftlicher Entwicklungen, Resultat des Kampfes der Interessengruppen, geronnene Form der Politik (näher Dreier 1986, 113 ff.). In seiner *Allgemeinen Staatslehre* bezeichnet er es als einen offenkundigen Gemeinplatz, »daß es die natürlichen, ökonomischen, kurz die Tatsachen der kausal bestimmten historischen Entwicklung sind, die den Inhalt der Rechtsordnung bestimmen« (AS 21/68; ähnlich GNR 67 f.). Dass jedem Rechtsetzungsakt eine bestimmte Wertung zugrunde liegt, hindert aber nicht daran, bei der *Beschreibung* dieses Rechtsaktes auf eigene Wertungen zu verzichten (Hoerster 1989, 13). Die Reinheitsforderung bezieht sich mithin allein auf die Wissenschaft vom Recht, nicht auf das Recht selbst, um dessen wertungsabstinente Rekonstruktion und Darstellung es geht. Der oft zu hörende Vorwurf, Kelsen reduziere das positive Recht selbst auf eine inhaltsleere, hohle Form, geht also völlig in die Irre. Nochmals unser Autor:

»Die *Entpolitisierung*, die die Reine Rechtslehre fordert, bezieht sich auf die *Wissenschaft* vom Recht, nicht auf ihren Gegenstand, das Recht. Das Recht kann von der Politik nicht getrennt werden, denn es ist ein wesentliches Instrument der Politik. [...] Aber die Wissenschaft vom Recht kann und muß von der Politik getrennt werden, wenn sie überhaupt den Anspruch erheben darf, als Wissenschaft zu gelten.« (Kelsen 1953, 152)

Mit dieser Purifizierungsstrategie ist es unvereinbar, das Objekt der rechtswissenschaftlichen Betrachtung mitzugestalten: sei es durch versteckte Beimengung rechtspolitischer Aspekte oder Argumente, sei es durch offen proklamierte Rechtsgestaltung unter Verweis auf die besondere Kompetenz des Juristen für Rechtsfragen, sei es durch Begründung einer Rechtsmeinung aus ersichtlich politischen Motiven. Dies alles verfällt strikter Ablehnung. Es gilt Distanz zum Objekt der Betrachtung zu wahren. Allerdings schließt das natürlich nicht das Verbot ein, sich eine politische Meinung zu bilden und diese zu äußern. »Wissenschaft treiben zwingt ja nicht«, so Kelsen, »auf politische Werturteile zu verzichten, verpflichtet nur: das Eine vom Anderen, Erkennen und Wollen, voneinander zu trennen.« (Kelsen 1929a, 1724)[99]

Für die Rechtswissenschaft gilt daher, dass sie den ihr vorgegebenen Gegenstand, das positive Recht, zu erfassen und zu verstehen, nicht aber zu verändern oder zu gestalten hat:

> »[Die Reine Rechtslehre] will das Recht darstellen, so wie es ist, ohne es als gerecht zu legitimieren oder als ungerecht zu disqualifizieren; sie fragt nach dem wirklichen und möglichen, nicht nach dem richtigen Recht. Sie ist in diesem Sinne eine radikal realistische Rechtstheorie. Sie lehnt es ab, das positive Recht zu bewerten. Sie betrachtet sich als Wissenschaft zu nichts anderem verpflichtet, als das positive Recht seinem Wesen nach zu begreifen und durch eine Analyse seiner Struktur nach zu verstehen.« (RR[1] 17/29)

Nichts bekämpft Kelsen so vehement wie die Vorstellung, die Rechtswissenschaft könne zur Rechtsquelle werden. Diese Position hat greifbare Konsequenzen vor allem in seiner Interpretationslehre.[100]

2. Doppelte Frontstellung

Freilich gilt es nun die »Eigengesetzlichkeit«[101] des Rechts zu sichern. Sie ist in doppelter Weise gefährdet, sieht sich gewissermaßen von zwei Seiten herausgefordert, weswegen man von einer »doppelten Frontstellung« (Dreier 1986, 27 ff.) sprechen kann. Die eine Gefährdung stammt aus dem Bereich der Kausalwissenschaften, die andere liegt in der Überformung des positiven Rechts durch andere Sollensordnungen. Kelsen sucht den Selbstand der Sollensdimension des Rechts einerseits gegenüber einer kausal-analytischen Perspektive, andererseits gegenüber anderen normativen Ordnungen wie Moral, Religion oder Metaphysik zu bewahren.

a) Abgrenzung von den Kausalwissenschaften
Die Notwendigkeit einer Abgrenzung zu den Kausalwissenschaften war zentrales Thema in den frühen Schriften Kelsens (HdS 6ff., 97ff., 162ff. u.ö./84ff., 191ff., 272ff.). Den Hintergrund für diese Abgrenzung bildete das Vordringen nicht-normativer Deutungsansprüche, namentlich der Soziologie und der Psychologie, auch auf dem Gebiet des Rechts gegen Ende des 19. und zu Beginn des 20. Jahrhunderts.[102] Gegen eine solche Okkupation durch die Kausalwissenschaften mit ihrem »naiven empiristischen Naturalismus« (Kelsen 1922, 104/77) setzt er sich entschieden zur Wehr.[103] Die Rechtswissenschaft als normative Disziplin habe einen anderen Zugriff, ja einen anderen Gegenstand als die Kausalwissenschaften, die sich schon deswegen nicht an die Stelle rechtswissenschaftlicher Explikation setzen können. Das gilt auch und gerade für die Rechtssoziologie, für die das Recht »nur als Seinstatsache, als Faktum im Bewußtsein der [...] Menschen in Frage« komme (RR[1] 10/24), während es der Rechtswissenschaft um die Rechtsnormen als spezifische Sinngehalte gehe. Die Rechtswissenschaft gibt demnach keine Kausalerklärung der Rechtsordnung, sondern begreift die regelhafte effektive Zwangsordnung einer Gesellschaft *als* Rechtsordnung im Sinne eines Deutungsschemas realer Vorgänge. Ihr geht es darum, die Existenzform des Rechts als einer der Sollenssphäre zuzuordnenden geistigen Realität in seiner eigenständigen Dimension zu erfassen – und damit auch und zugleich um die Sicherstellung der Rechtswissenschaft als einer eigenständigen wissenschaftlichen Disziplin.

Im Hintergrund steht hier der von Kelsen als axiomatisch und unhintergehbar begriffene, auf David Hume und Immanuel Kant zurückgehende Dualismus von Sein und Sollen (RR² 5 ff., 196 f./28 ff., 346 ff.).[104] Dessen zentraler Satz lautet:

»Daraus, daß etwas *ist*, kann nicht folgen, daß etwas sein *soll*; sowie daraus, daß etwas sein *soll*, nicht folgen kann, daß etwas *ist*.« (RR² 196/346)[105]

Abgesehen von weiteren Differenzierungen und feinsinnigen Unterscheidungen (Heidemann 1997, 55 ff., 113 ff.) reicht für uns Kelsens These von der wechselseitigen Unableitbarkeit von Sein und Sollen sowie die Aussage, dass dem Sein die Kategorie der Kausalität und damit des Müssens zuzuordnen sei (wenn a, dann *muss* b folgen), dem Sollen hingegen die Kategorie der Zurechnung und damit die Aussage: wenn a, *soll* b folgen (vgl. nur AS 49 ff./133 ff.; RR² 79 ff./152 ff.). So unterscheidet sich das Naturgesetz vom Rechtsgesetz. Wesentliche Konsequenz: Die dem Sollensbereich zuzuordnenden Rechtsnormen lassen sich demnach nicht durch Verweis auf ein Seins-Faktum erklären. »Die *Faktizität* sagt juristisch eben gar nichts.« (PdS 71/339) Kelsen hält mithin die Sollensdimension des Rechts gegen alle Versuche fest, rechtswissenschaftliche Normbeschreibung durch Explikation kausaler Zusammenhänge zu ersetzen oder zu verdrängen. Rechtserkenntnis muss ihrerseits innerhalb der ihr »durch Gegenstand und Methode gezogenen Grenzen« (PdS VII/266) bleiben.

Damit sind konkurrierende Deutungs- und Explikationsansprüche der Kausalwissenschaften abgewiesen, auch wenn ihnen die Existenzberechtigung nicht abgesprochen wird. Freilich besteht Kelsen auf klarer Abgrenzung der verschiedenen Disziplinen mit entsprechendem Bewusstsein für deren je spezifische Methoden sowie ihre unterschiedliche Erklärungsweite und -richtung. »Rechts- und Staatssoziologie sind durch Kelsens Theorie nicht ausgeschlossen, sie sind nur als Soziologie zu betreiben.« (Möllers 2000, 56) Zentral ist der Gedanke einer Arbeitsteilung zwischen den verschiedenen Disziplinen. Kelsen legt besonderen Wert auf die Feststellung, dass die Rechts- und Staatssoziologie bei der Fixierung ihres Objekts auf die normative Ordnung rekurrieren, d.h. den juristischen Rechts- bzw. Staatsbegriff zugrunde legen muss, wenn sie sich auf die Normen einer Rechtsordnung bezieht. Die Rechtswissenschaft bestimmt mithin den Gegenstand der Rechtssoziologie, auch wenn diese ihre Fragestellungen autonom entwickeln kann (Möllers 2000, 40ff.).

b) Ablehnung des Naturrechts

Mit der Ausgrenzung der Kausalwissenschaften hat Kelsen die prinzipielle Möglichkeit der *Normativität* der Rechtsbetrachtung gesichert.[106] Mit der Ablehnung des Naturrechts sichert er die *Positivität* des Rechts (Dreier 1986, 39ff.). Natürlich ließe sich die Beschränkung auf das positive Recht ohne weiteres mit dem Hinweis begründen, es stünde jeder Wissenschaft grundsätzlich frei, sich ihr Erklärungsobjekt selbst zu wählen, und diese Wahlentscheidung falle nun auf das positive Recht, nicht das Naturrecht (Walter 1970, 75f.; Walter 1971, 4). Doch könnte man, da Moral, Religion und Naturrecht ebenfalls zu den Sollensordnungen zählen, auch diese zum Gegenstand einer normativen Betrachtung machen. Der tiefer liegende Grund für die Reduktion der Betrachtung auf das positive Recht ergibt sich aus dem Bestreben, es nicht zu einer Vermengung unterschiedlicher Gegenstandsbereiche kommen zu lassen (Walter 1999, 13). Es geht um die Vermeidung einer Entdifferenzierung normativer Welten und eines daraus folgenden »Sollens-Chaos«.

Resultierte die Gefährdung durch die Kausalwissenschaften aus einem drohenden Verlust der Sollenssphäre, so resultiert sie nun aus der Überlagerung der Rechtssphäre durch eine andere, als höherrangig angesehene Sollenssphäre eines wie auch immer näher begründeten und ausgeformten Naturrechts. Im Unterschied zur Abgrenzung von den Kausalwissenschaften besteht diese Gefahr nunmehr nicht im Verlust der Sollenssphäre gegenüber der Kausalsphäre, sondern in der Überlagerung der einen Sollenssphäre (des positiven Rechts) durch die Sätze einer anderen (des Naturrechts). Demzufolge droht hier die Subordination der positiven Rechtsordnung unter das Naturrecht. Einer solchen Vermengung normativer Welten und Systeme hält Kelsen die Position entgegen, dass die Rechtswissenschaft das positive, vom Menschen gesetzte Recht ohne relativierende oder korrigierende Beimischung anderer Normensysteme zu erkennen und zu erfassen habe, worin zugleich ein Antidot gegen ideologische Aufladungen des Rechts gesehen wird.

»Ihre anti-ideologische Tendenz bewahrt die Reine Rechtslehre darin, daß sie die Darstellung des positiven Rechts von jeder Art naturrechtlicher Gerechtigkeitsideologie zu isolieren sucht. Die Möglichkeit der Geltung einer über dem positiven Recht stehenden Ordnung bleibt für sie außer Diskussion. Sie beschränkt sich auf das positive Recht und verhindert so, daß die Rechtswissenschaft es für eine höhere Ordnung ausgebe oder aus einer solchen die Rechtfertigung des Rechts hole; oder daß die Diskrepanz zwischen einem irgendwie vorausgesetzten Gerechtigkeitsideal und dem positiven Recht zu einem juristischen Argument gegen dessen Geltung mißbraucht werde.« (RR^1 38/49f.; ähnlich RR^2 112/206)

Es geht, dem Objektivitätsideal der Wissenschaft entsprechend, um das Recht, wie es ist, nicht, wie es sein sollte. Rechtswissenschaft soll das Recht weder billigen noch missbilligen, sondern erkennen und beschreiben (nachdrücklich RR^2 70f./136ff.). Allein in der neutralen, wertungsabstinenten Deskription der zeitlich und örtlich variablen Rechtsordnungen sieht Kelsen die legitime Aufgabe der Rechtswissenschaft. Alles andere ist für ihn verfehlte kausalanalytische Explikation, naturrechtliche Spekulation oder politische Ideologie. Wegen dieser Konzentration auf das positive Recht kann er die Reine Rechtslehre als eine »radikal realistische Rechtstheorie« bezeichnen (RR[1] 17/29; RR[2] 112/206).

3. Die Grundnorm

a) Koinzidenz von Normativität und Positivität des Rechts

Kelsens doppelte Frontstellung gegen die Okkupation der Rechtswissenschaft durch die Kausalwissenschaften einerseits, gegen die Subordination des positiven Rechts unter ein höheres Naturrecht andererseits wirft die schwierige Frage nach dem letztlich verbleibenden Geltungsgrund für das Recht auf, wenn dieser Grund weder in der puren Faktizität einer effektiven Zwangsordnung noch in der Legitimation durch überpositive Normen gefunden werden kann. Hier kommt nun die Lehre von der Grundnorm ins Spiel.[107] Die Grundnorm ist für die Reine Rechtslehre, was die *volonté générale* für Rousseaus *Contrat Social* ist: die in gewisser Weise rätselhafte Mitte des gesamten Gedankengebäudes, vielfältig ausdeutbar, letztlich etwas mirakulös, aber ohne Zweifel zentral und unentbehrlich für die ganze Konstruktion.[108] Sie hat die Kelsen-Literatur immer wieder intensiv beschäftigt und tut das bis heute.[109] Die Lehre von der Grundnorm ist seine »most celebrated doctrine« (Raz 1986, 93).

Anders gesagt: Die Grundnorm ist eine überaus schillernde, mysteriöse, nicht von ungefähr als »great puzzle« (Paulson 2013) bezeichnete Gedankenfigur, der man ein ganzes (und gutes!) Buch gewidmet (Bindreiter 2002), die man allerdings auch schlicht als überflüssig (Griller 2004, 87 ff.) bezeichnet hat, da sie nur eine »needless reduplication« (Hart 1961/1994, 293) des Rechts bewirke.[110] Einerseits hat man in ihr eine bloße Chimäre gesehen (Priester 1984), ihr andererseits aber wiederum teils gleich mehrere zentrale Funktionen zugeschrieben: mal zwei

(Ebenstein 1938, 109; Dreier 1986, 42ff., 129ff.), mal drei (Heidemann 1997, 90ff., 144f.), mal vier (Paulson 1993, 58ff.; Kammerhofer 2011, 244ff.). Doch so oder so ist die Beschäftigung mit der Grundnorm unvermeidlich.[111]

Kelsen hat die zentrale Bedeutung der Grundnorm für die (Annahme der) Normativität des Rechts klar und deutlich ausgesprochen:

»Die Reine Rechtslehre operiert mit dieser Grundnorm als einer hypothetischen Grundlage. Unter der Voraussetzung, daß sie gilt, gilt auch die Rechtsordnung, die auf ihr beruht. [...] In der Grundnorm wurzelt letztlich die normative Bedeutung aller die Rechtsordnung konstituierenden Tatbestände. Nur unter der Voraussetzung der Grundnorm kann das empirische Material, das sich der rechtlichen Deutung darbietet, als Recht, das heißt als ein System von Rechtsnormen gedeutet werden.« (RR[1] 66/77)

Doch warum muss Kelsen eigentlich auf diese Hypothese, eine gewissermaßen künstliche Annahme, zurückgreifen, um die Normativität des Rechts begründen, genauer gesagt: unterstellen, zu können? Die Antwort: weil er sich dafür (einerseits) anders als der »naive« Rechtspositivismus nicht allein auf die Tatsache einer bestehenden und wirksamen Zwangsordnung zu stützen vermag. Da es sich dabei nur um Fakten der Seinswelt handelt, trägt die bloße Existenz einer gewöhnlich befolgten Ordnung für die Geltungsfrage nichts aus. Genauso wenig vermag sein »kritischer« Rechtspositivismus[112] (andererseits) die Normativität aber aus der (von ihm explizit verworfenen) Annahme der Geltung einer höheren Rechtsschicht, eines Naturrechts oder sonstigen Gerechtigkeitsideals herzuleiten. Die Normativität des Rechts kann sich ihm zufolge weder auf dessen faktische, tatsächliche Wirksamkeit stützen noch auf ein metajuristisches oder naturrechtliches Fundament bauen. Kelsen setzt sich einerseits vom älteren, unkritischen Rechtspositivismus ab, zieht aber andererseits einen klaren Trennungsstrich gegenüber allen naturrechtlichen Konzeptionen. In den Worten von Matthias Jestaedt stemmt sich Kelsen gleichermaßen gegen Naturalismus und Moralismus und sucht seine Rechtslehre als »Positivismus ohne Naturalismus auf der einen und eines Normativismus ohne Moralismus auf der anderen Seite« (Jestaedt 2011, 297) zu etablieren. So lautet die zentrale Frage:

> »wie ist eine nicht auf meta-rechtliche Autoritäten wie Gott oder Natur zurückgreifende Deutung des subjektiven Sinns gewisser Tatbestände als ein System in Rechtssätzen beschreibbarer objektiv gültiger Rechtsnormen möglich?« (RR[2] 205/361)

Die Antwort auf diese Frage gibt die Grundnorm. Sie gibt sie allerdings in einer höchst vermittelten und erklärungsbedürftigen Form. Ihre Annahme erweist sich als notwendig, weil die Geltung einer Rechtsnorm sich nur auf die Geltung einer anderen, höheren Rechtsnorm stützen kann, bis man bei der höchsten Rechtsnorm einer positiven Rechtsordnung ankommt.[113] Worin aber gründet die Geltung dieser historisch ersten Verfassung? Kelsen sagt: in der Annahme der Grundnorm.[114]

Bei ihr handelt es sich, wie er nicht müde wird zu betonen, nicht um eine gesetzte, sondern eine vorausgesetzte Norm.[115] Denn immanent ist die objektive Geltung der positiven Rechtsordnung nicht zu begründen (Jestaedt 2008, XLII). Nur wenn man die Grundnorm als letzte und höchste, aber außerhalb der konkreten positiven Rechtsordnung liegende Norm als Hypothese zugrunde legt, lassen sich die Anordnungen einer konkreten, wirksamen Rechtsordnung nicht nur ihrem subjektiven, sondern auch ihrem objektiven Sinne nach als Rechtsakte begreifen. Voraussetzung ist dabei nicht im Sinne einer zeitlichen oder logischen Vorrangigkeit gemeint, sondern betont allein den

Charakter der Grundnorm als einer Annahme. Ihr voraus liegt eine effektive Zwangsordnung. Aufgabe der Grundnorm ist es, die Normativität dieser positiven Rechtsordnung zu sichern.[116] In den Worten von Joseph Raz: »the Kelsenian basic norm [...] is the only one to give validity to the *empirically established* law and to nothing else.« (Raz 1986, 95)

Dabei ist wichtig zu sehen, dass sich das positive Recht »nicht etwa aus der Grundnorm gewinnen, sondern nur vermittels ihrer begreifen« lässt (GNR 64 f.). Das bedeutet: Eine inhaltliche Präfiguration ist mit der Grundnorm nicht verbunden. Die Grundnorm ist inhaltsleer, »entirely devoid of content« (Bindreiter 2002, 32, 70). Kelsen selbst spricht es klar aus: »Der Inhalt einer positiven Rechtsordnung ist von ihrer Grundnorm völlig unabhängig.« (RR^2 224/392)[117] Die Grundnorm fungiert also nicht als »arbitrary product of juristic imagination« (GTLS 120), sondern ermöglicht die Verwandlung geschichtlich-sozialer Willensakte in gültige Rechtsakte ausschließlich in Bezug auf effektive Zwangsordnungen (RR^2 204 ff./359 ff.; Kelsen 1960, 276). Die Grundnorm will »das Rechtsmaterial in seiner Geltung begründen, *nicht aber ersetzen oder ergänzen*« (RgR 25); sie kann mit dem Inhalt der (prätendierten) Rechtsordnung »in keinem Punkte in Widerspruch geraten, weil sie sich ja in ihrem Inhalt *restlos und ausschließlich nach dem Material richtet, das als geltendes positives Recht begriffen werden soll*« (RgR 25). Mit ihr wird »kein dem positiven Recht transzendenter Wert bejaht« (RR^2 204/360). Dadurch ist die Positivität des Rechts gesichert.[118]

Die Grundnorm fungiert mithin eher wie ein Zauberstab, durch dessen Berührung effektiv wirksame Zwangsordnungen zu normativen Rechtsordnungen werden, weil sich durch die Annahme der Grundnorm Wirklichkeitstatsachen so interpretieren lassen, als ob es sich um normative Sollenstatbestände handelte. Auf einen Schlag wird durch ihre Zugrundelegung aus einem bloßen faktischen Material, dem Normativität nicht von vornherein innewohnt, eine Rechtsordnung. Treffend hat man die Grundnorm als einen »Denkbehelf der Wissenschaft« (Walter 1993, 86) bezeichnet.[119] Sie formuliert die Bedingung, unter der sich die Normen einer Rechtsordnung als objektiv geltend erfassen und beschreiben lassen, und fungiert insofern als »Erkenntnisgrund des positiven Rechts« (Jülich 2019, 153). Die Grundnorm figuriert einerseits als oberste normativitätsstiftende Instanz, sorgt also für die Sollensqualität des Rechts. Zum anderen grenzt sie den Gegenstand der Rechtsbetrachtung auf die positiven Normen effektiver Zwangsordnungen ein. So verbürgt sie die Koinzidenz von Normativität und Positivität der Rechtsordnung.[120]

Daraus erhellt sogleich, dass die Normativität des Rechts mithilfe der angenommenen Grundnorm »keine selbsttragende Konstruktion« (Jestaedt 2011, 303), sondern gewissermaßen nur erborgt ist. Treffend hat man sie ein »tiefsinniges Symbol für die Grundlosigkeit der Rechtsgeltung« (Somek 2009, 129) genannt. Die mit ihr bzw. durch sie mögliche objektive Geltung der Rechtsnormen gründet sich mit der Grundnorm auf ein künstliches Fundament, denn diese gilt nur »hypothetisch-relativ« (GNR 64), als eine »gedachte Norm« (RR² 206, 208/363, 366, 367).[121] Sie ist ein Postulat, eine Annahme (GTLS XV, 396), ein Normativitätssurrogat, »ein bloßer Gedanke« (Somek 2009, 130). Bereits ihre Charakterisierung als bloße Hypothese[122] zeigt ja, dass ihre Annahme oder Unterstellung keineswegs zwingend ist. Sie ist möglich, aber nicht notwendig (RR² 224/393). Das hat Kelsen immer wieder mehr oder minder deutlich ausgesprochen. Besonders klar erscheint die folgende Passage, in der er ausführt, seine Lehre würde lediglich behaupten,

»daß man eine durch menschliche Akte gesetzte, im großen und ganzen wirksame Zwangsordnung als ein System objektiv gültiger Rechtsnormen [...] nur deuten kann: *wenn* man bei dieser Deutung die Grundnorm voraussetzt. Setzt man sie nicht voraus, was möglich ist, kann man eine durch menschliche Akte gesetzte, im großen und ganzen wirksame Zwangsordnung nicht als ein System objektiv gültiger Normen, sondern nur als ein Aggregat von Akten deuten, deren subjektiver Sinn zwar ist, daß sich Menschen in bestimmter Weise verhalten sollen; da das aber nicht auch als ihr objektiver Sinn angesehen werden kann, können die Beziehungen zwischen den Befehlsakte setzenden Menschen und den Menschen, an die die Befehle gerichtet sind, nur als Machtverhältnisse, nicht als Rechtsverhältnisse gedeutet werden.« (Kelsen 1963, 1452)

Das heißt: Man kann die jeweilige staatliche Rechtsordnung auch schlicht als bloß faktisch überlegenes Macht- und Gewaltaggregat, als große Räuberbande im Sinne von Aurelius Augustinus ansehen.[123] Jedem steht es frei, die Annahme oder Unterstellung der Grundnorm nicht zu treffen (Kersting 2002, 64; Jakab 2021, 49). Sie »can be accepted or rejected with seemingly equal legitimacy« (Bix 2016, 21).[124] Wird sie nicht zugrunde gelegt, erscheint die Rechtsordnung mit ihren Normen und den auf ihrer Grundlage ergriffenen Zwangsmaßnahmen nicht als Rechtsvollzug, sondern lässt sich nur als *factum brutum*, »als bloßes Faktum von Motivationszusammenhängen« (RR[1] 67/78), als »power-relations« (Kelsen 1960, 276) deuten.[125] Diese Sichtweise hat gravierende Folgen für das Verhältnis von Individuum und Rechtsordnung.[126] Im Normalfall freilich, auch das macht Kelsen des öfteren deutlich, würde man mit einer solchen Leugnung rechtlichen Sollens eine rechtswissenschaftliche Betrachtung komplett negieren, wobei ihm deren »Möglichkeit und Erforderlichkeit [...] schon durch das jahrtausendealte Faktum der Rechtswissenschaft erwiesen« (RR[1] 37/48; ähnlich RR[2] 111/204 f.) scheint. Für den Juristen ist die – sei es stillschweigende oder gar unbewusste, sei es explizite – Zugrundelegung der Grundnorm ohnehin unentbehrlich. Hat man sich allerdings einmal *für* die normative und *gegen* die soziologische Deutung entschieden, dann steht auch der Gegenstand der Betrachtung fest, nämlich die effektive Zwangsordnung. Die Wahlentscheidung bezieht sich nur auf das »Ob« einer Sollensbetrachtung, nicht auf deren Gegenstand, die Sollensordnung. Das Objekt der Betrachtung bildet allein das positive, im großen und ganzen wirksame Recht.

Aus alledem folgt, dass es sich bei der Grundnorm nicht um eine unnötige Verdoppelung handelt.[127] Das ist sie nur, wenn man sich für die Annahme der Geltung einer Rechtsordnung mit der Tatsache ihrer faktischen Existenz und sozialen Wirksamkeit begnügt, wie das beispielsweise H.L.A. Hart mit der »rule of recognition« tut (Hart 1961 [1994], 94ff., 100ff.). Das aber unterschreitet Kelsens Erklärungsanspruch, der auf eine Letztbegründung im Bereich des Sollens zielt. Oder, um es metaphorisch auszudrücken: Die Grundnorm ist der Schlüssel zu der Pforte, die ins Reich des Normativen führt, wobei in diesem Reich nur positiv gesetzte Normen einer effektiven Zwangsordnung den Gegenstand der rechtswissenschaftlichen Arbeit bilden. Kelsen verzichtet nicht auf die Frage nach dem (letzten) Grund der Normativität, erstreckt aber seinen Betrachtungsradius nicht über das positive Recht hinaus.

b) Transzendentallogischer Status der Grundnorm?

Nicht ganz leicht ist die Frage zu beantworten, was es mit der von Kelsen selbst in Anschlag gebrachten Parallelisierung der Grundnorm mit den transzendentalphilosophischen Voraussetzungen im Sinne Kants auf sich hat.[128] Schon in der ersten Auflage der *Reinen Rechtslehre* sprach Kelsen davon, mit der Lehre von der Grundnorm werde keine neue wissenschaftliche Methode der Jurisprudenz inauguriert, sondern es würden »nur die transzendental-logischen Bedingungen der seit jeher geübten Methode positiver Rechtserkenntnis durch eine Analyse des tatsächlichen Verfahrens« (RR[1] 67/78) bloßgelegt. In der zweiten Auflage trägt dann ein ganzer, selbständiger Unterabschnitt die Überschrift »Die Grundnorm als transzendentallogische Voraussetzung« (RR[2] 203–209/359–368). Die zentrale Stelle lautet:

> »So wie Kant fragt: wie ist eine von aller Metaphysik freie Deutung der unseren Sinnen gegebenen Tatsachen in den von der Naturwissenschaft formulierten Naturgesetzen möglich, so fragt die Reine Rechtslehre: wie ist eine nicht auf meta-rechtliche Autoritäten wie Gott oder Natur zurückgreifende Deutung des subjektiven Sinnes gewisser Tatbestände als ein System in Rechtssätzen beschreibbarer objektiv gültiger Rechtsnormen möglich?« (RR[2] 205/361)

Kant selbst hatte das transzendentalphilosophische Verfahren in der *Kritik der reinen Vernunft* entwickelt und darunter eine Erkenntnis verstanden, »die sich nicht sowohl mit Gegenständen, sondern mit unserer Erkenntnisart von Gegenständen, sofern diese a priori möglich sein soll, überhaupt beschäftigt« (KrV B 25/A 11). Kant legt sich die Frage vor, wie die Mannigfaltigkeit der sinnlichen Erfahrungswelt auf Regeln zurückzuführen und in Gestalt von Naturgesetzen zu (re-)formulieren ist. Dabei geht es nicht um die inhaltlichen Aussagen der wissenschaftlichen Fächer, sondern um die apriorischen Bedingungen, die für die Konstitution der Wissenschaften unerlässlich sind: um die Bedingungen der Möglichkeit von Erkenntnis unabhängig von der Empirie. Transzendentalphilosophische Reflexion schreibt nicht vor, sie rekonstruiert, hat es mit Bedingungen, nicht mit den Dingen zu tun. So gelangt Kant zu seiner These von der Genese der Naturgesetze aus dem menschlichen Verstand. Nicht eine bereits vorab in den Gegenständen liegende gesetzmäßige Verknüpfung ist es, die – aller Erkenntnis vorgängig – vom Verstand nur noch rezipiert und systematisiert zu werden brauchte, sondern umgekehrt:

Der Verstand, der in Verbindung mit der Sinnlichkeit, welche uns die Anschauung gibt, Erkenntnis ermöglicht, trägt die systembildenden Kategorien an die Natur heran, gibt ihr die Gesetze, statt ihr diese zu entnehmen (KrV 126, 127). »Verbindung liegt aber nicht in den Gegenständen, und kann von ihnen nicht etwa durch Wahrnehmung entlehnt und in den Verstand dadurch allererst aufgenommen werden, sondern ist allein eine Verrichtung des Verstandes, der selbst nichts weiter ist, als das Vermögen, a priori zu verbinden, und das Mannigfaltige gegebener Vorstellungen unter Einheit der Apperzeption zu bringen, welcher Grundsatz der oberste im ganzen menschlichen Erkenntnis ist.« (KrV B 134, 135) Raum und Zeit bestimmt Kant in einem ersten Teil über die transzendentale Ästhetik als »zwei reine Formen sinnlicher Anschauung, als Prinzipien der Erkenntnis a priori« (KrV B 36/A 22). Es treten sodann die Verstandeskategorien hinzu. Über die Rezeption von Sinneseindrücken hinausgehende und damit die Ebene bloß unmittelbarer, vereinzelter, vorwissenschaftlicher Empfindungen überschreitende Erkenntnis ist nämlich Kant zufolge nur aufgrund eines Zusammenwirkens von Sinnlichkeit und Verstand möglich: »Anschauung und Begriffe machen also die Elemente aller unsrer Erkenntnis aus, so daß weder Begriffe, ohne ihnen auf einige Art korrespondierende Anschauung, noch Anschauung ohne Begriffe, ein Erkenntnis abgeben *können.*« (KrV B 74/A 50) Und weiter heißt es: »Ohne Sinnlichkeit würde uns kein Gegenstand gegeben, und ohne Verstand keiner gedacht werden. Gedanken ohne Inhalt sind leer, Anschauungen ohne Begriffe sind blind. [...] Der Verstand vermag nichts anzuschauen, und die Sinne nichts zu denken. Nur daraus, daß sie sich vereinigen, kann Erkenntnis entspringen.« (KrV B 75/A 51) Dem Verstand sind nun die Kategorien zugehörig. Kant legt des weiteren dar, dass nur durch Begriffe a priori etwas als Gegenstand gedacht werden kann und auf diese Weise Erfahrungserkenntnis erst möglich wird. Die Begriffe müssen »als Bedingungen a priori der Möglichkeit der Erfahrungen erkannt werden« (KrV B 126/A 94). Wie jede Anschauung den Formmustern von Raum und Zeit unterliegt, unterliegt jedwede Erfahrung den Kategorien. Wirkliche Erfahrung erfolgt im Rahmen möglicher Erfahrung. Auf diese Weise entwickelt Kant den Gedanken, dass »alles, was unseren Sinnen nur vorkommen mag, unter den Gesetzen stehen müsse, die a priori aus dem Verstande allein entspringen« (KrV B 160), um zu dem Ergebnis zu gelangen, dass die Verstandeskategorien als »Bedingungen der Möglichkeit der Erfahrung« (KrV B 161) die Gesetze nicht aus der Natur schöpfen, sondern sie ihr vorschreiben, wodurch der Verstand selbst in gewisser Hinsicht zum »Urheber der Erfahrung« (KrV B 127) wird. Kurz: Nicht die Erkenntnis richtet sich nach den Objekten, die Objekte richten sich nach der Erkenntnis (KrV B XVI, XVII): Das ist der Kern der in der *Kritik der reinen Vernunft* vollzogenen und oft so genannten »kopernikanischen Wende« Kants.

So viel in aller unzulänglichen Kürze zur Transzendentalphilosophie Kants. Die von Kelsen vorgenommene Parallelisierung seiner Grundnorm mit diesem Gedankengang erscheint auf den ersten Blick nicht unplausibel. Denn das zugrunde liegende Konstruktionsprinzip des »nicht aus der Erfahrung stammend, aber alle konkrete Erkenntnis erst ermöglichend« beschreibt im Grunde gut die Funktionsweise der Grundnorm. Wie bei Kant das gegebene Material durch die Verstandesleistung des Subjekts zu organisierter, systematisierter Erfahrung der Natur als eines geordneten Zusammenhangs gesetzmäßig verbundener Erscheinungen wird, so stiftet die Grundnorm die Normativität des Rechts, das ohne ihre Annahme nur ein Seinsfaktum wäre. Ebenso, wie erst die kreative Leistung des Ich die Welt der Gegenstände generiert, ist auch erst mit der Unterstellung der Grundnorm das Recht als objektiv gültig etabliert.

Und so, wie es Kant nicht um die Erkenntnis selbst, sondern um die Bedingungen der Möglichkeit von Erkenntnis geht, so geht es Kelsen um die Aufdeckung derjenigen Voraussetzung, die bestimmte Willensakte als Rechtsakte zu deuten erlaubt, eben mithilfe der Grundnorm. So wie Kants Kritik »nicht die Erweiterung der Kenntnisse selbst, sondern nur die Berichtigung derselben zur Absicht hat« (KrV B 26), beschränkt sich die Normativitätsstiftung der Grundnorm allein auf die tatsächliche, real wirksame Zwangsordnung, die mit ihrer Deutungshilfe zur Rechtsordnung wird. Diesen Punkt hat Kelsen selbst deutlich herausgestellt:

> »So wie die transzendental-logischen Bedingungen der Erkenntnis der Naturwirklichkeit in keiner Weise den Inhalt der Naturgesetze, so kann die Grundnorm nicht den Inhalt der Rechtsnormen, bzw. der die Rechtsnormen beschreibenden Rechtssätze bestimmen. So wie man den Inhalt der Naturgesetze nur aus der Erfahrung, so kann man den Inhalt der Rechtssätze nur aus dem positiven Recht gewinnen. Die Grundnorm schreibt dem positiven Recht ebensowenig einen bestimmten Inhalt vor, wie die transzendental-logischen Bedingungen der Erfahrung dieser Erfahrung einen Inhalt vorschreiben.« (RR² 208**/366**)

Freilich sind die gravierenden Differenzen zwischen den Konstruktionen Kants und Kelsens nicht zu übersehen. Denn die Annahme der Grundnorm ist, wie oben ausgeführt,[129] keineswegs zwingend: Man kann sie treffen oder auch nicht. Wenn Kelsen für die im Grunde ewig gleiche, weil lediglich die objektive Geltung der jeweiligen »Rechts«ordnung verbürgende Grundnorm den Status eines Apriori des Rechts reklamiert, dann ist dieses Apriori jedenfalls auf eine durchaus anfechtbare Unterstellung heruntergestuft. Die Grundnorm ist im Unterschied zu den reinen Anschauungsformen und den Verstandeskategorien, ohne welche die Welt (nach Kant) gar nicht erfahrbar wäre, keine unausweichliche Größe. Sie fungiert lediglich als Platzhalter der Idee der Normativität. Man kann sie wählen und sich damit auf die normative Deutung des Rechtsmaterials einlassen oder auch nicht. Eine solche Wahl ist im Bereich der theoretischen Vernunft undenkbar. Zwar ließe sich einwenden, bei Weglassung der Anschauungsformen und Verstandeskategorien wären die Naturwissenschaften ebenso wenig möglich wie bei Weglassung der Grundnorm die Wissenschaft vom Recht. Doch ist dem entgegenzuhalten, dass eine Welt ohne Anschauungsformen und Verstandeskategorien nicht nur die exakten Wissenschaften nicht zuließe, sondern jede geordnete Erfahrung der Außenwelt unmöglich machen würde. Das ist aber gar nicht vorstellbar.[130] Zur Wahrnehmung der Natur gibt es keine Alternative. Kelsens Alternative zur juristischen Deutung als Recht aber heißt: »soziologische« Deutung als Macht. In diesem Falle sehen wir keine Rechtsnormen, sondern pure Gewaltverhältnisse. Vom Recht können wir – weil Normen eben nicht wie Dinge existieren, sondern gelten – im wahrsten Sinne des Wortes absehen, ohne dass jede Rezeption der Welt außer uns vereitelt würde (ähnlich Paulson 2024, 227). Allerdings erscheinen dann die Regeln, Anordnungen und Befehle des Rechts in einem anderen Gewand, ohne normative Einkleidung, allein als machtgestützte Faktizität. Ihre Wahrnehmung als Element der kausalen Seinswelt bleibt aber ohne weiteres möglich. Von der Grundnorm kann man absehen, von den allgemeinen Verstandesbegriffen Kants nicht. »Die Grundnorm hat nur eine quasi-transzendentale Struktur, da sie nicht – wie eine Möglichkeitsbedingung der Erkenntnis – reduktiv aufgewiesen wird. Eine transzendentale Struktur im Sinne Kants ist nicht etwas, das postuliert werden muß, damit der ›Sinn‹ empirischer Erkenntnis verwirklicht wird. Sie ist die faktische Voraussetzung jedes Erkenntnisvollzuges, die als solche jedoch erst in das Bewußtsein gehoben werden muß.« (Köchler 1980, 511)

Insoweit ist verständlich und durchaus hervorhebenswert, dass Kelsen eine gewisse Distanz seines transzendental-logischen Bezugs auf Kant mit der Wendung »wenn ein Begriff der Kant'schen Erkenntnistheorie *per analogiam* angewendet werden darf« (RR² 205/360f.) selbst relativ deutlich betont hatte. Also kann man im Ergebnis wohl bestenfalls von einer »loose analogy« sprechen (Kammerhofer 2011, 251).

4. *Individuum und staatliche Rechtsordnung*

Was bedeuten Methodenreinheit, Werturteilsfreiheit und neutrale Deskription des Gegenstandes nun für das Verhältnis von Staat und Individuum? Muss die Reine Rechtslehre auch totalitäre Regime als Staaten, als Rechts-Staaten gar, akzeptieren? Liefert Kelsen den Einzelnen wehrlos der Rechtsordnung als Zwangsordnung aus, wie viele Kelsen-Kritiker immer wieder behauptet haben?[131] Hat sich das Individuum den Anordnungen staatlicher Machthaber einfach zu unterwerfen?

a) Formalisierung des Staatsbegriffs

Was zunächst die Frage nach dem Staatsbegriff angeht, so ist dieser bei Kelsen völlig inhaltsleer. Wenn die juristische Betrachtung in der neutralen Beschreibung einer Rechtsordnung besteht, im gleichsam leidenschaftslosen Erheben objektiver Befunde »mit der Kälte und Genauigkeit des Pathologen« (Adomeit 1973, 130), so kann prinzipiell kein Staat davon ausgenommen sein, auch wenn sein Recht unseren politischen, moralischen, sittlichen oder sonstigen Wertungen noch so sehr widersprechen mag. Der rechtswissenschaftliche Zugriff auf die Materie verbietet es, den eigenen oder einen für wünschenswert gehaltenen Staat irgendwie zusätzlich zu legitimieren – und desgleichen, den existierenden, aber für unerwünscht gehaltenen Staat zu delegitimieren. Also können prinzipiell alle Staaten unabhängig von ihrer inhaltlichen Ausgestaltung von der Staatsrechtslehre erfasst werden, wobei Kelsen die politische Brisanz dieses Konzepts deutlich sieht, wie die im Jahre 1934 nur allzu sprechenden Hinweise auf die kommunistische Sowjetunion oder das faschistische Italien erkennen lassen (RR[1] 24/36). Klipp und klar heißt es: »Jeder beliebige Inhalt kann Recht sein.« (RR[1] 63/74; RR[2] 201/354) Nach dem Zweiten Weltkrieg hat er, zum Entsetzen mancher, in einem vor seinem biographischen Hintergrund nur umso bemerkenswerteren Akt der Wertungsaskese auch das NS-Regime davon nicht ausgenommen.[132]

»Auf diese Weise wurden z.B. unter der nationalsozialistischen Regierung in Deutschland gewisse Zwangsakte, die zur Zeit, da sie vollstreckt wurden, rechtlich Morde waren, nachträglich mit rückwirkender Kraft als Sanktionen legitimiert und das sie bedingende Verhalten nachträglich als Delikte qualifiziert.« (RR[2] 13/41)

»Nach dem Recht totalitärer Staaten ist die Regierung ermächtigt, Personen unerwünschter Gesinnung, Religion oder Rasse in Konzentrationslager zu sperren und zu beliebigen Arbeiten zu zwingen, ja zu töten.« (RR[2] 42/88)

Die hier zu lesenden, kühl klingenden Sätze von den Morden, aus denen man im Wege rückwirkender Anordnung staatliche Exekutionen gemacht habe, und der Tötung unschuldiger Menschen in KZs sind freilich weder als blanker Zynismus noch als Akt der Resignation, sondern nur als konsequente Durchführung des Programms einzustufen, wissenschaftliche Beschreibung und ethische Bewertung von Rechtsordnungen strikt zu trennen. Kelsen fährt fort:

»Solche Maßnahmen mag man moralisch auf das schärfste verurteilen; aber man kann sie nicht als außerhalb der Rechtsordnung dieser Staaten stehend ansehen.« (RR[2] 42/88 f.)

Zu beachten ist vor allem, dass mit der Qualifizierung einer effektiven Zwangsordnung als Rechtsordnung überhaupt nichts über deren Güte, moralische Dignität oder Anerkennungswürdigkeit ausgesagt ist. Und da es somit auf spezifische Inhalte oder Strukturen der Staatsordnung gar nicht ankommt, kann Kelsen letztlich jeden Staat als Rechts-Staat in diesem formellen Sinne titulieren (AS 44, 91/120, 231). »Ist der Staat als Rechtsordnung erkannt, ist jeder Staat ein Rechts-Staat, stellt dieses Wort einen Pleonasmus dar.« (RR² 314/544) Mit dem Begriff verbindet sich eben keine bestimmte positive Auszeichnung und materiale Charakterisierung mehr, sondern Rechts-Staat ist nur Ausdruck des Umstands, dass das Recht als »*Form* der staatlichen Ordnung« (AS 42/117) charakterisiert wird. Demnach ist das Recht eben nicht etwa ein besonderer Gehalt der staatlichen Ordnung, sondern »die staatliche Ordnung selbst« (AS 42/116). In der Folge verliert der Rechtsstaatsbegriff jegliche Kontur und eigenständige Bedeutung; er hört auf, bestimmte sachliche Unterscheidungen zwischen absolutistischen, freiheitlich-liberalen, autoritären oder gar totalitären Systemen zu ermöglichen.[133]

»Von einem streng positivistischen, jedes Naturrecht ausschließenden Standpunkt aus muß aber *jeder Staat Rechtsstaat* in diesem formalen Sinne sein, soferne eben jeder Staat irgendeine Ordnung, eine Zwangsordnung menschlichen Verhaltens und diese Zwangsordnung, wie immer sie erzeugt wird, ob autokratisch oder demokratisch, und welchen Inhalt auch immer sie haben mag, eine *Rechtsordnung* sein muß, die sich stufenweise von der hypothetisch vorausgesetzten Grundnorm aus durch generelle Normen zu individuellen Rechtsakten konkretisiert. Das ist der Begriff des Rechtsstaates, der mit dem des Staates ebenso wie dem des Rechtes ident ist.« (AS 91/231)

Staat schrumpft somit zur Chiffre für das inhaltlich beliebig ausgestaltbare Rechtssystem (vertiefend Dreier 1986, 211 ff.). Von jeder Form einer Staatsapotheose oder einer Divinisierung des Staates ist Kelsen denkbar weit entfernt. Charakteristisch für seine Konzeption ist vielmehr eine Entzauberung des Staates, also dessen Profanierung.[134] Staat und Recht sind bei ihm ohne jegliche Aura (Ehs/Neisser 2017).

b) Keine Pflicht zum Rechtsgehorsam

Noch wichtiger ist freilich die Frage nach einem etwaigen Gehorsamsanspruch des Staates gegenüber den ihm unterworfenen Individuen.[135] Denn gerade in der Kelsen-Kritik vor und vor allem nach dem Zweiten Weltkrieg war eine Sichtweise dominant, die diese Frage schlichtweg bejahte und daraus in Gestalt der Positivismus-Legende[136] reichlich Munition gegen Kelsen gewann. Freilich konnten ihn diese Anwürfe nicht treffen. Denn niemals hat er behauptet, es gebe einen objektiven Befolgungsanspruch der Rechtsordnung und, damit korrespondierend, eine Pflicht der Rechtsunterworfenen zum Gehorsam (Dreier 2011, 71 ff./319 ff.). Seine Rechtstheorie will das positive Recht lediglich beschreiben, es aber keineswegs legitimieren. Die wissenschaftliche Akzeptanz der Rechtsgeltung darf nicht mit dessen moralischer oder ethischer Bejahung gleichgesetzt werden.[137] Der Grund dafür liegt vor allem darin, dass Kelsen hier eine affirmative Tendenz des Bestehenden befürchtet: In ihrer tatsächlichen Anwendung würde die These, das Recht müsse moralisch sein, »auf eine unkritische Legitimierung der [...] staatlichen Zwangsordnung« hinauslaufen (RR[2] 71/137). Kelsen betreibt also keine Affirmation des Bestehenden, sondern will eine solche auf jeden Fall vermeiden. Immer wieder schärft er uns ein, die Rechtswissenschaft habe das Recht nicht zu legitimieren oder zu rechtfertigen (RR[2] 71/138). Die Darstellung, also die Beschreibung des Rechts, ist nicht identisch mit seiner Rechtfertigung – und schon gar nicht folgt aus der Darstellung die Bejahung einer Gehorsamspflicht. Ob man dem Recht Folge leisten *soll*: Diese Frage muss jeder für sich beantworten.

Recht ist für Kelsen schlicht »Menschenwerk« (GNR 64; RR² 255/445) und schon von daher fehleranfällig. Und dieses möglicherweise sogar verwerfliche, unsittliche Menschenwerk ist letztlich nichts anderes als die wirksame Zwangsordnung menschlichen Verhaltens ohne jegliche Beimischung anderer Normensysteme und ohne jede Ethisierung oder Moralisierung. Schon die Notwendigkeit der Annahme der Grundnorm macht deutlich, dass die Geltung der Rechtsordnung für Kelsen nur eine »hypothetisch-relative« (GNR 64; Kelsen 1928, 231/86; RR¹ 66/77) sein kann. Seine bewusst kritische Dissoziation von Recht und Gerechtigkeit, von Recht und Moral[138] schafft die Möglichkeit einer neutralen Beschreibung und Systematisierung effektiver Zwangsordnungen. Die damit verbundene strikte Trennung von Recht und Moral soll den Blick für schlechtes, wertwidriges, unsittliches Recht schärfen, nicht trüben. Denn erst wenn ich die Regeln eines konkreten Herrschaftssystems klar erkannt habe, kann ich sie mit meinen eigenen Werten und Maßstäben beurteilen und gegebenenfalls kritisieren (Hoerster 2006, 83f., 132). Die Entkoppelung des Rechts von der Ethik führt mithin nicht zu seiner Absolutsetzung – sie schafft vielmehr die Möglichkeit der Distanzierung. Indem das Recht ganz neutral als effektive Zwangsordnung gefasst wird, kann die autonome Moral der Individuen als Kritik- und Reflexionspotential der heteronomen Verhaltensregeln fungieren. Eine objektive Pflicht zum Gesetzesgehorsam gibt es gerade nicht. Kelsen insistiert vielmehr hartnäckig auf der Differenz von positivistischer Rechtsgeltungslehre und dem moralischen Anspruch auf Rechtsgehorsam. Hat man aber einmal »erkannt, dass die Rechtsgeltung nicht mit moralischer Befolgungswürdigkeit begründet werden kann, kann die Befolgungswürdigkeit umgekehrt nicht mehr allein unter Hinweis auf die Rechtsgeltung begründet werden« (Jestaedt 2011, 298). Vor allem der Kampf gegen die Affirmation des Bestehenden durch eine Vermengung von Recht und Moral, von Rechtswissenschaft und Politik zieht sich wie ein roter Faden durch sein Werk. Kelsen wollte es niemals zu einer »falschen Ethisierung des Rechts« (Baratta 1968, 328) kommen lassen. Er machte stets Front gegenüber der Vorstellung, es könnten »das Recht und der Staat von vornherein Träger des ethisch Werthaften und somit auch die Gesetze moralisch verpflichtend sein« (Baratta 1968, 331).

So führt die Unmöglichkeit objektiv-praktischer Legitimation einer Rechtsordnung zur Bedeutungssteigerung der Einzelmoral. Nicht das positive Recht als solches, sondern die eigene Anschauung vom Wert oder vom Unwert des Rechts wird absolut gesetzt. Allerdings entfällt dann auch die von Kelsen immer wieder gegeißelte bequeme Möglichkeit, mit dem Hinweis auf die Moralität des Rechts zur »unkritische[n] Legitimierung der diese Gemeinschaft konstituierenden staatlichen Zwangsordnung« (RR^2 71/137) beizutragen. Vielmehr liegt die Last, sich zu der Frage zu verhalten, ob man das Recht akzeptieren oder es ablehnen, ob man es bejahen oder verneinen solle, ob ihm zu gehorchen oder gegen die Zwangsordnung aufzubegehren sei, nun allein beim Individuum (Jestaedt 2008, XXXIII). Auf den Einzelnen wird diese Entscheidung überbürdet.[139] »Niemand kann sich zu seiner letzten Rechtfertigung auf das positive Recht berufen. *Es bleibt jedes Menschen moralische Entscheidung, das positive Recht zu befolgen oder gegen es zu revoltieren!*« (Walter 1999, 12)

Kelsen selbst hat diesen Punkt gegen Ende seiner *Reinen Rechtslehre* in der zweiten Auflage noch einmal stark betont. Dort heißt es, der von ihm favorisierte »relativistische Rechtspositivismus« bringe uns zu Bewusstsein,

»daß die Entscheidung der Frage an uns liegt, weil die Entscheidung der Frage, was gerecht und was ungerecht ist, von der Wahl der Gerechtigkeitsnorm abhängt, die wir zur Grundlage unseres Werturteils nehmen und daher sehr verschieden beantwortet werden kann; daß diese Wahl nur wir selbst, jeder einzelne von uns, daß sie niemand anderer, nicht Gott, nicht die Natur und auch nicht die Vernunft als objektive Autorität für uns treffen kann. Das ist der wahre Sinn der Autonomie der Moral.« (RR² 442/751)

III. Zentrale Theoriebausteine der Reinen Rechtslehre

Im folgenden wird nicht der von vornherein zum Scheitern verurteilte Versuch unternommen, auf wenigen Seiten eine komprimierte Gesamtdarstellung der Reinen Rechtslehre mit allen ihren Feinheiten und Details zu bieten. Stattdessen sollen lediglich einige zentrale Theoriebausteine dieser Lehre vorgestellt und erläutert werden. Im ersten Abschnitt wenden wir uns den Problemen zu, die sich aus dem Dualismus von Sein und Sollen ergeben (1.). Sodann sprechen wir über das Recht als Zwangsordnung (2.), die Identität von Staat und Recht (3.), die Stufenbaulehre (4.) sowie die Interpretationstheorie (5.). Am Schluss werfen wir noch einen Blick auf das Spätwerk Kelsens (IV.).

1. Der Sein-Sollen-Dualismus: Trennung und Wechselbezüglichkeit

Die überragende Bedeutung des Dualismus von Sein und Sollen, der Kelsen zufolge »unserem Bewußtsein unmittelbar gegeben« (RR² 5/28) ist, wurde oben bereits angesprochen.[140] Dualismus meint allerdings nicht völlige Beziehungslosigkeit zwischen den beiden Sphären. Freilich müssen die Relationen zwischen Sein und Sollen sorgsam und genau bestimmt werden, wofür wir im folgenden drei markante Beispiele anführen wollen.

a) Recht als Deutungsschema

Der erste Teil der *Reinen Rechtslehre* (erster wie zweiter Auflage) ist mit der denkbar allgemeinen Überschrift »Recht und Natur« versehen. Er hätte stattdessen auch den Titel »Sollen und Sein« tragen können. Hier erläutert Kelsen seine uns bereits geläufige Vorstellung von der Reinheit seiner Rechtslehre[141] und präsentiert seine Auffassung vom Recht als einem »Deutungsschema« (RR[1] 4 ff./18 ff.; RR[2] 3 f./25 f.).[142] Mit diesem Deutungsschema gibt Kelsen ein erstes Beispiel dafür, dass Sein und Sollen nicht beziehungslos nebeneinanderstehen. Er geht von der ganz allgemeinen Betrachtung aus, dass Akte, mit denen Normen (Gesetze, Urteile, Verträge) erzeugt werden, ihrer äußeren Gestalt nach auf sinnlich wahrnehmbaren Handlungen beruhen und insofern ins Reich des Seins bzw. der Natur gehören. Diese Akte können durch Gesten, Symbole, Worte oder in anderer Weise ausgedrückt werden.

»In einem Saal kommen Menschen zusammen, halten Reden, die einen erheben sich von ihren Plätzen, die anderen bleiben sitzen; das ist der äußere Vorgang. Sein Sinn: daß ein Gesetz beschlossen wird. Ein Mann, mit einem Talar bekleidet, spricht von einem erhöhten Platz aus zu einem vor ihm stehenden Menschen bestimmte Worte. Dieser äußere Vorgang bedeutet ein richterliches Urteil.« (RR[1] 2 f./16 f.)

Der entscheidende Punkt ist nun, dass es der Rechtsbetrachtung nicht auf diese sinnlich wahrnehmbaren Akte, sondern allein auf den objektiven Sinn ankommt, der mit ihnen verbunden ist: Gesetzgebung, Urteilsverkündung. Das Geschehen als solches ist überhaupt nichts Rechtliches. Zu einem rechtlich relevanten Vorgang wird es erst dadurch, dass man auf dieses faktische Geschehen Normen projiziert, die ihm seinen spezifischen Sinn verleihen: Es ist ein Gesetz erlassen, es ist ein Urteil gesprochen worden.

»Den spezifisch juristischen Sinn, seine eigentümliche rechtliche Bedeutung erhält der fragliche Sachverhalt durch eine Norm, die sich mit ihrem

Inhalt auf ihn bezieht, die ihm die rechtliche Bedeutung verleiht, so daß der Akt nach der Norm gedeutet werden kann. Die Norm fungiert als Deutungsschema.« (RR[1] 5/19)

Damit hat Kelsen in denkbar allgemeiner und zugleich grundsätzlicher Weise den für ihn kategorialen, unserem Denken zwingend vorgegebenen Dualismus von Sein und Sollen gleichsam an den Beginn seiner Untersuchung gestellt. Der juristischen Betrachtung kommt es allein auf den objektiven Sinngehalt der Normen an, nicht auf die konkreten und kontingenten Umstände ihrer Entstehung. »Ihr Problem ist die spezifische Eigengesetzlichkeit einer Sinnsphäre.« (RR[1] 11/24) Das heißt: Diese Normen beruhen auf Willensakten, also auf Seinsakten; um zu gelten, muss die positive Rechtsnorm durch einen solchen Seinsakt gesetzt sein. Insofern besteht eine »Beziehung zwischen dem Sollen der Rechtsnorm und dem Sein der Naturwirklichkeit« (RR[2] 217/380f.).[143] Aber der spezifische Sinn dieser Willensakte liegt eben in ihrer Geltung und damit einem Sollensmoment.

Der Zentralbegriff für diese Sinnsphäre des Rechts ist das Sollen. Den Begriff des Sollens fasst Kelsen weiter als im üblichen Sinne, indem er darunter nicht nur Ge- und Verbotsnormen, sondern auch Erlaubnis- und Ermächtigungsnormen versteht (RR[2] 4f./27f.).[144] Insbesondere die Ermächtigungsnormen haben im Laufe der theoretischen Entwicklung der Reinen Rechtslehre eine immer stärkere Bedeutung erhalten und sind zu einer »Grundmodalität« (Paulson 2014) geworden.

b) Rechtsnormen und Rechtssätze

Vor dem Hintergrund des Dualismus von Sein und Sollen und dem Ziel einer neutralen, rein deskriptiven Erfassung positiver Rechtsordnungen kommt der Unterscheidung zwischen präskriptiven Rechtsnormen und deskriptiven Rechtssätzen große

Bedeutung zu (RR² 73 ff., 91/141 ff., 171). Denn Rechtsnormen bilden zwar den Gegenstand der Rechtswissenschaft, doch darf diese der Reinen Rechtslehre zufolge keine präskriptiven Sätze aufstellen. Es muss also streng zwischen den gebietenden Sollsätzen der Rechtsordnung und den diese beschreibenden Sätzen der Rechtswissenschaft unterschieden werden (Kucsko-Stadlmayer 1992a, 35). Zur auch terminologischen Verdeutlichung dieser Differenz hat Kelsen in einer späteren Werkphase die Unterscheidung von Rechtsnormen und Rechtssätzen eingeführt.[145] Die Rechtsnormen bezeichnen die präskriptiven Normen der Rechtsordnung, die Rechtssätze hingegen die diese Rechtsnormen beschreibenden Aussagen der Rechtswissenschaft. Die nur beschreibenden Sätze der Rechtswissenschaft treffen Aussagen über die (auf konkreten Willensakten von Rechtserzeugungsorganen beruhenden) vorschreibenden Rechtsnormen.[146] In der zweiten Auflage der *Reinen Rechtslehre* heißt es diesbezüglich:

> »Indem die Rechtswissenschaft menschliches Verhalten nur insofern begreift, als es Inhalt von Rechtsnormen, das heißt von Rechtsnormen bestimmt ist, stellt sie eine normative Deutung dieser Tatbestände dar. [...] Die Sätze, in denen die Rechtswissenschaft diese Beziehungen beschreibt, müssen als Rechts*sätze* von den Rechts*normen* unterschieden werden, die von den Rechtsorganen erzeugt, von ihnen anzuwenden und von den Rechtssubjekten zu befolgen sind. Rechts*sätze* sind hypothetische Urteile [...]. Rechts*normen* sind keine Urteile, das heißt Aussagen über einen der Erkenntnis gegebenen Gegenstand. Sie sind, ihrem Sinne nach, Gebote und als solche Befehle, Imperative; aber nicht nur Gebote, sondern auch Erlaubnisse und Ermächtigungen [...]. Das Recht gebietet, erlaubt, ermächtigt, es ›lehrt‹ nicht.« (RR² 73/141)

Die Stoßrichtung dieser begrifflichen Operation ist klar. Kelsen stellt mit der Unterscheidung von Rechtsnorm und Rechtssatz noch einmal die Differenz zwischen der Rechtsetzung durch die dazu berufenen Organe, also den Willensakten im Seinsbereich, einerseits, und der Rechtserkenntnis durch die Rechtswissenschaft, also Erkenntnisakten im Bereich des Sollens, andererseits heraus.[147] Danach kann ein (beschreibender) Rechtssatz durchaus wahr oder falsch, eine (vorschreibende) Rechtsnorm aber nur geltend oder nichtgeltend sein (RR² 75 f./145). Kelsen will mit dieser Differenzierung vermeiden, dass aus der Sollensbeschreibung eine Vorschreibung, dass aus der Deskription eine Präskription wird.

»Auch impliziert er [scil. der Rechtssatz] keinerlei Billigung der von ihm beschriebenen Rechtsnorm. Der das Recht beschreibende, wissenschaftliche Jurist identifiziert sich nicht mit der die Rechtsnorm setzenden Rechtsautorität.« (RR² 83/157 f.)

Aus diesem Grund hält Kelsen es ohne weiteres für möglich, dass ein Anarchist, »als Jurist, ein positives Recht als ein System gültiger Normen beschreiben [kann], ohne dieses Recht zu billigen« (RR² 224**/393**). Allerdings hält Kelsen am Sollenscharakter auch des Rechtssatzes fest, weil es hier nicht um die Beschreibung von Tatsachen, sondern von Normen gehe (RR² 77, 83/147 f., 157 f.).

Fraglich bleibt insofern, ob sich die von Kelsen für die Rechtssätze behauptete Kategorie eines derartigen »deskriptiven Sollens« überzeugend begründen lässt.[148] Dem damit Gemeinten kommt vielleicht noch am nächsten die Rede von den »detached legal statements« im Sinne von Joseph Raz, der Kelsens Ansatz damit prominent übernommen hat.[149] Diese Sichtweise ist explizit auf die Wissenschaft vom Recht beschränkt: »Detached statements are typical of legal science which assumes the point of view of the legal man without being committed to it. It describes the law in normative statements but this is a description from a point of view which is not necessarily accepted by the speaker. [...] Therefore, legal science is pure of moral commitment despite its use of normative language.« (Raz 1986, 90 f.)

c) Geltung und Wirksamkeit

In gewisser Weise spiegelt sich der Dualismus von Sein und Sollen auch in Kelsens Unterscheidung zwischen Wirksamkeit und Geltung einer Rechtsordnung und ihrer Normen wider.[150] Unter der Geltung einer Rechtsnorm versteht er ihren spezifisch normativen Charakter, ihre Existenzweise in der Sphäre des Sollens; unter der Wirksamkeit hingegen ihre tatsächliche Effizienz in der Welt des Seins. Die korrekte Bestimmung des Verhältnisses von Geltung und Wirksamkeit bezeichnet er ausdrücklich als »eines der wichtigsten und zugleich schwierigsten Probleme einer positivistischen Rechtstheorie«, als einen »Spezialfall des Verhältnisses zwischen dem Sollen der Rechtsnorm und dem Sein der Naturwirklichkeit« (RR² 215/377 f.).[151] Kelsen wählt für seine Lösung des Problems einen Mittelweg zwischen zwei extremen Ansichten, in denen sich wiederum die doppelte Frontstellung[152] spiegelt. Die eine dieser Ansichten, die idealistische, behauptet eine von der Wirklichkeit völlig unabhängige Normgeltung; sie kann unschwer als empirieferne Naturrechtslehre erkannt werden. Das andere Extrem, die realistische Auffassung, identifiziert die Geltung von Normen mit ihrer Wirksamkeit und verweist auf kausalwissenschaftliche, insbesondere soziologische Theorien.

Wie sieht nun Kelsens Mittelweg aus? Den Geltungsgrund von Normen kann er, wie wir gesehen haben, gerade wegen des Sein-Sollen-Dualismus und der Unableitbarkeit von Normen aus Sachverhalten nur in jeweils höheren Normen und letztlich in der Grundnorm finden. Also ist die Sollgeltung nicht mit ihrer Seins-Wirksamkeit identisch, ist die Wirksamkeit nicht der Grund der Geltung (RR² 218 f./383 f.). Aber die Wirksamkeit der Rechtsordnung insgesamt wie von einzelnen Rechtsnormen ist eine Bedingung der Geltung. Fällt die Wirksamkeit weg, entfällt auch die Gültigkeit der Norm. In Kelsens Worten:

»Die Normen einer positiven Rechtsordnung gelten, *weil* die die Grundregel ihrer Erzeugung bildende Grundnorm als gültig vorausgesetzt wird, nicht weil sie wirksam sind; aber sie gelten nur, *wenn*, das heißt nur solange als diese Rechtsordnung wirksam ist.« (RR² 219/384)

Oder, noch kürzer: »Wirksamkeit ist eine Bedingung der Geltung, aber nicht diese Geltung selbst.« (RR² 220/386) Kelsen hält jedoch fest, dass eine Norm schon in Geltung stehen kann, bevor sie angewendet oder befolgt wird. Genau genommen bedeutet die Aussage, Wirksamkeit sei Bedingung der Geltung, *»dass eine Rechtsnorm ihre Geltung verliert, wenn sie nicht wirksam wird oder ihre Wirksamkeit verliert.* Wirksamkeit muss zu dem In-Geltung-Treten einer Rechtsnorm hinzukommen, damit diese ihre Geltung nicht verliere« (Kelsen 2003, 20; ähnlich RR² 11/38). Anders gesagt: Es bedarf der Wirksamkeit der Normen, damit diese ihre Geltung nicht (wieder) verlieren.[153]

Dabei geht Kelsen davon aus, dass der Verlust der Wirksamkeit einer einzelnen Rechtsnorm nicht die Wirksamkeit der gesamten Rechtsordnung beeinträchtigt.

»Eine Rechtsordnung verliert aber nicht dadurch ihre Geltung, daß eine einzelne Rechtsnorm ihre Wirksamkeit verliert, das heißt überhaupt nicht oder in einzelnen Fällen nicht angewendet wird. Eine Rechtsordnung wird als gültig angesehen, wenn ihre Normen *im großen und ganzen* wirksam sind, das heißt tatsächlich befolgt und angewendet werden. Und auch eine einzelne Rechtsnorm verliert ihre Geltung nicht, wenn sie nur in einzelnen Fällen nicht wirksam ist, das heißt nicht befolgt oder angewendet wird, obwohl sie befolgt und angewendet werden soll. [...] Andererseits wird aber auch eine Norm nicht als gültig angesehen, die niemals befolgt oder angewendet wird.« (RR² 219 f./385)

Mit dieser hier prominent hervorgehobenen Unterscheidung zwischen Befolgung und Anwendung einer Norm spricht Kelsen an, was man die »Doppeladressierung« (Dreier 1986, 125, 206) oder die »doppelte Wirkungsmöglichkeit« (Paulson 2014, 26ff.) der Rechtsnorm nennen könnte: Wirksamkeit meint einmal die Befolgung der Regeln durch die Rechtsunterworfenen, also das zwangsvermeidende Verhalten; zum anderen die Anwendung der Rechtsnorm durch die sanktionsbefugten Organe.[154]

»Sowohl die Befolgung der Rechtsnorm als auch ihre Anwendung stellen ein der Rechtsnorm entsprechendes Verhalten dar.« (RR^2 122/221)

Von einem Wegfall der Geltung einer Norm wegen des Mangels ihrer Wirksamkeit kann daher dann nicht gesprochen werden, wenn alle Rechtsunterworfenen sich der Norm gemäß verhalten und die Norm deshalb nie von den dazu befugten Rechtsinstanzen angewendet zu werden braucht; wohl aber dann, wenn trotz massenhaft normwidrigen Verhaltens eine entsprechend gebotene Handlung der Normanwender beständig unterbleibt (vgl. ATdN 111ff.). Zwischen den beiden denkbaren Grenzfällen – (a) alle befolgen die Norm; (b) niemand befolgt die Norm, und niemand wird sanktioniert – sind natürlich die unterschiedlichsten Mischungsverhältnisse denkbar. Deutlich wird aber auf jeden Fall, dass wegen des Bedingungsverhältnisses zwischen Wirksamkeit und Geltung für die Bestimmung des Gegenstandes der Reinen Rechtslehre nicht allein normative, sondern faktische Elemente von Relevanz sind: das tatsächliche Verhalten der Rechtsunterworfenen und der Rechtsorgane. Die rechtsanwendenden Instanzen fungieren somit selbst ein Stück weit als Faktoren der Erhaltung der Wirksamkeit der Rechtsnormen. Und: Eine derartige Aufspaltung des Wirksamkeitsbegriffs in die Befolgung der Norm (Gebotsteil) und in ihre Anwendung im Fall der Nichtbefolgung (Sanktionsteil) ist nur im Falle von Verhaltensnormen, nicht hingegen bei Ermächtigungs-, Erlaubnis- oder Derogationsnormen möglich.[155]

2. Das Recht als Zwangsordnung

Die Bezeichnung der Rechtsordnung als einer normativen Zwangsordnung zählt zu den häufigsten und beständig wiederkehrenden Aussagen Kelsens und stellt ein Kernelement seiner Rechtslehre dar (dazu a). Dabei erfährt das Merkmal des Unrechts eine bemerkenswerte Einordnung (b). Freilich sind nicht alle Rechtsnormen auch Zwangsnormen (c).

a) Zwang als Rechtsmerkmal

Dass das Recht als eine normative Zwangsordnung menschlichen Verhaltens zu begreifen ist, steht für Kelsen von Anbeginn fest, und daran lässt er auch später nie einen Zweifel aufkommen.[156] Das Zwangsmoment wird in den Rechtsbegriff regelrecht eingeschmolzen: Recht ist die »spezifische Sozialtechnik einer Zwangsordnung« (Jabloner 2011, 30).[157] Entsprechende Aussagen durchziehen Kelsens Werk von Anfang bis Ende.[158] Typisch etwa die folgende Stelle:

> »Vom Standpunkt einer die Rechtsordnung in Rechtssätzen beschreibenden Rechtswissenschaft besteht die Funktion der Rechtsordnung darin, daß an bestimmte [...] Bedingungen ein von der Rechtsordnung bestimmter Zwangsakt als Folge geknüpft wird. Dieser Zwangsakt ist die Folge par excellence.« (RR² 150/268)

Wir haben die Bedeutung dieses Aspektes in diesem Abschnitt bereits mehrfach anklingen lassen. Die Eigenschaft, für Verstöße gegen bestimmte Anordnungen Zwangsakte, die von der staatlichen Gewalt durchgesetzt werden, vorzusehen, unterscheidet die Normen des Rechts fundamental von denen der Moral. Aber Unterschiede gibt es auch in der Art, in der das Recht die Sollensandrohung einer Sanktion vorsieht (ATdN 78, 108, 115 f.). Während der schlichte Imperativ einer Moralnorm sagt: »Du sollst nicht stehlen!«,[159] geht die Rechtsordnung in ebenso charakteristischer wie typischer Weise anders vor. Sie benennt nämlich ein gewisses Verhalten, das nicht erwünscht ist, im Tatbestand einer Norm,[160] um dann für den Fall, dass das nicht erwünschte Verhalten doch von jemandem praktiziert wird, als Rechtsfolge eine gesellschaftlich organisierte Strafe vorzusehen: »Wer stiehlt, wird mit Geld- oder Freiheitsstrafe bestraft.« Das nennt Kelsen ein hypothetisches Urteil.

Die Form des hypothetischen Urteils ist für ihn deswegen von so herausragender Bedeutung, weil in ihr das Prinzip der Zurechnung zum Ausdruck kommt, das für die normative Verknüpfung zwischen Bedingung (Tatbestand) und Folge (Sanktion) sorgt und sich darin von der Naturwissenschaft unterscheidet. Mit dem Prinzip der Zurechnung will Kelsen die entscheidende Differenz fixieren, die zwischen dem *Rechts*gesetz, das ein Verhalten dadurch vorschreibt, dass es an das gegenteilige Verhalten eine Sanktion knüpft, und einem auf dem Kausalitätsprinzip beruhenden *Natur*gesetz besteht, bei dem das Verhältnis von Ursache und Wirkung entscheidend ist.

»So wie das Naturgesetz einen bestimmten Tatbestand als Ursache mit einem anderen als Wirkung verknüpft, so das Rechtsgesetz die Rechtsbedingung mit der Rechts-, d.h. mit der sogenannten Unrechtsfolge. Ist die Weise der Verknüpfung der Tatbestände in dem einen Fall die Kausalität, ist es in dem anderen die Zurechnung, die von der Reinen Rechtslehre als die besondere Gesetzlichkeit des Rechtes erkannt wird. So wie die Wirkung auf ihre Ursache, wird die Rechtsfolge auf ihre Rechtsbedingung zurückgeführt; aber diese kann von jener nicht als ursächlich bewirkt angesehen werden. Die Rechts-/Unrechtsfolge wird der Rechtsbedingung zugerechnet. [...] Die Beziehung der Strafe auf das Delikt, der Exekution auf den zivilen Unrechtstatbestand hat keine kausale, hat eine normative Bedeutung. Der Ausdruck dieser als ›Zurechnung‹ bezeichneten Beziehung [...] ist das Sollen, in dem die Reine Rechtslehre das positive Recht darstellt; so wie der Ausdruck der Kausalgesetzlichkeit das Müssen ist.« (RR[1] 22/34)[161]

Mit dieser Veränderung der juristischen Normformulierung ist aber auch im Verhältnis zum Imperativ der Moralnorm eine bemerkenswerte Änderung insofern vor sich gegangen, als dass das »Fehlverhalten« gar nicht mehr als solches angesprochen, sondern nur noch als eine gewissermaßen abstrakte und inhaltlich nicht näher bewertete Voraussetzung für die Rechtsfolge der Sanktion angesprochen wird.[162] Genauer gesagt wird aus der eigentlich primären Norm, die das Verhalten verbietet (»Du sollst nicht stehlen«), eine sekundäre Norm, weil diese den Fall des normgetreuen Verhaltens nur noch als das die Sanktion vermeidende Verhalten umschreibt: »Du hast nicht gestohlen.«[163]

Die Form des hypothetischen Urteils führt mithin dazu, dass sich das Sollenselement gar nicht mehr direkt an die Personen richtet, denen das ordnungsgemäße, also das normkonforme Verhalten nahegelegt wird, sondern an die Rechtsautorität adressiert ist, die im Falle der – wie es gemeinhin heißt – ›Verletzung‹ der Norm einzugreifen, also etwa eine Strafe zu verhängen hat. Kelsen reduziert das Sollen in der Norm auf die Zuordnung eines Tatbestands (es wird gestohlen) zu einer bestimmten Rechtsfolge (das soll bestraft werden). Aber das Gesolltsein des Zwangsaktes fällt nicht mit dem Verbotensein des Verhaltens zusammen, es schließt es nur ein. Kelsen spricht das deutlich aus:

»Wenn eine Gesellschaftsordnung, wie die Rechtsordnung, ein Verhalten dadurch gebietet, daß sie für den Fall des gegenteiligen Verhaltens eine Sanktion als gesollt statuiert, kann man diese Sachlage in einem Satze beschreiben, der aussagt, daß im Falle eines bestimmten Verhaltens eine bestimmte Sanktion eintreten soll. Damit ist schon ausgesagt, daß das die Sanktion bedingende Verhalten verboten, sein Gegenteil geboten ist. Das Gesollt-sein der Sanktion schließt das Verboten-sein des Verhaltens, das ihre spezifische Bedingung ist, das Geboten-sein seines Gegenteils in sich. Dabei ist zu beachten, daß mit ›Geboten‹- oder ›Verboten‹-sein eines bestimmten Verhaltens nicht das Gesollt-sein dieses Verhaltens oder seines Gegenteils, sondern das Gesollt-sein der Folge dieses Verhaltens, das ist: der Sanktion, gemeint ist. Das gebotene Verhalten ist nicht das gesollte Verhalten; gesollt ist die Sanktion.« (RR² 26/62f.)[164]

Das Sollen wandert also gewissermaßen vom Direktadressaten der moralischen Norm (Du sollst nicht stehlen) zum Sanktionsapparat in der juristischen Norm (Wer stiehlt, soll [von den zuständigen Institutionen] bestraft werden). Die »erste« Norm, die das positiv gebotene Verhalten bestimmt, ist im Grunde überflüssig, weil im Tatbestand der »zweiten« Norm die Verletzung des Verhaltensgebots enthalten und diese Verletzung mit der Sanktion verknüpft ist.[165] Systematisch betrachtet ist die zweite Norm daher die primäre, die erste die sekundäre.[166] Hier zeigt sich, dass für Kelsen das Recht im Unterschied zu Ethik oder Moral nicht mit normentsprechendem, sondern allein mit normwidersprechendem Verhalten befasst ist. Nur durch diese Betrachtungsweise lasse sich vermeiden, dass »die für den Rechtscharakter der Norm wesentliche Beziehung zum Zwangsakt unausgedrückt bleibt« (RR¹ 30/41). Oder noch deutlicher:

»Formal [...] ist die Rechtsordnung nur wegen der Rechtswidrigkeit vorhanden, ist der Rechtssatz nur auf die Rechtswidrigkeit zugeschnitten; nur im Falle der Rechtswidrigkeit kommt die Rechtsordnung in Funktion.« (HdS 53/140f.)

Als spezifische Form gesellschaftlicher Ordnung lenkt und organisiert das positive Recht die sozialen Verhältnisse nicht durch die Angabe direkter, positiver Verhaltensmaßstäbe, sondern bedient sich zur Erfüllung ihrer Ordnungsaufgabe einer indirekten Motivationsregelung: Sie »gebietet ein bestimmtes Verhalten, indem sie an das gegenteilige Verhalten einen Zwangsakt als Sanktion knüpft« (ATdN 77). Das unerwünschte Verhalten wird in den Rechtsnormen nicht mehr als solches ausgeflaggt, sondern firmiert eher als eine technische Voraussetzung der staatlichen Sanktion.

Dass Kelsen auf diese Weise das Sollensmoment gar nicht mehr primär auf die Bürger des Staates, sondern auf dessen Institutionen bezieht, ist letztlich als zentraler Ausdruck seines Bestrebens zu verstehen, jede Ähnlichkeit mit der Regelungsstruktur von Moralnormen zu vermeiden und die Intention äußerster Distanzierung und Neutralisierung des Gegenstands der Rechtswissenschaft zu wahren. Das Sollensmoment reduziert sich auf die »bloße Bedeutung eines spezifischen funktionellen Zusammenhanges« (RR² 109/201). Dadurch droht allerdings die gesellschaftliche Steuerungs- und Lenkungsfunktion des Rechts und damit der Gedanke des Rechts als einer sozialen Technik (Dreier 1986, 141 ff.) aus dem Blick zu geraten.[167] Oder, um die Kritik schärfer zu formulieren: Es besteht »kein Anlass, die wohlbegründete Einsicht zu ignorieren, sondern vielmehr das Gebot, nicht zu ignorieren, dass das Recht in erster Linie zu sanktionsvermeidendem Verhalten motivieren will und daher primär dieses Verhalten anordnet« (Rill 2009, 384).[168]

b) Die Einordnung des »Unrechts«

Kelsens Betrachtungsweise zieht eine bemerkenswerte Uminterpretation des Unrechts nach sich (näher Dreier 1986, 204 ff.). Gemeinhin als Negation des Rechts aufgefasst, erlangt es bei Kelsen seinen Stellenwert im Recht, indem es als bloße Voraussetzung für die Rechtsfolge der Sanktion aufgefasst wird und somit »als eine Bedingung, nicht als eine Negation des Rechts« (RR² 119/216) gilt.

> »Erkennt man das Recht als Zwangsordnung, dann muß der Begriff des Unrechts als einer Negation des Rechtes verschwinden.« (AS 52/139)

Aus einem vermeintlichen ›Rechtsbruch‹ wird so lediglich die Erfüllung der die Sanktionsfolge nach sich ziehenden Voraussetzungen (man stiehlt). Der Verbrecher, so hat es Carl Schmitt plastisch auf den Punkt gebracht, »bricht ›juristisch betrachtet‹ eigentlich nichts« (Schmitt 1934, 18).[169] Dem würde Kelsen nicht widersprechen:

»In der Bezeichnung als ›Un‹-Recht, Rechts-›Widrigkeit‹, Rechts-›Bruch‹ oder Rechts-›Verletzung‹ drückt sich der Gedanke einer Negation des Rechtes aus, die Vorstellung von etwas, das außerhalb des Rechtes und gegen dieses steht, das die Existenz des Rechtes bedroht, unterbricht, oder gar aufhebt. Diese Vorstellung ist irreführend. [...] Wenn eine normative Ordnung ein bestimmtes Verhalten nur dadurch gebietet, daß sie an sein Gegenteil eine Sanktion knüpft, wird der wesentliche Sachverhalt vollständig durch ein hypothetisches Urteil beschrieben, welches aussagt, daß, wenn ein bestimmtes Verhalten vorliegt, ein bestimmter Zwangsakt vollzogen werden soll.« (RR^2 118 f./215 f.)

Das bedeutet: In der Struktur der Rechtssätze als hypothetische Urteile geht der ein Unwerturteil aussprechende Aspekt (Verletzung, Rechtsbruch) verloren. Das Unrecht wird zum integralen Bestandteil des Rechts, in dessen Erfassung durch die Reine Rechtslehre kein moralisches Unwerturteil mehr einfließt.

»Das Unrecht bedeutet nicht – wie die traditionelle Anschauung glauben läßt – eine Unterbrechung in der Existenz des Rechts, sondern gerade im Gegenteil: am Unrecht bewährt sich die Existenz des Rechts« (RR^1 28/39).[170]

Doch zeigt sich hierin nur erneut das beharrliche Streben Kelsens, das Recht so distanziert und neutral wie möglich zu beschreiben (Kucsko-Stadlmayer 1992a, 27) und gerade dadurch seine Wesensmerkmale umso deutlicher hervortreten zu lassen.

c) Normarten und Normfunktionen

Auch wenn die Rechtsordnung eine Zwangsordnung ist und Zwangsnormen im »Mittelpunkt« (Walter 1999, 21) stehen, so sind doch nicht alle Rechtsnormen auch Zwangsnormen. Zwar steht die Zwangsnorm bei Kelsen ursprünglich ganz im Zentrum der Betrachtung. Aber natürlich ist nicht zu leugnen, dass es praktisch in jeder einigermaßen entwickelten Rechtsordnung eine große Zahl von Bestimmungen gibt, in denen Fristen und Termine, Formerfordernisse und Zuständigkeiten, Nominaldefinitionen und Geschäftsfähigkeitsvoraussetzungen geregelt sind – und Tausende von Aspekten mehr. Nun lassen sich solche Elementarteilchen oder Partikel einer Rechtsordnung, die alle möglichen Einzelfragen betreffen, begrifflich als »Rechtsvorschriften« einsortieren[171] und damit von (einigermaßen vollständigen) Rechtsnormen abgrenzen. Dennoch fragt sich, ob es nicht auch kategorial andere Normarten oder Normfunktionen als die Gebots- bzw. Zwangsnormen gibt.

Im Laufe der Zeit und namentlich in der zweiten Auflage der *Reinen Rechtslehre* ist die Bedeutung anderer Normen als Zwangsnormen immer klarer hervorgetreten.[172] Das gilt insbesondere für die Ermächtigungsnormen (Walter 1992a, 20). Vor allem der dynamische Charakter des Rechts, also dessen (Selbst-)Erzeugung auf den verschiedenen Rechtsstufen, führt zur Einsicht in die Bedeutung der Ermächtigungsnormen, was Kelsen selbst später hervorgehoben hat:

> »Da das Recht seine eigene Erzeugung und Anwendung regelt, spielt die normative Funktion der Ermächtigung im Recht eine besonders wichtige Rolle.« (ATdN 82)

In der *Reinen Rechtslehre* hat Kelsen neben den Gebotsnormen noch Erlaubnis- und Ermächtigungsnormen (RR² 4f., 15, 56f./27, 44f., 113f.), gelegentlich auch Derogationsnormen (RR² 57/114) erwähnt. In seiner postum erschienenen *Allgemeinen Theorie der Normen* sind diese Funktionen dann sozusagen gleichberechtigt nebeneinander aufgeführt.[173] Der für Kelsen zentrale Sollenscharakter des Rechts darf bei diesen anderen Normarten aber nicht verloren gehen: Zwar korrespondiert in der üblichen sprachlichen Bedeutung nur den Gebots- bzw. Zwangsnormen das »Sollen«, den Ermächtigungsnormen hingegen ein »Können« und den Erlaubnisnormen ein »Dürfen« (RR^2 4 f./27; ATdN 77). Kelsen hingegen verwendet einen weiter gefassten Sollensbegriff, der das Dürfen und Können mit umfasst (RR^2 4 f./27 f.). Das Sollen wird somit zu einer Art von »Platzhalter« (Paulson 2014, 30, 32).

Im einzelnen versteht Kelsen unter *Ermächtigungsnormen* solche, durch die bestimmten Personen oder Institutionen die Rechtsmacht verliehen wird, neue Rechtsnormen individueller oder genereller Art zu schaffen oder Rechtsnormen anzuwenden, wie etwa Gerichten oder Parlamenten (ATdN 82 ff.).[174] Ermächtigungen sind in der Regel keine Ge- oder Verbote: So muss etwa der Bundesgesetzgeber von einer ihm eingeräumten Kompetenz keinen Gebrauch machen. Bei Richtern verhält es sich freilich anders, weil wegen des Rechtsverweigerungsverbots (irgendeine) Entscheidung getroffen werden muss.

Als *Erlaubnisnormen* bezeichnet Kelsen nicht in erster Linie solche, die ein Verhalten komplett freistellen (Denken, Spazierengehen, Atmen),[175] sondern vor allem solche Regelungen, die ein bestehendes Gebot einer Zwangsnorm einschränken oder aufheben, wie z. B. die strafrechtliche Notwehrregelung das Verbot der Körperverletzung aufhebt; Kelsen spricht von einer Erlaubnis »im positiven Sinn« oder einer »Frei-Stellung« (ATdN 78 f.). Im einen wie im anderen Fall ist das Verhalten aber weder ge- noch verboten. Man kann von der Erlaubnis nur Gebrauch machen oder nicht, man kann sie nicht – wie Gebotsnormen – verletzen oder befolgen.

Derogationsnormen schließlich sind solche, die den Geltungsverlust einer anderen Rechtsnorm bewirken.[176] Kelsen spricht insofern von einer »höchst eigenartige[n] normative[n] Funktion«, die »im Bereich einer positiven Rechtsordnung eine bedeutende Rolle« spiele (ATdN 84): eigenartig, weil die derogierende Norm nur in Bezug auf diejenige Norm, die sie aufhebt oder einschränkt, gilt (ATdN 85).[177]

Wenn Kelsen Erlaubnis-, Ermächtigungs- und Derogationsnorm, wie noch in der zweiten Auflage der *Reinen Rechtslehre*, als »unselbständige Normen« bezeichnet (RR² 55ff./112ff.),[178] so mit der Intention, mit der Zwangsnorm die eigentliche (selbständige) Norm zu präsentieren, die, wenn man sie in all ihren Voraussetzungen und Folgen bestimmen will, um eine umfängliche Reihe anderer Bestimmungen ergänzt werden muss. Die anderen Normarten stellen in dieser Sichtweise sozusagen (weitere) »Bedingungen der Geltung von Zwangsnormen« dar (Kucsko-Stadlmayer 1992a, 28). Freilich wird man einem solchen Versuch mit Skepsis begegnen müssen, schon weil die Eigenständigkeit der anderen Normfunktionen nicht recht deutlich wird. Ohnehin erscheint zweifelhaft, ob es jemals gelingen könnte, eine solche »Gesamtzwangsnorm« wirklich absolut vollständig zu formulieren; das kann wohl »nur als theoretische Möglichkeit, nicht als rechtswissenschaftliche Aufgabe angesehen werden« (Walter 1974, 18). Kelsen selbst hat sich mit Annäherungen begnügt, indem er naheliegenderweise Normen formeller und materieller Art eher beispielhaft als abschließend benannt hat (vgl. RR² 57f./114ff.).[179]

Fraglich ist des weiteren, ob die Erlaubnisse wirklich eine eigenständige Normkategorie bilden. Kelsen deutet selbst erhebliche Zweifel an:

»Die normative Funktion des positiven Erlaubens ist auf die Funktion des Derogierens, d.h. auf die Aufhebung oder Einschränkung der Geltung einer ein bestimmtes Verhalten verbietenden Norm reduzierbar.« (ATdN 79)

So verwundert es nicht, dass es in der Kelsen-Literatur eine verbreitete Neigung gibt, die Erlaubnisnormen nicht als eigenen Normtypus anzuerkennen. Denn bei Einschränkung einer Zwangsnorm durch eine Erlaubnis bestehen nicht zwei Normen, sondern eine mit eingeschränktem Geltungsbereich; und wenn eine Zwangsnorm ganz oder teilweise aufgehoben wird, dann handelt es sich um eine Derogation bzw. kann als Derogation interpretiert werden.[180] Hingegen ist die große Bedeutung der Ermächtigungsnormen klarer geworden, die sich als Grundmodalität der Rechtsordnung entpuppt haben (Paulson 2014). Für sie ist vor allem wichtig, dass bei ihnen das Merkmal des Rechtszwangs entfallen kann, wenn nicht gar muss (Walter 1974, 25ff.).

Es kann an dieser Stelle nicht darum gehen, eine erschöpfende Debatte über die Anzahl und den Erklärungswert von Normenkategorien zu führen. Wichtig ist allein zu betonen, dass die Grundeinsicht in die Natur der Rechtsordnung als einer Zwangsordnung nicht an der Erkenntnis hindert, dass nicht alle Normen dieser Rechtsordnung auch Zwangsnormen sein müssen.

3. Die Identität von Staat und Recht

Zu den eigentümlichsten und von daher besonders umstrittenen Aussagen der Reinen Rechtslehre zählt ihre These von der Identität von Staat und Recht.[181] Wie so häufig, erwächst Kelsens eigene Position aus der kritischen Auseinandersetzung mit anderen Lehren. Hier steht nun eindeutig die Zwei-Seiten-Lehre Jellineks im Zentrum (Sb 114ff., 132ff./212ff., 229ff.). Ihr zufolge ist der Staat von der einen Seite her als soziales (reales, politisches), von der anderen Seite als rechtliches (juristisches) Phänomen zu betrachten und zu analysieren (Jellinek 1914, 9ff., 174ff.). So zerfällt für ihn die Staatslehre in die soziale Staatslehre und die Staatsrechtslehre. Beiden vorgegeben ist für ihn aber der Staat, der den zwei verschiedenen Betrachtungsweisen unterzogen wird. Gerade dieser bei Jellinek noch ganz selbstverständlich vorausgesetzte Vorrang des Staates vor dem Recht musste auf Kelsens entschiedenen Widerspruch treffen. Für ihn verbot sich eine derartige duale Gegenstandsbetrachtung bereits aus Gründen wissenschaftlicher Methodik. Jellineks Vorgehen verletzte für ihn den »Fundamentalsatz aller Erkenntnistheorie, daß der Gegenstand der Erkenntnis durch die Erkenntnisrichtung bestimmt sei und daß daher zwei verschiedene Methoden, wie die naturwissenschaftlich-kausale und die juristisch-normative nicht ein und denselben Gegenstand – etwa den ›Staat an sich‹ – sondern zwei ebenso *verschiedene* Gegenstände erzeugen müssen, die mit dem gleichen Namen ›Staat‹ zu bezeichnen, nur ein irreführender Fehler sein kann.« (PdS 10f./281; vgl. auch AS 6f./33ff.) Einen Staat ›an sich‹ gibt es für Kelsen nicht, jedenfalls nicht als ein der wissenschaftlichen Betrachtung vorgegebenes soziales Faktum oder normatives Substrat, das sich erst in einem zweiten Schritt einer soziologischen oder juristischen Analyse zu unterwerfen hätte. Was sollte das auch näher sein: ein diffuses Norm-Faktum-Konglomerat, die Vorstellung eines disziplinär ungefügen »Staat-Recht-Dinges« (Sb 105/204)? Für Kelsen kann der Staat im Ergebnis nichts anderes sein als die Rechtsordnung. Recht ist die »Existenzform des Staates« (Möllers 2000, 37), gleichsam seine Daseinsform. In seiner typischen, ganz auf Präzision bedachten und daher nicht immer leicht verständlichen Diktion:

»Ist erkannt, daß die Existenzsphäre des Staates normative Geltung und nicht kausale Wirksamkeit, daß jene spezifische Einheit, die wir in dem Begriff des Staates setzen, nicht in der Welt der Naturwirklichkeit, sondern in der der Normen oder des Wertes liegt, daß der Staat seinem

Wesen nach ein System von Normen oder der Ausdruck für die Einheit eines solchen Systems ist, dann ist damit die Erkenntnis, daß der Staat als Ordnung nur die *Rechts*ordnung oder der Ausdruck ihrer Einheit sein kann, eigentlich schon erreicht.« (AS 16/56 f.)

Einfacher gesagt: Für Kelsen steht der Staat nicht hinter, über oder vor der Rechtsordnung, für ihn *ist* der Staat die Rechtsordnung (Sb 135/252). Und die Einheit dieses Staates ist nicht, wie etwa Rudolf Smend meinte, eine Einheit im Wollen oder Erleben seiner Mitglieder, sondern besteht schlicht in der Einheit der Rechtsordnung.[182] Die These, wonach der Staat nur durch eine normative Ordnung und diese normative Ordnung nur die rechtliche Zwangsordnung sein kann (RR^2 290/503), exemplifiziert Kelsen dann an der tradierten Drei-Elemente-Lehre des Staates, wonach dieser sich aus Staatsgebiet, Staatsvolk und Staatsgewalt zusammensetzt (Jellinek 1914, 396 ff., 406 ff., 427 ff.). Er zeigt auf, dass alle drei Elemente »nur als Geltung und Geltungsbereiche einer Rechtsordnung begriffen werden« können (RR^2 290/504).[183] So bedarf es der Zurechnung als eines normativen Kriteriums, um bestimmte Handlungen bestimmter Personen als Ausübung von *Staatsgewalt* zu begreifen; es bedarf eines normativen Kriteriums, nämlich der Staatsangehörigkeit, um die Zugehörigkeit bestimmter Personen zu einem *Staatsvolk* zu bestimmen; und auch das *Staatsgebiet* ist nicht irgendwie natürlich vorgegeben, sondern kann nur als der räumliche Geltungsbereich einer staatlichen Rechtsordnung begriffen werden.[184] Erst im Horizont einer normativen Ordnung und bei deren Zugrundelegung wird aus bloß faktischer Machtausübung staatliche Gewalt, erst durch sie wird die Zugehörigkeit eines Menschen zu einem Staat als Staatsangehörigkeit ausgeformt, erst durch sie wird die Zugehörigkeit einer Insel in der Ostsee zu einem bestimmten Staat festgelegt. Wenn aber diese normative Ordnung der Staat ist, dann kann zwischen Staat und Recht kein Dualismus bestehen.

Bei diesen Positionen handelt es sich nun keineswegs um praxisferne Konstruktionen oder versponnene Sophistereien. Vielmehr implizieren sie ideologiekritische Thesen und induzieren politische Folgen. Zu den Thesen zählt die von Kelsen herausgestellte »ideologische Funktion des Dualismus von Recht und Staat« (RR[1] 116 f./126 f.).

»Denn er [scil. dieser Dualismus] leistet eine ideologische Funktion von außerordentlicher, gar nicht zu überschätzender Bedeutung. Der Staat muß als eine vom Recht verschiedene Person vorgestellt werden, damit das Recht den – dieses Recht erzeugenden und sich ihm unterwerfenden – Staat rechtfertigen könne. Und das Recht kann den Staat nur rechtfertigen, wenn es als eine vom Staat wesensverschiedene, dessen ursprünglicher Natur: der Macht, entgegengesetzte und darum in irgendeinem Sinne richtige oder gerechte Ordnung vorausgesetzt wird. So wird der Staat aus einem bloßen Faktum der Gewalt zum Rechtsstaat, der sich dadurch rechtfertigt, daß er das Recht fertigt.« (RR[1] 116/126; RR[2] 288/500 f.)

Damit ist Jellineks Selbstverpflichtungslehre zurückgewiesen, wonach der Staat einerseits die Rechtsordnung schafft, um sich ihr dann andererseits zu unterwerfen (AS 74 ff./191 ff.). Der Staat wird in dieser Lehre einmal als metarechtliches Wesen, einmal als rechtsgebundene Autorität eingeführt. Die ganze Konstruktion schwankt eigentümlich zwischen Normativität und Faktizität hin und her; sie macht den Staat »zu einem wahrhaft grotesken Fabelwesen; halb Rechtsordnung, halb Naturding«[185]. Kelsen, der die politischen Hintergründe dieser Konstruktion durchschaut, setzt dem entgegen, dass ein dem Recht nicht unterworfener Staat undenkbar sei.

»Ein Vorgang, in dem ein dem Recht in seiner Existenz vorangehender Staat das Recht schafft und sich dann dem Recht unterwirft, findet nicht statt und kann nicht stattfinden.« (RR[2] 314/543)

Zu den hochpolitischen Folgen der Ablehnung der Selbstverpflichtungslehre zählt die Absage an jegliches ungeschriebene Ausnahmerecht, also die Annahme einer Notstandslage des Staates, in der dieser sich zwar zumeist mit dem Hinweis auf die »Staatsräson« über das positive Recht hinwegsetzt, sich aber gleichwohl (der Terminus des Ausnahme*rechtes* zeigt es an) nicht auf reine Gewalt oder faktische Zwänge, sondern auf eine juristisch legitimierbare Grundlage stützen will (Dreier 1986, 219 ff.; Walter 1999, 28 f.).[186] Kelsen sieht einen Hauptzweck der Selbstverpflichtungslehre geradezu darin, dem Staat auch dort noch eine irgendwie rechtlich legitimierbare Handlungs- und Entscheidungskompetenz einzuräumen, wo der Boden des positiven Rechts längst verlassen ist (Sb 136 ff./233 ff.). Die These von der Selbstverpflichtung des Staates impliziere gleichsam die – natürlich immer nur temporäre und partielle – Selbstbefreiung vom Recht. Denn der Dualismus von Staat und Recht ermögliche es, außer und über dem gesatzten Recht noch eine zweite Rechtsebene zu etablieren, die im Bedarfsfalle gegen das positive Recht in Stellung gebracht werden kann, um so »das Zauberstück zu vollbringen, aus Nichtrecht Recht, aus einem nackten Machtakt einen Rechtsakt zu deuten« (Kelsen 1922/23, 48/452). Insbesondere die verbreitete Floskel, auch in einer Notstandssituation müsse der Staat irgendwie ›leben‹, stößt auf Ablehnung:

> »Hinter der treuherzigen Versicherung, daß der Staat ›leben‹ müsse, verbirgt sich meist nur der rücksichtslose Wille, daß der Staat *so* leben müsse, wie es diejenigen für richtig halten, die sich der Rechtfertigung eines ›Staatsnotrechtes‹ bedienen.« (AS 157/378)

Kelsens methoden- wie ideologiekritische Auflösung des Dualismus von Staat und Recht zugunsten seiner Identitätsthese führt hingegen zu einer umfassenden Ver-Rechtlichung des Staates, der als »rechtsfremde Macht« (AS 75/192) damit konstruktiv ausgeschlossen ist.[187] Staatliche Funktionsausübung ohne normative Basis in der Rechtsordnung, aber mit Anspruch auf juristische Relevanz kommt für Kelsen einer Denkunmöglichkeit gleich. Ein vor- oder überpositives Staatsnotrecht ohne Verankerung in der Rechtsordnung ist für ihn daher ausgeschlossen. Es gilt der Grundsatz, dass »kein Stück des Staates außerhalb des Rechtes und kein Stück des Rechtes außerhalb des Staates fällt« (Sb 88/188). Für den juristischen Zugriff gibt es keine staatliche Gewalt über die rechtlich begründete und begründbare hinaus.

4. Der Stufenbau der Rechtsordnung

Die Grundnorm hat, wie wir uns erinnern, eine normativitätsstiftende Funktion.[188] Sie hat aber auch, im Lichte der Lehre vom Stufenbau der Rechtsordnung betrachtet,[189] eine einheitsstiftende Funktion, indem sie »den Geltungsgrund aller zu einer und derselben Rechtsordnung gehörigen Normen« darstellt (Kelsen 1953, 148).[190] Denn bereits die Vorstellung, die Normen einer positiven Rechtsordnung stünden in einem Verhältnis der Über- und Unterordnung, zwingt zur Annahme einer höchsten und letzten Norm, der Grundnorm. »Da die Grundnorm der Geltungsgrund aller zu einer und derselben Rechtsordnung gehörigen Normen ist, konstituiert sie die Einheit in der Vielheit dieser Normen.« (RR^2 209/368) Der in der Grundnorm endende Regress der Normendeduktion setzt das Prinzip des Stufenbaus der Rechtsordnung implizit bereits voraus. Damit gewinnt sie neben der normativitätsstiftenden noch eine weitere, die einheitsstiftende Funktion. Kelsen schildert den Gedankengang sehr eingängig und schlicht, indem er eine Reihe von »warum«-Fragen stellt:

»Führt man die verschiedenen Normen eines Rechtssystems auf eine Grundnorm zurück, so geschieht dies in der Weise, daß man zeigt, daß die Erzeugung der einzelnen Norm der Grundnorm entsprechend vor sich gegangen ist. Fragt man etwa, warum ein bestimmter Zwangsakt, die Tatsache z. B., daß ein Mensch dem anderen die Freiheit entzieht, indem er ihn in ein Gefängnis sperrt, ein Rechtsakt ist und somit zu einer bestimmten Rechtsordnung gehört, so ergibt sich als Antwort: weil dieser Akt durch eine bestimmte individuelle Norm, ein richterliches Urteil, vorgeschrieben wurde. Fragt man weiter: warum diese individuelle Norm gilt, und zwar als Bestandteil einer ganz bestimmten Rechtsordnung gilt, so erhält man zur Antwort: weil sie entsprechend dem Strafgesetzbuch gesetzt wurde. Und fragt man nach dem Geltungsgrund des Strafgesetzbuches, so stößt man auf die Staatsverfassung, nach deren Bestimmungen das Strafgesetzbuch von dem hierzu kompetenten Organ in einem von der Verfassung vorgeschriebenen Verfahren zustande gebracht wurde.« (RR^1 65/75 f.)

Und die Frage nach dem Geltungsgrund dieser Verfassung führt dann zur historisch ersten Verfassung und letztlich zur Annahme der Grundnorm.

Die Lehre vom Stufenbau geht wesentlich auf Kelsens wichtigsten Schüler und Mitstreiter, Adolf Julius Merkl, zurück.[191] Das wurde von Kelsen durchaus anerkannt,[192] wenngleich seine letztlich wenigen Hinweise auf Merkl dessen Bedeutung für die Entwicklung der Stufenbaulehre nicht hinlänglich widerspiegeln und auch nicht erkennen lassen, dass in diesem Punkt eher Kelsen Schüler von Merkl war als umgekehrt.[193]

Treffend hat man die Lehre vom Stufenbau der Rechtsordnung als eine der »raren Innovationen, die der Rechtstheorie im 20. Jahrhundert gelungen sind« (Wiederin 2011, 81), bezeichnet.[194] Entscheidend ist die Einsicht, dass die Rechtsordnung »nicht ein System von gleichgeordneten, gleichsam nebeneinander stehenden Rechtsnormen, sondern einen Stufenbau verschiedener Schichten von Rechtsnormen« (RR^2 228/399) darstellt. Die Einheit der Rechtsordnung zeigt sich in ihrem Erzeugungszusammenhang, das heißt: Die Normen gehören dann zu einer Rechtsordnung, wenn sie gemäß den Normen dieser Rechtsordnung erzeugt worden sind (RR^2 239/418). Es stellt nämlich eine »höchst bedeutsame Eigentümlichkeit des Rechts« (RR^2 73/140) dar, seinerseits Regeln über die Erzeugung und Anwendung von Normen aufzustellen, also seine eigene Erzeugung zu regeln.

> »Das Recht regelt seine eigene Erzeugung; und zwar in der Weise, daß die eine Rechtsnorm das Verfahren, in dem eine andere Rechtsnorm erzeugt wird, und – in verschiedenem Grade – auch den Inhalt der zu erzeugenden Norm regelt.« (RR^1 75/84; ähnlich RR^2 228/398 f.)

Konkret: Verfassungen stellen Regeln über den Erlass von Gesetzen auf, Gesetze über den Erlass von Urteilen und Verwaltungsakten.[195] Die Stufenbaulehre rückt mithin das Phänomen der Selbsterzeugung und Selbstvernichtung des Rechts in einem interdependenten Normenkosmos als Abfolge stufenweise zunehmender Konkretisierung ins Bewusstsein.[196] Entscheidend ist nicht die Frage, »wie Rechtsnormen nebeneinander bestehen«, sondern »wie sie auseinander entstehen« (Wiederin 2011, 83).

Dabei setzt sich die Reine Rechtslehre von der noch immer weit verbreiteten Vorstellung eines prinzipiellen Unterschieds zwischen der Gesetzgebung als Form der Rechtsschöpfung und der Rechtsprechung (sowie der Verwaltungstätigkeit) als bloßer Rechtsanwendung deutlich ab.[197] Der Gegensatz zwischen der Rechtserzeugung genereller Normen durch den Gesetzgeber und der Erzeugung individueller Normen durch Judikative und Exekutive sei kein essentieller, sondern lediglich ein gradueller. Kelsen spricht ausdrücklich von der »Relativität des Gegensatzes von Rechtserzeugung und Rechtsanwendung« (RR^1 82/92). Das betrifft insbesondere die Ebene der Gesetzgebung: Legislative Akte sind in dieser Sichtweise nicht uranfängliche Kreation des Rechts, sondern lediglich »Zwischenstufe und nicht Endglied« (Merkl

1917, 1170) im Bedingungsgefüge der Rechtserscheinungen. Denn es ergibt sich, wie insbesondere Merkl gezeigt hat,[198] auf den Zwischenstufen (also denjenigen, die zwischen der Grundnorm und dem Vollstreckungsakt liegen) jedes Mal das gleiche Bild einer Mischung von Rechtsanwendung und Rechtserzeugung, das auf Gesetzgebung wie Rechtsprechung zutrifft:

»So wie die Rechtsprechung, die die traditionelle Lehre als Rechtsanwendung in einen absoluten Gegensatz zur Gesetzgebung, als Rechtsschöpfung, gesetzt hat, selbst Rechtsschöpfung ist, so ist auch die Gesetzgebung selbst wieder Rechtsanwendung. Rechtsanwendung ist das richterliche Urteil, sofern seine Beziehung zur höheren Stufe des Gesetzes in Betracht kommt, durch das das Urteil rechtlich determiniert wird. Rechtsschöpfung, Rechtsnormierung ist das Urteil, sofern seine Beziehung zu jenen Rechtsakten in Betracht kommt, die ›auf Grund‹ des Urteils zu ergehen haben, z.B. den Exekutionsakten, oder sofern seine Beziehung zu den Parteien in Frage kommt, denen konkrete Pflichten durch das Urteil auferlegt werden. Und so ist das Gesetz, das dem Urteil gegenüber Rechtserzeugung ist, wieder einer höheren Stufe gegenüber, durch deren Normen das Gesetz determiniert wird, Rechtsanwendung.« (AS 234/552)

Mit dieser höheren Rechtsstufe ist selbstverständlich die der Verfassung gemeint (RR[1] 74f./85f.) So erstreckt sich denn der einheitlich gedeutete Stufenbau der Rechtsordnung von der vorauszusetzenden Grundnorm über die Verfassung, sodann über Gesetze und Verordnungen bis hin zu gerichtlichen Urteilen und behördlichen Entscheidungen und umfasst sogar die zwischen Privatpersonen geschlossenen Verträge, weil dadurch gleichfalls eine Rechtsnorm, die *lex contractus*, geschaffen wird.[199] Zwischen Verfassung und Gesetz, Verordnung, richterlichem Urteil und privatrechtlichen Verträgen besteht demzufolge kein qualitativer, sondern lediglich ein gradueller Unterschied. Also zusammengefasst:

»Rechtsanwendung ist zugleich Rechtserzeugung. Diese beiden Begriffe stellen nicht, wie von der traditionellen Theorie angenommen wird, einen absoluten Gegensatz dar. Es ist unzutreffend, zwischen rechtserzeugenden und rechtsanwendenden Akten zu unterscheiden. Denn wenn man von den Grenzfällen – der Voraussetzung der Grundnorm und der Vollstreckung des Zwangsaktes – absieht, zwischen denen sich der Rechtsprozeß abspielt, ist jeder Rechtsakt zugleich die Anwendung einer höheren Norm und die durch diese Norm bestimmte Erzeugung einer niederen Norm.« (RR^2 240/418 f.)

5. *Die Interpretationstheorie*

a) Rechtsanwendung im Stufenbau

Die Stufenbaulehre ist von unmittelbarer und hoher Relevanz für Kelsens Interpretationstheorie,[200] ja man kann diese durchaus als »Konsequenz der Stufentheorie« (Ebenstein 1938, 170) oder als »Schlüssel zum Verständnis« (Paulson 1992b, 412) von Kelsens Auslegungslehre bezeichnen. Oder, wie unser Autor selbst sagt: »Aus der Einsicht in den Stufenbau der Rechtsordnung ergeben sich sehr bedeutsame Konsequenzen für das Problem der Interpretation.« (RR^1 90/100) Denn wenn es jeweils höhere und niedrigere Stufen der Normerzeugung mit unterschiedlichem Konkretisierungsgrad gibt, dann ist unmittelbar evident, dass die höherrangigen Normen wie etwa die Bestimmungen der Verfassung über Inhalt, Form und Verfahren der Gesetzgebung die darunter liegende Normerzeugung, also die vom Parlament beschlossenen Gesetze selbst, nicht vollständig determinieren, sondern nur in gewisser formeller und materieller Weise vorstrukturieren, ihnen gleichsam einen Rahmen geben können. Und was für das Verhältnis von Verfassung und Gesetz gilt, gilt Kelsen zufolge auch für die weiteren Stufen, etwa für die Verordnungsgebung, die sich im Rahmen der gesetzlichen Vorgaben halten muss, oder noch stärker für die Anwendung des Gesetzes auf einen Einzelfall. Abstrakter gesprochen:

»Das Verhältnis zwischen einer höheren und einer niederen Stufe der Rechtsordnung, wie zwischen Verfassung und Gesetz oder Gesetz und richterlichem Urteil, ist eine Relation der Bestimmung oder Bindung; die Norm höherer Stufe regelt [...] den Akt, durch den die Norm tieferer Stufe erzeugt wird [...] Diese Bestimmung ist aber niemals eine vollständige. Die Norm höherer Stufe kann den Akt, durch den sie vollzogen wird, nicht nach allen Richtungen hin binden. Stets muß ein bald größerer, bald geringerer Spielraum freien Ermessens bleiben, so daß die Norm höherer Stufe im Verhältnis zu dem sie vollziehenden Akt der Normerzeugung oder Vollstreckung immer nur den Charakter eines durch diesen Akt auszufüllenden Rahmens hat.« (RR[1] 90 f./101; RR[2] 346 f./597 f.)

Da für Kelsen jede Rechtsanwendung stets zugleich ein Stück Rechtserzeugung und damit einen schöpferischen Akt darstellt, ist die auf dem Weg der Rechtsanwendung erfolgende (authentische) Interpretation teils Erkenntnis-, teils Willensakt, mithin Kognition und Dezision zugleich. Die Anwendung des auf höherer Stufe vorgegebenen Rechts impliziert die Erzeugung neuen Rechts. Adolf Julius Merkl hat das plastisch als »doppeltes Rechtsantlitz« bezeichnet. Entgegen vielfachen Missverständnissen steht Kelsen also einer begriffsjuristischen Vorstellung von Rechtsanwendung als einem rein logischen, wertungsfreien, syllogistischen Schlussverfahren denkbar fern. Die Subsumtionsthese wird von ihm gerade nicht vertreten, sondern entschieden bekämpft.[201] Seine Einordnung als Vertreter der Begriffsjurisprudenz geht vollständig in die Irre und wird von ihm explizit abgelehnt (RR[1] 99/109; RR[2] 353/607 f.). Er selbst hat sich aufgrund seiner ausgeprägten Skepsis gegenüber der disziplinierenden Kraft der gängigen Interpretationsmethoden eher der Freirechtsschule zugeordnet und die These vertreten, die Reine Rechtslehre habe eine der »Hauptpositionen der Freirechtsschule: die Behauptung, daß die sogenannte Gesetzesvollziehung durch Gerichte und Verwaltung wahre Rechtsschöpfung sei, allererst theoretisch fundiert« (Kelsen 1929, 1726).

Somit weist Kelsen jegliche Objektivitätsillusion und »Eindeutigkeitsfiktion« (RR² 354/609) weit von sich. Für ihn kann Interpretation nicht mehr heißen als die Feststellung eines Rahmens, innerhalb dessen es mehrere Möglichkeiten der Konkretisierung der höheren Norm gibt (Paulson 1992b, 414 ff.). Um ein Beispiel zu geben:

> »Daß ein richterliches Urteil im Gesetz begründet ist, bedeutet in Wahrheit nichts anderes, als daß es sich innerhalb des Rahmens hält, den das Gesetz darstellt, bedeutet nicht, daß es *die*, sondern nur, daß es *eine* der individuellen Normen ist, die innerhalb des Rahmens der generellen Norm erzeugt werden können.« (RR¹ 95/105; RR² 349/601)[202]

Aber, das ist zu beachten: Kelsen bezieht sich eben nicht allein auf die Rechtsinterpretation durch gerichtliche oder behördliche Instanzen, sondern bezieht die verschiedenen Stufen der Rechtsordnung mit ein, insbesondere das Verhältnis zwischen Verfassung und Gesetzgeber:

> »So wenig wie man aus der Verfassung durch Interpretation die allein richtigen Gesetze, kann man aus dem Gesetz durch Interpretation die allein richtigen Urteile gewinnen. Gewiß besteht ein Unterschied zwischen diesen beiden Fällen, aber er ist nur ein quantitativer, kein qualitativer, und er besteht nur darin, daß die Bindung des Gesetzgebers in materieller Hinsicht eine viel geringere ist als die Bindung des Richters, daß jener bei der Rechtsschöpfung verhältnismäßig viel freier ist als dieser. Aber auch dieser ist ein Rechtsschöpfer und auch er ist bei dieser Funktion relativ frei.« (RR² 350 f./604; ganz ähnlich schon RR¹ 98 f./108)

Daraus ergibt sich zwingend, dass es bei der interpretatorischen Anwendung einer Norm in der Regel eine einzige richtige Entscheidung nicht geben kann.[203] Diese Vorstellung, die in der traditionellen Rechtswissenschaft verbreitet war und teilweise auch in der modernen noch nicht ganz verschwunden ist, lehnt Kelsen explizit ab (RR¹ 95 f./105 f.; RR² 349 f./601 f.).

b) Authentische und rechtswissenschaftliche Interpretation

Wie kann nun aber, wenn Rechtsanwendung stets diesen schöpferischen, voluntaristischen, subjektiven, ja durchaus auch politischen Charakter aufweist, die Reinheit der Rechtswissenschaft mit ihrem Anspruch auf neutral-objektive Beschreibung der Rechtsordnung bewahrt bleiben? Wenn es (fast) immer mehrere Möglichkeiten der Auslegung gibt und zwischen den Varianten eine rationale Auswahl letztlich unmöglich ist, wie soll dann eine wissenschaftliche Auslegungsarbeit möglich oder konzeptualisierbar sein? Hier kommt nun die Unterscheidung zwischen authentischer und rechtswissenschaftlicher Interpretation ins Spiel (knapp, aber präzise Kelsen 1953, 150 ff.).

Unter der *authentischen Interpretation* versteht Kelsen jegliche »Rechtsinterpretation durch das rechtsanwendende Organ« (RR[2] 351/606). Diese zeichnet sich dadurch aus, dass sie durch die Entscheidung (neues) Recht schafft. Das gilt für Behörden, Gerichte und natürlich auch den Gesetzgeber gleichermaßen. Die reale Rechtsgestaltung liegt Kelsen zufolge ganz und gar allein in der Hand der Rechtsinstanzen, also vornehmlich der Gerichte und Behörden. Deren Entscheidungen sind Akte authentischer Interpretation, weil diese als rechtsverbindlich gleichsam Eingang in den Normenkosmos der Rechtsordnung finden. Authentische Interpretation und Rechtsproduktion fallen gewissermaßen ineinander (Merkl 1917, 1184). In Kelsens Worten:

> »In der Anwendung des Rechtes durch ein Rechtsorgan verbindet sich die erkenntnismäßige Interpretation des anzuwendenden Rechtes mit einem Willensakt, in dem das rechtsanwendende Organ eine Wahl trifft zwischen den durch die erkenntnismäßige Interpretation aufgezeigten Möglichkeiten. [...] Durch diesen Willensakt unterscheidet sich die Rechtsinterpretation durch das rechtsanwendende Organ von jeder anderen Interpretation, insbesondere von der Interpretation durch die Rechtswissenschaft.« (RR[2] 351/605 f.)

Diese *rechtswissenschaftliche Interpretation* ist Kelsen zufolge »keine Rechtserzeugung«, sondern »rein erkenntnismäßige Feststellung des Sinnes von Rechtsnormen« (RR[2] 352/607), »reine Erkenntnis« (Kelsen 1953, 150).

»Die Rechtsautorität kann mit ihrer Interpretation das Recht ändern; die rechtswissenschaftliche Interpretation kann aber das Recht ebenso wenig ändern wie die theologische Interpretation die Bibel.« (Kelsen 1953, 151)

Ihr weist er die Aufgabe zu, alle denkbaren Auslegungsvarianten zu ermitteln und diese gleichsam aufzufächern (RR[2] 353/608). Sie soll sich darauf konzentrieren, die »Grenze zwischen positivrechtlich gedeckten und positiv-rechtlich nicht gedeckten Interpretationen zu ziehen sowie die gleichwertigen Interpretationen synoptisch darzustellen« (Hefler 1999, 267), also gewissermaßen ein »Set gleichwertiger Interpretationen« (ebd.) offenzulegen. Die Bevorzugung einer bestimmten Auslegungsvariante soll ihr aber gerade nicht zustehen (Kelsen 1953, 152), da diese zwingend mit bestimmten Wertungsakten oder Willensbetätigungen verbunden wäre (Kelsen 1950, XVI).[204] Der Einfluss der Rechtswissenschaft auf die Rechtspraxis erweist sich somit als eher gering. Anleitende Kraft kann sie für die Entscheidungen der Gerichte und Behörden wohl kaum, für den Gesetzgeber ganz sicher nicht entfalten. Zwar leugnet Kelsen nicht, dass rechtswissenschaftliche Meinungen von gewisser Bedeutung für die authentische Interpretation namentlich der Gerichte sein können. Aber bis das geschieht, hat die rechtswissenschaftliche Interpretation, wie er passenderweise in seinem Kommentar zur UN-Charta schreibt, keinen anderen Status als die Meinung eines beliebigen Bürgers über den Ausgang eines Prozesses (Kelsen 1950, XV f.). Außerdem gibt es keine wirksame Absicherung dagegen, dass sich etwa ein gerichtliches Urteil bei der Anwendung bestimmter Gesetze sogar außerhalb des von der Wissenschaft erarbeiteten Variantenspektrums bewegt: Die nicht weiter anfechtbare Entscheidung eines Rechtsorgans schafft kraft authentischer Interpretation auch dann neues, geltendes Recht, wenn sie »keine der vom Standpunkt der Rechtswissenschaft möglichen Deutungen der anzuwendenden Rechtsnorm darstellt« (Kelsen 1953, 151; vgl. Kelsen 1951, 655; RR^2 352/606).[205] Ohnehin ist kaum vorstellbar, wie die Aufgabe der vollzähligen Aufstellung aller denkbaren Interpretationsvarianten bei auch nur einigermaßen komplexen Normverhältnissen wirklich erfüllt werden könnte (Paulson 1992b, 416). Merkl hat schon früh davon gesprochen, dass die Wissenschaft diese Varianten »wohl regelmäßig auch nur in demonstrativer, nicht in taxativer Aufzählung« (Merkl 1917, 1187) würde darlegen können. Also in einem Wort: Kelsen zeigt vor allem, »was eine rechtswissenschaftliche Interpretation nicht kann« (Mayer 1992, 62).

c) Konsequenzen

Es ist wenig erstaunlich, dass Kelsens Interpretationstheorie weithin auf Verwunderung, ja vehemente Ablehnung gestoßen ist. Man hat, noch relativ moderat, vom Mangel einer brauchbaren Interpretationstheorie gesprochen, schärfer schon von Agnostizismus und überzogenem Skeptizismus, ja von methodologischem Nihilismus.[206] In der Tat ist nicht zu leugnen, dass Kelsens sogenannte Interpretationstheorie ungefähr da aufhört, wo die konkreten Probleme der Auslegung anfangen.[207] Von einer »Fehlstelle« (Jestaedt 2013, 225) ist die Rede. Es scheint geradezu paradox: Kelsen, der angetreten war, die Rechtswissenschaft auf die Höhe einer echten Wissenschaft zu heben, muss offenbar am entscheidenden Punkt, dem der Auslegung und Anwendung des Rechts, kapitulieren. Am Ende steht nicht die triumphale Inthronisation einer rein wissenschaftlichen, methodisch unanfechtbaren Rechtserkenntnis, sondern die Einsicht in die Kontingenz des Rechtsfindungsvorgangs, auf den die Wissenschaft nur äußerst bescheidenen Einfluss nehmen kann – verbindet sich mit deren Ausbreitung möglicher Auslegungsergebnisse doch weder eine exakte Eingrenzung, noch kann man überhaupt sicher sein, dass sich die authentischen Norminterpreten bei ihren Normfindungs- resp. Normsetzungsakten innerhalb des von der Wissenschaft ermittelten Möglichkeitsspektrums halten werden.[208] Die Reine Rechtslehre rettet ihre Wissenschaftlichkeit, so will es scheinen, um ihre Praxisrelevanz, verstanden als direkte Einflussnahme auf die reale Rechtsgestaltung, zu verlieren. Kelsens Auslegungslehre erscheint so als ein »nicht eingelöstes Versprechen« (Jestaedt 2000, 138 f.).

Freilich käme es einem fatalen Missverständnis gleich, Kelsens großes »ignoramus« in Bezug auf die Ergebnisse der Rechtsanwendung und seinen Verzicht auf die Annahme intersubjektiver Verbindlichkeit von Interpretationsakten lediglich als Defizit oder gar als Versagen vor der eigentlichen Aufgabe rechtswissenschaftlicher Arbeit zu begreifen. Denn es ging ihm ja nicht darum, die herrschenden Interpretationsmethoden, von denen er wenig hielt,[209] durch eine bessere juristische Kunstlehre zu übertreffen, sondern den Horizont rechtswissenschaftlicher Tätigkeit abzustecken[210] – und zu unterstreichen, dass es in der Regel keine einzig richtige Lösung bei der Interpretation von Rechtsnormen gibt. Entsprechendes Kritikpotenzial entfaltet sich gerade durch die Offenlegung der beim Interpretationsakt wirksamen volitiven und dezisionistischen, jedenfalls objektiv-rational nicht eingrenzbaren oder steuerbaren Gehalte. Die tiefsitzende Skepsis gegenüber übersteigerten Erwartungen an die wissenschaftliche Anleitbarkeit der Rechtspraxis führt zu massiven Gewissheitsverlusten und zur entsprechenden Marginalisierung der Rolle der Rechtswissenschaft. Doch ist diese reduktionistische Selbstbeschränkung der notwendige Preis des Insistierens auf Wissenschaftlichkeit im Sinne einer an den Naturwissenschaften orientierten Objektivität. Der Reduktionismus ist Konsequenz des wissenschaftlichen Programms. »Kelsens Interpretationslehre erscheint als knapper Anhang seiner Systematik; tatsächlich formuliert jedoch sie die Konsequenzen seines Gesamtansatzes« (Hefler 1999, 264).

Natürlich ist mit der bescheidenen Rolle, die Kelsen der Rechtswissenschaft im konkreten Rechtsetzungsprozess beimisst, eine gravierende »Zurückdrängung der normativen Bedeutung der Rechtswissenschaften« (Möllers 2000, 56) verbunden.[211] Und mit der Selbstbeschränkung der Erklärungs- und Deutungskompetenz einher geht eine Reduktion der Erklärungskompetenz der Juristen und ihrer Rolle im gesamtgesellschaftlichen Rahmen, die manche – wie Kelsen selbst formuliert – für einen »Rangverzicht« (RR[1] VI/5) halten. Vielleicht sind es, wie er weiter mutmaßt, auch die durch seine Lehre bedrohten berufsständischen Interessen der Juristen, die die vehemente Ablehnung seiner Lehre motivieren.

> »Der [Jurist] verzichtet begreiflicherweise nur ungern darauf, zu glauben und die anderen glauben zu machen, daß er mit seiner Wissenschaft die Antwort auf die Frage besitze, wie die Interessenkonflikte innerhalb der Gesellschaft ›richtig‹ zu lösen seien, daß er, weil er das Recht erkennt, auch berufen sei, es inhaltlich zu gestalten, daß er bei seinem Streben, auf die Rechtserzeugung Einfluß zu nehmen, anderen Politikern gegenüber mehr voraus habe als ein bloßer Techniker der Gesellschaft.« (RR[1] Vf./5)

In der Tat gibt es bei Kelsen keine Sinnstiftung und keine Weltdeutung: keine Smend'sche Erfassung des gesamtgesellschaftlichen Integrationsvorgangs in seiner geistigen Totalität und dem Einheitsgefüge der Sinnerlebnisse, auch keine Welterklärungskompetenz à la Carl Schmitt mit (vermeintlich) souveränem Deutungszugriff auf die jeweilige politisch-staatliche Gesamtlage und ihre Entwicklungstendenzen. Für Kelsen ist der Rechtswissenschaftler auch nicht Hüter der Gerechtigkeit oder der Rechtsidee im Sinne autonomer Verwaltung eines universal-ewiggültigen Normbestandes. Ihm wird eine sehr viel bescheidenere Rolle als Deskriptor der jeweiligen Rechtsordnung zugewiesen. Weder deren Legitimierung noch ihre Korrektur ist seine Aufgabe. Und darin mag eine tiefsitzende Kränkung liegen, die die Heftigkeit der Ablehnung und Zurückweisung seiner Lehre erklären könnte. Das »versagungsvolle Sichbeschränken« (Kelsen 1928, 230/86) ist eben nicht jedermanns Sache.

Übersehen sollte man bei alledem nicht die andere Seite der Medaille. Den authentischen Rechtsinterpreten, den Richtern und Verwaltungsbeamten, wird mit Kelsens Lehre unmissverständlich bedeutet, dass sie nicht in neutraler, rein logischer Weise ihnen vorgegebenes Recht lediglich anwenden oder passiv umsetzen. Ihnen wird hingegen klar vor Augen geführt, dass ihre Tätigkeit eine unmittelbar wertsetzende und -realisierende, in diesem Sinn eben eminent ›politische‹ Angelegenheit ist (Kelsen 1951, 660). Die Rechtsanwender können sich nun nicht mehr hinter der bequemen Vorstellung unpolitischer Tätigkeit verbergen. Anders gesagt: Der Entpolitisierung der Rechtswissenschaft korrespondiert die Einsicht in den politischen, nämlich: rechtsschaffenden, rechtserzeugenden, rechtsproduzierenden, Charakter der Rechtsanwendung jeglicher Stufe.[212] Das Wertfreiheitspostulat der Rechtswissenschaft findet sein Komplementum in der Wertsetzungsdelegation an die zur Normanwendung und damit zur Normsetzung berufenen Instanzen der Rechtsordnung. »Damit [...] begeht Kelsen einen doppelten Tabubruch: Er zieht der eigenen Disziplin den Schleier weg, hinter dem diese ungestört politisieren kann, und er nimmt den Rechtserzeugungsorganen umgekehrt die Möglichkeit, sich auf vorgeschobene recht(swissenschaft)liche Bindungen herauszureden, wo politische Entscheidungen zu verantworten und zu begründen sind.« (Jestaedt 2006, 2) Vor allem den Akteuren der authentischen Interpretation wird die Möglichkeit entzogen, ihre Entscheidungen als Ergebnis logischer Deduktion und somit als bloße Erkenntnisprozesse zu präsentieren. So ganz folgen- und wertlos und ohne jeglichen praktischen Nutzen ist seine Interpretationstheorie also nicht.

IV. Die Spätlehre

Kelsens Spätlehre umfasst den Zeitraum nach Fertigstellung der zweiten Auflage seiner *Reinen Rechtslehre* bis zum Ende seiner Publikationstätigkeit, also grob die 1960er Jahre. Den Startschuss gibt ein Briefwechsel mit Ulrich Klug, der im März 1959 – und somit vermutlich nach Beendigung der Arbeit an der zweiten Auflage – beginnt (Kelsen/Klug 1981).[213] Er hat hier einige, zum Teil als gravierend erachtete Revisionen an seinem Lehrgebäude vorgenommen, die in der Zeit danach, insbesondere nach dem postumen Erscheinen der *Allgemeinen Theorie der Normen* im Jahre 1979, international intensiv diskutiert worden sind.[214] Wir beschränken uns auf drei Aspekte: die Behandlung der Normenkonflikte (1.), den normativen Syllogismus (2.) und die Charakterisierung der Grundnorm als Fiktion (3.).[215]

1. Normenkonflikte

Lange Zeit war Kelsen mit der traditionellen Auffassung davon ausgegangen, es zähle zu den Aufgaben der Rechtswissenschaft, Widersprüche in einer Rechtsordnung mittels Interpretation zu beseitigen (GNR 70; RR[1] 135 f./114 f.; Kelsen 1953, 149; RR[2] 76 f., 209 ff./147 f., 368 ff.). In der ersten Auflage der *Reinen Rechtslehre* schreibt er:

»Bieten sich der juristischen Erkenntnis Rechtsnormen dar, die sich ihrem Inhalt nach widersprechen, so bemüht sie sich, diesen Widerspruch durch eine sinnvolle Deutung als bloßen Scheinwiderspruch aufzulösen. Gelingt das nicht, dann scheidet sie das zu deutende Material als sinnlos und daher als in der Rechtssphäre [...] nicht existent aus.« (RR[1] 136/145)

Noch in der zweiten Auflage der *Reinen Rechtslehre* heißt es nicht minder klar:

»Daher können logische Prinzipien im allgemeinen und daher kann der Satz vom Widerspruch im besonderen auf Rechtsnormen beschreibende Rechtssätze und sohin indirekt auch auf Rechtsnormen angewendet werden.« (RR[2] 210/369)[216]

Von diesem Grundsatz, zu dessen Stütze sich Kelsen auf die Überlegung beruft, dass Rechtserkenntnis von der Annahme ausgehe, das Recht als eine widerspruchslose Einheit zu begreifen, nimmt er in seiner Spätlehre deutlich Abstand,[217] ja es kommt zu einem »schroffen Bruch« (Wiederin 2009, 357). Einer der Hauptgründe ist die in der *Reinen Rechtslehre* herausgestellte Differenz zwischen den vorschreibenden Rechtsnormen und den diese lediglich beschreibenden Rechtssätzen. Daraus werden jetzt sehr viel unmissverständlicher als zuvor Konsequenzen gezogen.[218] Nun heißt es:

»Die fundamentale Voraussetzung der auf die Wahrheit von Aussagen bezogenen Prinzipien der traditionellen Logik ist, daß es wahre und unwahre Aussagen gibt, das heißt: daß es Aussagen gibt, die die Eigenschaft haben, wahr oder unwahr zu sein. Aussagen, die wahr oder unwahr sind, sind der Sinn von Denkakten. Normen aber sind der Sinn von auf das Verhalten anderer gerichteter Willensakte und sind als solche weder wahr noch unwahr und daher den Prinzipien der traditionellen Logik nicht unterworfen, sofern diese auf Wahrheit oder Unwahrheit bezogen sind.« (ATdN 166)

Geht es also um einen Konflikt zwischen zwei Normen, von denen die eine sagt: Wenn A, dann x, und eine andere, die sagt: Wenn A, dann nicht-x, so haben wir einen Widerspruch zwischen diesen beiden Normen, der sich nicht durch die Anwendung logischer Prinzipien aus der Welt schaffen lässt.[219]

»Ein Normenkonflikt liegt vor, wenn die eine Norm ein bestimmtes Verhalten, die andere die Unterlassung dieses Verhaltens als gesollt setzt. Im Falle eines solchen Normenkonfliktes kann aber nicht behauptet werden, daß wenn die eine der beiden Normen gilt, die andere ungültig sein muß, so wie im Falle eines logischen Widerspruchs, wenn die eine Aussage wahr ist, die andere unwahr sein muß. Im Falle eines Normenkonfliktes sind beide Normen gültig; andernfalls läge kein Normenkonflikt vor. Keine der beiden in Konflikt stehenden Normen hebt die Geltung der anderen auf.« (ATdN 168)[220]

Früher hatte Kelsen darauf bestanden, die Logik verlange, dass eine der beiden konfligierenden Normen ungültig sein müsse, nun statuiert er die Gültigkeit beider. Zwar kennt die Rechtsordnung bestimmte Vorkehrungen, die solche Konflikte zu vermeiden helfen, wie den Satz *lex posterior derogat legi priori* oder den Satz *lex superior derogat legi inferiori*. Aber da diese Regeln nach Auffassung der Reinen Rechtslehre nur gelten, wenn sie in der Rechtsordnung auch verankert sind, und sich Normenkonflikte zeitgleich auf der gleichen Normebene denken lassen, ist ein Fall des Normenkonflikts, bei dem beide Normen gelten, durchaus denkbar: »ungelöste Normkonflikte sind eine gar nicht seltene Tatsache.« (ATdN 169)[221] Der Rechtswissenschaft als einer nicht norm-setzenden, sondern norm-beschreibenden Disziplin bleibt nur die Aufgabe, diesen Sachverhalt des Bestehens eines Normkonflikts zu konstatieren (Kelsen 1965, 1478). Zwei sich widersprechende Normen können beide gelten. Denn widersprüchlich ist nicht die Beschreibung dieses Umstands, sondern das Objekt der Beschreibung: das positive Recht (vgl. ATdN 168, 177 f.). Schlicht gesagt: Normenkonflikte können nicht durch die Logik, sondern nur durch positivierte Rechtsregeln gelöst werden (Schmidt 1992, 89 ff.; Walter 1999, 31 f.).[222]

2. *Normativer Syllogismus*

Der Syllogismus der traditionellen Aussagenlogik hat, um ein beliebtes Standardbeispiel zu nehmen, die bekannte Form:

1. Alle Menschen sind sterblich.
2. Sokrates ist ein Mensch.
3. Also ist Sokrates sterblich.

Die Kelsen bewegende Frage ist nun, ob dieser Aussagensyllogismus (auch: theoretischer Syllogismus) auf Normen direkt oder indirekt anwendbar ist, ob es also einen vergleichbaren normativen Syllogismus gibt. In der *Reinen Rechtslehre* tendierte Kelsen noch zu diesem Gedanken, in seiner Spätlehre lehnt er ihn ab. Freilich und wohlgemerkt: nur für die Normen selbst, nicht für die Rechtswissenschaft, die diese Normen beschreibt. Denn da es sich hier um Denkprozesse handelt, müssen die Regeln der Logik und somit auch die der logischen Schlussfolgerung zweifelsohne in der Rechtswissenschaft Platz greifen. Anders bei den Normen selbst, konkret bei der Frage, »ob das Verhältnis zwischen einer generellen Moral- oder Rechtsnorm und der individuellen Norm, in der sie auf einen konkreten Fall angewendet wird, den Charakter einer logischen Schlußfolgerung hat, das heißt: ob die Geltung dieser individuellen Norm im Wege einer logischen Schlußfolgerung erzielt wird« (ATdN 180). Diese Frage verneint Kelsen nun klipp und klar (ATdN 184 ff.),[223] weil der theoretische Syllogismus sich vom normativen Syllogismus eklatant unterscheide:

»Die Geltung der individuellen Norm kann nicht in der Geltung der generellen Norm und der Wahrheit der Aussage impliziert sein, weil die

Geltung einer Norm durch den Willensakt bedingt ist, dessen Sinn sie ist, während in dem theoretischen Syllogismus die Wahrheit der individuellen Aussage in der Wahrheit der generellen Aussage darum impliziert sein kann, weil die Wahrheit einer Aussage nicht durch den Denkakt bedingt ist, dessen Sinn sie ist. Da sich zwischen die Geltung der generellen Norm und die Geltung der ihr entsprechenden individuellen Norm ein Willensakt einschieben muß, dessen Sinn die individuelle Norm ist, kann die Geltung der individuellen Norm nicht logisch, d.h. im Wege einer Denkoperation, folgen wie die Wahrheit einer individuellen Aussage aus der Wahrheit der generellen Aussage folgt, der die individuelle Aussage entspricht. Zwischen der generellen und der ihr entsprechenden individuellen Norm besteht überhaupt keine unmittelbare, sondern nur eine mittelbare, durch den Willensakt, dessen Sinn die individuelle Norm ist, vermittelte Beziehung.« (ATdN 186f.)

Kelsen verschärft hier also den Gegensatz zwischen den Willensakten der Normsetzung und den Denkakten der Rechtswissenschaft. Konkret bedeutet das: Wenn ein Richter den Denkprozess, der von der generellen Norm (Diebe sollen bestraft werden) zur konkret-individuellen Norm (A hat gestohlen und soll also bestraft werden) führt, vollzogen hat, ist damit noch immer nicht das entsprechende Urteil gefällt. Dazu bedarf es eines Willensaktes des Richters (Walter 1992a, 18). Denn womöglich sieht er davon ab: weil er die Diebstahlsnorm ablehnt oder Sympathie mit dem Dieb hat oder bestochen worden ist. Anders gesagt: Ein bloßer Denkakt kann eben keine Rechtsnorm hervorbringen (ATdN 132ff.). Der individuelle Willensakt des Richters, der ein Urteil spricht, kann Kelsen zufolge »nicht in dem Willensakt impliziert sein, dessen Sinn die generelle Norm ist, da dies zwei völlig verschiedene Willensakte sind« (ATdN 188).

Außerdem: Nicht der Denkakt, wie ihn die Rechtswissenschaft allein durchführen und wie ihn auch der Richter nachvollziehen muss, sondern erst der Willensakt der Setzung der individuellen Norm führt zur Bestrafung des Diebes. Darin liegt die fundamentale Differenz zwischen Lehrbuch und Gesetzbuch (Kelsen 1965, 1491 f.).

3. Grundnorm als Fiktion

Auch bei der Grundnorm scheint Kelsen einen entschiedenen Kurswechsel vorzunehmen. Er hatte sie jahrzehntelang als Hypothese, als Annahme, als eine Voraussetzung im Denken, mithin als Denkakt begriffen.[224] Nun verwirft er diesen Ansatz (ATdN 203 ff.). Bei einem dem »Naturrecht in der politischen Theorie« gewidmeten Symposion in Salzburg 1962[225] formuliert er geradezu dramatisch:

> »Ich habe in meinen früheren Schriften von Normen gesprochen, die nicht der Sinn von Willensakten sind. Meine ganze Lehre von der Grundnorm habe ich dargestellt als eine Norm, die nicht der Sinn eines Willensaktes ist, sondern die im Denken vorausgesetzt wird. Nun muß ich Ihnen leider gestehen, meine Herren, daß ich diese Lehre nicht mehr aufrechterhalten kann, daß ich diese Lehre aufgeben mußte. Sie können mir glauben, daß es mir durchaus nicht leicht war, eine Lehre aufzugeben, die ich durch Jahrzehnte vertreten habe.«[226]

Aber tatsächlich gibt er die Grundnorm gar nicht auf, er formuliert sie lediglich um. Sie soll jetzt keine Hypothese mehr sein, sondern eine Fiktion:

> »Ich mußte meine Lehre von der Grundnorm in ihrer Darstellung modifizieren. Es kann nicht bloß gedachte Normen geben [...]. Was man sich bei der Grundnorm denkt, ist die Fiktion eines Willensaktes, der realiter nicht besteht.«[227]

Hintergrund ist der in der *Allgemeinen Theorie* des öfteren zum Ausdruck gebrachte Grundsatz: »Kein Imperativ ohne Imperator!« (Jabloner 1988) Normen beruhen danach auf realen Willensakten. Einen solchen realen Willensakt kann es aber bei der Grundnorm nicht geben. Also gilt:

»Die Grundnorm [...] ist [...] keine positive, sondern eine bloß gedachte, und das heißt eine fingierte Norm, der Sinn nicht eines realen, sondern eines bloß fingierten Willensaktes.« (ATdN 206)

Man kann das »dramatisch« (Wiederin 2009, 359) nennen, und natürlich ist die Änderung insofern gravierend, als Kelsen die Grundnorm nun den Normen zuschlägt (und nicht mehr nur als Voraussetzung der Normerkenntnis begreift). Und Normen, so das Dogma der Spätlehre, beruhen auf Willensakten. Dieser Willensakt muss nun bei der Grundnorm fingiert werden.

Aber ist der Wandel letztlich wirklich so drastisch, der Umbruch so bedeutend? Immerhin scheint der Zweck der Grundnorm gleich geblieben zu sein, wenn Kelsen dazu schreibt:

»Der Denkzweck der Grundnorm ist: die Begründung der Geltung der eine positive [...] Rechtsordnung bildenden Normen, das ist die Deutung des subjektiven Sinnes der diese Normen setzenden Akte als deren objektiven Sinn, das heißt aber als gültige Normen, und der betreffenden Akte als norm-setzende Akte.« (ATdN 207)

Insofern hat sich also nicht viel geändert.[228] Und gleichviel, ob Hypothese oder Fiktion: Im einen wie im anderen Fall handelt es sich bei der Grundnorm um eine Annahme, eine Unterstellung, eine künstliche Konstruktion, der allerdings die zentrale Funktion zukommt, die Rechtsordnung als eine objektiv gültige deuten zu können. Von daher würde ich der Einschätzung zustimmen, dass es »aus Sicht der Rechtstheorie keine Rolle [spielt], ob man sie als transzendental-logische Bedingung der Rechtserkenntnis, als Hypothese oder als Fiktion [...] qualifiziert« (Jestaedt 2011, 303). Mit anderen Worten: Den Wechsel von der Hypothese zur

Fiktion kann man als »change in terminology, not in substance« (Bindreiter 2000, 39) einstufen.[229]

Insgesamt sind die Veränderungen, die Kelsen in seiner Spätlehre vorgenommen hat, also weniger gravierend und dramatisch zu bewerten, als sie manchmal in der Literatur dargestellt oder von Kelsen selbst präsentiert wurden.

V. Fazit

Kelsens kritischer Rechtspositivismus zielt mit aller Konsequenz nicht nur auf ein Höchstmaß an Objektivität und Rationalität, sondern auch auf größtmögliche Distanz zu seinem Gegenstand, dem positiven Recht. Schon die Hypothese oder Fiktion der Grundnorm ist nicht zwingend, sondern wird als Annahme begriffen, die man zugrunde legen (und auf dieser Basis das Recht beschreiben) kann oder eben auch nicht. Staat und Recht sind bei ihm ohne jede Aura (Ehs/Neisser 2017), ja sie werden im Grunde profaniert (Dreier 1986, 223 ff.). Die Entmythologisierung des Rechts ist das zentrale Ziel (Ebenstein 1971), seine eindeutige Dechiffrierung als Menschenwerk stets präsent. Die Rechtswissenschaft hat keine Rechtserzeugungsfunktion, sie hat nur eine Rechtsbeschreibungsfunktion. Sie soll das positive Recht nicht legitimieren und auch nicht delegitimieren, sondern beschreibend erfassen – mit dem kühlen Blick des Pathologen (Adomeit 1973, 130). Denn das Recht kann jeden noch so unsittlichen oder verwerflichen Inhalt annehmen. Ob man diesem Recht allerdings gehorchen oder dagegen revoltieren sollte, das überlässt Kelsen dem selbstverantwortlichen Urteil des Einzelnen. Überall ist Distanzierung das Ziel, wissenschaftliche Objektivität der Anspruch. Das Unrecht wird entmoralisiert und schrumpft auf einen Sammelbegriff für sanktionsauslösendes Verhalten zusammen. Möglichst hoher Objektivität dient die Differenzierung zwischen Rechtsnormen und Rechtssätzen ebenso wie die Unterscheidung der authentischen von der rechtswissenschaftlichen Interpretation. Das Kränkungspotential seiner These von der bescheidenen Rolle der Rechtswissenschaft für die Rechtspraxis entgeht ihm nicht, den damit verbundenen Bedeutungsverlust der Rechtswissenschaft nimmt er in Kauf. Insgesamt erscheint eine Rechtstheorie, die größere Distanz zwischen dem Individuum und der Rechtsordnung zuließe, nur schwer vorstellbar. An diesem grundsätzlichen Befund hat auch Kelsens Spätlehre nichts geändert.

Teil 4: Kelsens Demokratietheorie

I. Kelsen als Demokratietheoretiker – und als Demokrat

Hans Kelsen war Rechtspositivist und Demokrat (Dreier 2021) – keine ganz seltene Verbindung, wenn man etwa an Gerhard Anschütz oder Richard Thoma, seine Staatsrechtslehrerkollegen aus der Zeit der Weimarer Republik, denkt. Dass er persönlich ein überzeugter Demokrat war, »a democrat through and through« (Schuett 2021, 111), unterliegt keinem Zweifel.[230] Dabei hat er seine gleichsam private Favorisierung der Demokratie stets von seinen wissenschaftlichen Positionen getrennt. In *Wesen und Wert* betont er an einer Stelle:

> »Wenn ich mich *für* die Demokratie entscheide, geschieht es ausschließlich aus Gründen, die im letzten Kapitel dieser Arbeit entwickelt sind: aus der Beziehung der *demokratischen Staatsform* zu einer *relativistischen Staatsanschauung*.« (WuW 118 Fn. 40/218 Fn. 40)

Allerdings hat er es nicht bei einem bloßen Bekenntnis zur Demokratie belassen, wie etwa seine zahlreichen Aktivitäten bei der Schaffung und Interpretation der österreichischen Verfassung von 1920 zeigen.[231] Des weiteren sind in diesem Zusammenhang seine Tätigkeiten im Rahmen der Wiener Volksbildung hervorzuheben, in der er sich von 1910 bis in die späten 1920er Jahre engagierte.[232] Er war also nicht nur »einer der unbestechlichen Analytiker der modernen Demokratie«, sondern »zugleich deren Anwalt, deren Verteidiger, deren Parteigänger« (Jestaedt/Lepsius

2006, XXVII). Er gehörte zu den »klügsten und reflektiertesten Verteidigern der Demokratie« (Hacke 2018, 212). In seinem eindrucksvollen Aufsatz zur *Verteidigung der Demokratie* zählte er sich selbst zu denjenigen, die in »Treue und Dankbarkeit« zu dieser Staatsform stehen (Kelsen 1932, 231).

Im folgenden soll es hingegen vornehmlich um den Demokratietheoretiker Kelsen gehen, dessen einschlägige Schriften weit mehr als nur »Beiwerk« (Lenk 1992, 116) zu seinen juristischen Werken sind. Doch waren sie lange Zeit wenig beachtet worden und zuweilen gänzlich hinter dem Rechtstheoretiker Kelsen verschwunden. Das hat sich mittlerweile deutlich geändert. Seine demokratietheoretischen Publikationen, insbesondere *Vom Wesen und Wert der Demokratie* in der zweiten Auflage von 1929 (WuW), werden in der Rechtswissenschaft mittlerweile wieder stark rezipiert.[233] Und nicht nur dort. Auch in der Politikwissenschaft und von Seiten der politischen Philosophie lässt sich seit einiger Zeit eine steigende Aufmerksamkeit für den Demokratietheoretiker Kelsen feststellen.[234] Die Modernität, ja: die derzeitige Aktualität Kelsens ergibt sich gerade daraus, dass er in Zeiten schrieb, in denen nicht nur unter den Staatsrechtslehrern massive Vorbehalte gegen Parlamentarismus, Pluralismus und die dominante Rolle der politischen Parteien bestanden, sondern die Demokratie als Staatsform in eine stärker werdende Krise geriet. Gewisse Parallelen zur heutigen Lage dürften nicht von der Hand zu weisen sein. Kelsen jedoch verteidigte unermüdlich diese Strukturelemente einer modernen, freiheitlichen Verfassungsordnung und sprach eindringlich davon, dass der Parlamentarismus die »einzige reale Form ist, in der die Idee der Demokratie innerhalb der sozialen Wirklichkeit von heute erfüllt werden kann« (WuW 27/175); dass diese Demokratie »notwendig und unvermeidlich ein *Parteienstaat*« sein müsse (WuW 20/167); und dass diese Demokratie auf der Basis eines vielgestaltigen gesellschaftlichen Pluralismus mit entsprechender Vielfalt der Interessen nur möglich sei, wenn ein Ausgleich zwischen den Positionen durch »Erzielung eines *Kompromisses*« (WuW 57/196) im Zuge parlamentarischer Verhandlungen gefunden werde.

Kelsens Demokratietheorie soll zunächst ganz vorwiegend anhand seiner Schrift *Vom Wesen und Wert der Demokratie* rekonstruiert werden.[235] Diese hat man als »his most iconic and popular work« (Lagi 2021, 1) bezeichnet und zu Recht als »eine der großen Demokratiebegründungsschriften überhaupt« (Boldt 1986, 217) eingestuft. Ihren »Klassikerstatus« (Dreier 1997, 79/68) verdankt sie vor allem der Klarheit und Prägnanz der Darstellung sowie ihrer souveränen Eleganz bei der Problementfaltung[236] (dazu II.). Danach werden wir einige kritische Nachfragen an diese Theorie richten und dabei ihre Fortentwicklung in Kelsens späteren Schriften berücksichtigen (III.).

II. Grundzüge der Demokratietheorie

1. Ausgangspunkt: Freiheit des Individuums

Seinen argumentativen Ausgangspunkt nimmt Kelsens Demokratietheorie nicht beim Kollektivsubjekt Volk, sondern bei der Idee der Freiheit des Einzelnen, bei dessen Autonomie und dem Gedanken seiner Selbstbestimmung.[237] »Anders als Carl Schmitt fundiert Kelsen die Demokratie also nicht in der (substantiellen) Gleichheit, sondern in der individuellen Freiheit.« (Lepsius 2000, 408)[238] Diese Freiheit als »Grundprinzip der Demokratie« (WuW 14/162), ja »ewige Grunddominante« (WuW 28/175) ist der zentrale Fixpunkt.[239] Sie wendet sich gegen die »Qual der Heteronomie« (WuW 3/154) und hält dem staatlichen Gehorsamsanspruch mit Zwangsandrohung die Frage entgegen: »Er ist ein Mensch wie ich, wir sind gleich! Wo ist also sein Recht, mich zu beherrschen?« (Ebd.; AS 321/754)

Freilich, das macht Kelsen rasch klar, gilt unumstößlich: Jede Form staatlicher Organisation setzt Herrschaft voraus (AS 321/754; Zeleny 2015, 531). Auch Demokratie bedeutet Herrschaft. Aber der demokratische Gedanke fordert, dass wir nur von uns selbst beherrscht sein wollen:

»Von der *natürlichen* Freiheit löst sich die soziale oder *politische* Freiheit ab. Politisch frei ist, wer zwar untertan, aber nur seinem eigenen, keinem fremden Willen untertan ist.« (WuW 4/155)

Die individuelle Autonomie wandelt sich zu einer Form kollektiver Selbstbestimmung: »Aus der Freiheit der *Anarchie* wird die Freiheit der *Demokratie*.« (WuW 6/156)

2. Metamorphosen der Freiheit

a) Majorität, nicht Einstimmigkeit

Dieser Wandlungsprozess von der natürlichen Freiheit des Einzelnen hin zur politischen Selbstbestimmung ist die erste von mehreren »Metamorphose[n]« (WuW 8, 14, 24/158, 162, 173), denen der demokratische Freiheitsgedanke unterworfen ist. Die zweite Metamorphose betrifft den Übergang zum Majoritätsprinzip (vgl. Dreier 1997, 83f./72f.; Zeleny 2015, 532f.). Denn eine vollständige Kongruenz von Autonomie und Heteronomie wäre nur zu realisieren, wenn alle Entscheidungen einstimmig getroffen werden müssten. Eine derartige Regelung hält Kelsen allerdings in realistischer Analyse und »bei der erfahrungsmäßigen Gegensätzlichkeit der Interessen für [...] indiskutabel« (WuW 7/157). Es muss also zur Ablösung des Einstimmigkeitserfordernisses durch das Mehrheitsprinzip kommen, dessen Rechtfertigung Kelsen eben darin erblickt, »daß – wenn schon nicht alle – so doch möglichst viel Menschen frei sein, d.h. *möglichst wenig Menschen mit ihrem Willen in Widerspruch zu dem allgemeinen Willen der sozialen Ordnung geraten sollen*« (WuW 9f./159). Und da qualifizierte Mehrheitserfordernisse – wie etwa die Zweidrittelmehrheit – der Minderheit eine Vetoposition verleihen würden, mit der der Wille der Mehrheit blockiert wäre, erscheint ihm das Erfordernis absoluter, nicht etwa besonders qualifizierter Majorität als die *»relativ größte Annäherung an die Idee der Freiheit«* (WuW 9/159).

Mehrheit wird allerdings nicht als statische Größe begriffen, sondern als eine entwicklungsoffene, dynamische, die sich im Prozess fortdauernder politischer Willensbildung auch wieder ändern kann. Anders gesagt: Um Mehrheit und Minderheit muss in der Demokratie permanent gerungen werden.

»Denn wer sich nur auf irdische Wahrheit stützt, wer nur menschliche Erkenntnis die sozialen Ziele richten läßt, *der kann den zu ihrer Verwirklichung unvermeidlichen Zwang kaum anders rechtfertigen als durch die Zustimmung wenigstens der Mehrheit derjenigen, denen die Zwangsordnung zum Heile gereichen soll.* Und diese Zwangsordnung darf nur so beschaffen sein, daß auch die Minderheit, weil nicht absolut im Unrecht, nicht absolut rechtlos, jederzeit zur Mehrheit werden kann.« (WuW 102f./227)

b) Volksbegriff

Diese Mehrheitsentscheidungen trifft das Volk. Aber wer ist das Volk? Während etwa für Carl Schmitt der substantiellen Homogenität des Volkes und dessen Gleichartigkeit zentrale Bedeutung zukommt (Schmitt 1928, 228ff.), rückt Kelsen die reale Gespaltenheit des Volkes und dessen pluralistische Struktur ins Zentrum: »Von nationalen, religiösen und wirtschaftlichen Gegensätzen gespalten, stellt es – seinem soziologischen Befunde nach – eher ein Bündel von Gruppen als eine zusammenhängende Masse eines und desselben Aggregatzustandes dar.« (WuW 15/163) Kelsen definiert das Volk »as a complex, articulated, pluralistic reality« (Lagi 2021, 22). Von der Einheit des Volkes könne nur in einem juristisch-normativen Sinne die Rede sein: als

Einheit der Rechtsordnung, unter der die Menschen leben (vgl. Lepsius 2009, 74; Lagi 2021, 35; Schmerfeld 2024, 99f.). Obwohl nun Demokratie letztlich auf dem Gedanken beruht, dass die dem Recht Unterworfenen auch und zugleich die Autoren dieses Rechts sein sollten (AS 326/764), macht Kelsen doch auf die große Differenz aufmerksam, die zwischen beiden Personenkreisen besteht.

> »Das Volk als Inbegriff der politisch Berechtigten stellt auch in einer extremen Demokratie nur einen kleinen Ausschnitt des Kreises der durch die staatliche Ordnung Verpflichteten, des Volkes als Objekt der Herrschaft dar.« (WuW 17/164)

Naheliegende Beispiele für entsprechende Beschränkungen der politischen Mitwirkung sind das Mindestwahlalter, ein fehlendes Frauenwahlrecht oder die Staatsangehörigkeit als Voraussetzung des Wahl- und Stimmrechts. Man muss also – nächster Wandlungsprozess – bei der Bestimmung des Volkes als Herrschaftssubjekt den Inbegriff aller Herrschaftsunterworfenen durch den engeren Kreis der politisch Berechtigten ersetzen und dann noch in Rechnung stellen, dass bei weitem nicht alle Berechtigten ihre Rechte auch tatsächlich ausüben.

c) Verbandsbildung, insbesondere politische Parteien

Doch auch damit hat es noch nicht sein Bewenden. Denn die Entscheidungen, die die von ihren Rechten Gebrauch machenden Personen treffen, lassen sich nicht adäquat als Ergebnis einer Addition vollständig partikularisierter Individuen begreifen. Vielmehr sind hier soziale Organisationen und insbesondere festgefügte Verbände in Rechnung zu stellen, die gleichgesinnte Personen zu mehr oder minder schlagkräftigen Gruppen zusammenfassen, ihre Interessen bündeln und im politischen Prozess vertreten. Der soziale und politische Pluralismus ist für Kelsen ein unbezweifelbares Faktum (vgl. Lepsius 2009, 84). Für den im engeren Sinn politischen Bereich der staatlichen Willensbildung kommt den politischen Parteien eine herausragende Bedeutung zu (WuW 19ff./165ff.; vgl. Baume 2018, 1ff.; Lagi 2021, 36ff., 72). Bei aller Anerkennung Rousseaus[240] ist Kelsen dessen Perhorreszierung intermediärer Gewalten also ganz fremd (so auch Tkaczyński 2008, 113f.). Denn, wie er einmal mehr in klarer Erkenntnis der realpolitischen und realsoziologischen Umstände schreibt:

»Daß das isolierte Individuum politisch überhaupt keine reale Existenz hat, da es keinen wirklichen Einfluß auf die Staatswillensbildung gewinnen kann, daß also Demokratie ernstlich nur möglich ist, wenn sich die Individuen zum Zwecke der Beeinflussung des Gemeinschaftswillens unter dem Gesichtspunkt der verschiedenen politischen Ziele zu Gemeinschaften *integrieren*, so daß sich zwischen das Individuum und den Staat jene *Kollektiv*gebilde einschieben, die als politische Parteien die gleich gerichteten Willen der Einzelnen zusammenfassen: das ist offenkundig.« (WuW 20/166f.)

So erklärt sich Kelsens Forderung nach verfassungsmäßiger Verankerung der politischen Parteien und ihrer Anerkennung als Organe der politischen Willensbildung ebenso wie seine prägnante These, die Demokratie sei »notwendig und unvermeidlich ein *Parteienstaat*« (WuW 20/167). Und hochaktuell mutet seine – in den 1920er Jahren! – erhobene Forderung nach einer inneren demokratischen Struktur der gesellschaftlich mächtigen und für die Staatswillensbildung zentralen politischen Parteien an (WuW 23f./172; AS 351/825), wie sie nach dem Zweiten Weltkrieg in Art. 21 Abs. 1 Satz 3 des Grundgesetzes fixiert wurde.[241]

d) Parlamentarische Repräsentation

Doch die Reihe der Metamorphosen geht noch einen entscheidenden Schritt weiter. Denn in modernen Großflächenstaaten werden die allermeisten politischen Sachentscheidungen nicht von den Bürgern selbst, sondern von ihren Repräsentanten getroffen (WuW 26 ff./174 ff.). Kelsen fasst den Tatbestand klar ins Auge (WuW 25/173):

> »Die Demokratie des modernen Staates ist die *mittelbare*, die *parlamentarische Demokratie*, in der der maßgebende Gemeinschaftswille nur von der Mehrheit jener gebildet wird, die von der Mehrheit der politisch Berechtigten *gewählt* werden.«

Mit anderen Worten: Die politische Selbstbestimmung verdünnt sich zum Stimmrecht. Indem Kelsen diesen Vorgang als letztlich unausweichlich begreift, setzt er sich in scharfen Gegensatz zu Rousseau, der im Repräsentativsystem nur eine verkappte Form der Knechtschaft erblickte. Dem Idealbild einer Versammlungsdemokratie setzt Kelsen die nüchterne Beobachtung entgegen, dass in modernen Großflächenstaaten wegen der »Kompliziertheit der sozialen Verhältnisse« (WuW 30/176) die unmittelbare Demokratie als Grund- oder Regelform staatlicher Willensbildung »praktisch unmöglich [und] der Parlamentarismus die einzige reale Form ist, in der die Idee der Demokratie innerhalb der sozialen Wirklichkeit von heute erfüllt werden kann« (WuW 27/175). Letztlich erblickt er in der parlamentarischen Repräsentation ein Element notwendiger Arbeitsteilung, genauer gesagt: einen Kompromiss zwischen der Freiheitsidee und dem Prinzip der Arbeitsteilung (WuW 33/178). Seine Favorisierung des Proportionalwahlsystems erklärt sich daraus, dass es – anders als das Mehrheitswahlrecht – sicherstellt, dass alle Wähler der gleichen politischen Überzeugung ihrer Stärke gemäß im Parlament vertreten sind (WuW 58 ff./196 ff.; Zeleny 2015, 540; Schmerfeld

2024, 97). Dieses Verhältniswahlrecht »was, for him, the only mechanism capable of giving voice to the minorities and to a pluralism of ideas and interests« (Lagi 2021, 23; siehe auch ebd., 32).

Wenn Kelsen hier wie andernorts Repräsentation als »Fiktion« bezeichnet (WuW 30/176; AS 312ff./734ff.), dann nicht im abwertenden Sinne. Er wendet sich damit lediglich gegen Deutungsversuche, die das spezifische Repräsentationsverhältnis, das gerade maßgeblich auf dem freien Mandat der Abgeordneten beruht, als tatsächliche Willensidentität ausgeben wollen und ihm so einen falschen Sinn verleihen. Denn der durchaus komplexe demokratische Autorisations- und Legitimationszusammenhang, der das Band zwischen Wählern und Gewählten bildet, ist von anderer Qualität als Stellvertreterregelungen im Zivilrecht und erschöpft sich auch nicht in der schlichten Registrierung aktueller Meinungsübereinstimmung zwischen Wahlvolk und Volksvertretern. »Die Beziehung des Volkes zum Parlament ist die eines Kreationsorgans unter dem Aspekt der sozialtechnischen Vorteile der Arbeitsteilung.« (Lepsius 2000, 407) Vorstellungen, wonach es im Parlament zur bloßen Abbildung eines vorher gebildeten Volkswillens komme, verfehlen den spezifischen Sinn parlamentarischer Repräsentation (Hofmann/Dreier 1989, Rn. 17, 22); ihnen eignet ein »antiparlamentarisches Potential« (Lepsius 2009, 75). Denn es gibt einen solchen Willen vor der Wahl der Repräsentanten, die ihn erst zu bilden haben, nicht. Der Staatswille muss »nicht abgebildet, sondern erzeugt werden« (Lepsius 2009, 82). Es geht also nicht um Identität, sondern um Zurechnung: »Der Organwille des Parlaments wird dem Staatsorgan Volk zugerechnet: nicht als tatsächlicher Wille des Volkes, sondern als fingierter, weil ohne Organ überhaupt kein Wille gebildet werden kann.« (Lepsius 2009, 75)

Die Rede von der »krasse[n] Fiktion« (WuW 32/178) der Repräsentation hat indes noch eine weitere Stoßrichtung. Sie soll den Eindruck vermeiden, der Volkswille könne sich *ausschließlich* durch die Vertretungskörperschaft bilden, so dass für alternative Formen direkter Demokratie im parlamentarischen System kein Platz wäre. Obwohl Kelsen den Bestand des Parlamentarismus zur »Schicksalsfrage« (WuW 27/175) erklärt und an der Unausweichlichkeit repräsentativer Strukturen keinen Zweifel lässt, zeigt er sich direktdemokratischen Entscheidungsverfahren gegenüber durchaus offen (Tkaczyński 2008, 115; Zeleny 2015, 538).

> »Wenn es auch aus sozialtechnischen Gründen nicht möglich ist, die staatliche Ordnung in allen ihren Stufen unmittelbar durch das Volk bilden zu lassen, so ist es doch möglich, das Volk an der Gesetzgebung in einem höheren Maße zu beteiligen, als dies in dem System des Parlamentarismus der Fall ist, wo das Volk auf den Akt der Wahl beschränkt bleibt.« (WuW 38/182 f.)

Nicht als Angriff auf das parlamentarische System, sondern als dessen sinnvolle Ergänzung und als prinzipielle Stärkung des demokratischen Gedankens fasst er Sachentscheidungen durch das Volk selbst auf, etwa in Gestalt eines Verfassungsreferendums, eines fakultativen Gesetzesreferendums oder der Volksinitiative (WuW 38 ff./182 ff.).[242] Diese »gegenüber der direkten Demokratie offene Haltung mutet bemerkenswert modern an« (Kradolfer 2020, 379).

Sehr weit gehen freilich seine Zugeständnisse an gewisse Einschränkungen des freien zugunsten der Etablierung eines imperativen Mandats (vgl. Baume 2018, 11 ff.). Er sucht entsprechende, von ihm eher diskutierte als vorgeschlagene Einschränkungen zwar vor allem als prinzipiell begrüßenswerte Formen einer stärkeren »dauernde[n] Fühlungnahme zwischen Abgeordneten und Wählerschaft« (WuW 40/185) zu rechtfertigen, vermag aber den funktionalen Gesichtspunkten einer Sicherung der Entscheidungsfreiheit der Parlamentarier auch gegen die eigene Partei und die eigene Fraktion nicht hinlänglich Rechnung zu tragen. Gleichfalls kritisch zu sehen ist seine These, das Privileg der Immunität sei überholt (vgl. Dreier 1997, 87 f./77 f.).

e) Zusammenfassung

Abgesehen von den beiden letztgenannten Punkten (imperatives Mandat, Immunität) laufen Kelsens Deduktionen auf eine fortschrittliche Konzeption von Demokratie hinaus, die sich bis heute als »moderne Deutungsfolie mit hohem Erklärungswert« (Jestaedt/Lepsius 2006, XXVI) präsentiert. Denn seine Theorie steht »dem heutigen Verständnis einer pluralistischen Parteiendemokratie mit parlamentarischem Repräsentativsystem am nächsten« (Hacke 2018, 222). Demokratie wird begriffen als eine bestimmte Form staatlicher Herrschaftsorganisation, die ungeachtet aller Metamorphosen auf das normative Grundprinzip kollektiver Freiheitssicherung bezogen ist und deren Realisierung auch angesichts der komplexen sozialen Beziehungen in Großflächenstaaten intendiert. Kelsens Theorie ist eine »erfahrungsgesättigte, den sozio-kulturellen Realfaktoren moderner Großdemokratien in besonderer Weise Rechnung tragende Theorie« (Jestaedt/Lepsius 2006, XXVI).

In einem weiten gedanklichen Bogen zeigt er, wie das utopische und im Grunde a-staatliche Ideal absoluter individueller Autonomie in die realistische Form der Mehrheitsherrschaft gewählter parlamentarischer Repräsentanten transformiert wird. Seine Demokratiekonzeption, die die Unausweichlichkeit repräsentativer Strukturen anerkennt, aber für direktdemokratische Elemente offen bleibt, lässt sich als »input-orientiert« beschreiben: government *by* the people, nicht lediglich *for* the people.[243] Indem gesellschaftliche Gegensätze sowie die Bildung von Interessenverbänden und sonstigen Vereinigungen nicht als Verlust einer vermeintlichen Einheit des Volkes verbucht, sondern als feste Ausgangspunkte gesellschaftlicher Realität genommen werden, entwirft Kelsen ein Demokratiemodell, das auf der akzeptierten Basis einer pluralen Gesellschaft ein parlamentarisch-repräsentatives System als relativ größte Annäherung an den – zweifelsohne vielfach gebrochenen – Freiheitsgedanken favorisiert. Realistisch schätzt Kelsen dabei Demokratie als Herrschaft der Mehrheit über die Minderheit ein. Doch wird er nicht müde zu betonen, dass es (funktionierenden Parteienwettbewerb und den Willen zum Kompromiss vorausgesetzt) »in der sozialen Wirklichkeit *gar keine absolute Herrschaft der Mehrheit über die Minderheit gibt,* weil sich der nach dem sog. Majoritätsprinzip gebildete Gemeinschaftswille gar nicht als Diktat der Majorität gegen die Minorität, sondern als ein Ergebnis der gegenseitigen Beeinflussung beider Gruppen, als eine Resultante ihrer aufeinanderstoßenden politischen Willensrichtungen ergibt« (WuW 56 f./196). Gerade das parlamentarische Verfahren sei letztlich auf die Erzielung eines Kompromisses ausgerichtet, weswegen man statt von Majoritätsprinzip besser von »Majoritäts-Minoritätsprinzip« sprechen solle (WuW 57/196). Nicht Kontrolle der Majorität, sondern Einflussnahme auf diese ist die vornehmste Aufgabe der Minorität (Lagi 2021, 24, 67 f.). Die Majorität wiederum setze eine Minorität nicht nur voraus, sondern müsse sie geradezu anerkennen, weil sie, die Mehrheit, ohne die Minderheit gar nicht möglich sei und sie daher aus ihrem tiefsten Wesen her schützen müsse. Auf einen solchen wechselseitigen Einfluss der politischen Kräfte setzt er große Stücke[244] und kommt darauf auch in verschiedenen anderen Publikationen immer wieder zurück (AS 324/760 f.; PP 31; SuW 14 ff., 27 ff.; Kelsen 1927, 34 f.). Sein Vertrauen in die friedensstiftende und integrierende Wirkung der Demokratie und die Fähigkeit wie die Bereitschaft zum Eingehen von Kompromissen war groß (PP 27).[245]

Letztlich spiegelt sich in Kelsens Vorstellungen weitgehend das Modell »westlicher Demokratien« wider, das allerdings in der Zwischenkriegszeit weder als gesichert gelten konnte, noch als weithin überzeugend angesehen wurde. Kelsens Demokratietheorie ist »auch heute noch vorbildlich und anschlussfähig« (Lepsius 2009, 85; a. A. Volkmann 2024). In den Worten einer Vertreterin der Geschichte des politischen Denkens: Kelsen »develops an analysis and a defense of a particular form of government, that is, a liberal and representative democracy« (Lagi 2021, 10; vgl. ebd., 155 u.ö.).

III. Drei Problemvertiefungen

1. Demokratie ohne Grundrechte?

Diese Charakterisierung als »liberale Demokratie« durch Sara Lagi[246] führt uns direkt zu einem ersten neuralgischen Punkt. Denn liberale Demokratie meint in unserem heutigen Verständnis eine Demokratie mit starken grundrechtlichen Sicherungen: Meinungs- und Religionsfreiheit, Berufsfreiheit und Eigentumsgarantie, Freiheit der Wissenschaft und der Kunst – um nur wenige einschlägige Garantien zu nennen. Nun fällt aber auf, dass die Grundrechte in der Demokratieschrift von 1929 nicht nur eine eher geringe Rolle spielen, sondern dass Kelsen an mehr als einer Stelle einen – seinerzeit in der Debatte durchaus nicht selten konstatierten (Hacke 2018, 77 ff., 90 ff., 280 ff.) – scharfen Gegensatz zwischen Liberalismus und Demokratie festhält.[247] So heißt es gleich im ersten Abschnitt:

»Auch bei schrankenloser Ausdehnung der Staatsgewalt gegen das Individuum, also bei völliger Vernichtung der individuellen ›Freiheit‹ und Negation des *liberalen* Ideals, ist Demokratie – wird solche Staatsgewalt nur von den ihr unterworfenen Individuen gebildet – noch möglich.« (WuW 10f./160)

Auch die Stilisierung der Freiheit des Einzelnen zur Freiheit des Staates (WuW 12f./161) deutet in diese Richtung. Andererseits betont Kelsen aber des öfteren Zusammenhänge zwischen demokratischer Staatsorganisation und bestimmten freiheitlichen Strukturen (ausführlicher Dreier 1986, 262ff.). Der ihm besonders wichtige Minderheitenschutz wird als »wesentliche Funktion der sogenannten *Grund- und Freiheits-* oder *Menschen- und Bürgerrechte*« (WuW 53/194) bezeichnet. Und eher beiläufig, aber doch unzweideutig spricht er des weiteren davon, echte Demokratie herrsche nur dort, wo die »Allgemeinheit und Gleichheit der politischen Rechte unzweifelhaft besteht« (WuW 95f./222).[248] Kelsens Position in der Weimarer Republik changiert also insgesamt etwas: Einerseits betont er die unbeschränkte Verfügung demokratischer Entscheidungsgewalt auch über die Freiheitssphäre der Individuen, andererseits hebt er die Unaufgebbarkeit der Grundrechte auch und gerade für eine demokratische Ordnung hervor (Dreier 1997, 94ff./87ff.; zustimmend Vašek 2010, 505).

Hier bringen spätere Schriften wichtige Ergänzungen und Präzisierungen.[249] Das gilt vornehmlich für die *Foundations of Democracy:* eine im Umfang gegenüber *Wesen und Wert* stark erweiterte, anders gegliederte und neue Schwerpunkte setzende Abhandlung aus dem Jahr 1955 (dazu Lagi 2021, 138ff.). Doch bereits früher hat Kelsen bedeutsame Korrekturen vorgenommen, wie sich insbesondere in der kleinen Monographie *Staatsform und Weltanschauung* (1933) und in dem in der NZZ publizierten Aufsatz »Wissenschaft und Demokratie« (1937) zeigt. In der Monographie heißt es klar und deutlich:

»Daher gehört zum Lebensprinzip jeder Demokratie – zwar nicht, wie man mitunter gemeint hat, die wirtschaftliche Freiheit des Liberalismus, denn es kann ebenso wie eine liberale auch eine sozialistische Demokratie geben –, dafür aber die geistige Freiheit, die Freiheit der Meinungsäußerung, die Glaubens- und Gewissensfreiheit, das Prinzip der Toleranz und insbesondere: die Freiheit der Wissenschaft in Verbindung mit dem Glauben an die Möglichkeit ihrer Objektivität.« (SuW 14)

Der in Parenthese gesetzte Einschub veranschaulicht, dass die Zurückweisung der liberalen Elemente sich in erster Linie auf den Wirtschaftsliberalismus bezog und dazu dienen sollte, die wirtschaftspolitische Neutralität der Demokratie zu unterstreichen. Die besondere Hervorhebung der Wissenschaftsfreiheit rekurriert natürlich in Sonderheit auf seine eigene berufliche Existenz; dieser Punkt wird in dem erwähnten NZZ-Aufsatz noch weiter vertieft. Hier bezeichnet Kelsen die Demokratie ausdrücklich als »Freund« (Kelsen 1937, 238) der Wissenschaft und konstatiert, dass »die Demokratie ein guter, ein fruchtbarer Boden für die Wissenschaft ist« (Kelsen 1937, 245). *En passant* spricht er die wesentliche Gemeinsamkeit an, die Wissenschaft und Demokratie verbindet: das Prinzip der Revisibilität der Erkenntnisse und Entscheidungen, die stete Veränderungsbereitschaft, das Moment des niemals Abgeschlossenen. In diesem Sinne gleicht das Erkenntnisverfahren der Wissenschaft »in einem wesentlichen Punkte dem Willensprozeß der Demokratie« (Kelsen 1937, 242):

»Denn nur in der dauernden Spannung von Meinung und Gegenmeinung, nur in dem Kampf einander entgegengesetzter Theorien, nur in der völligen Freiheit dieses Hin und Wider der geistigen Energien vollzieht sich jener Fortschritt der Wissenschaft.« (Ebd.)

Vollends deutlich wird der (wohlgemerkt: immer nur auf die geistigen, nicht auf die wirtschaftlichen Freiheiten bezogene) Wandel dann 1955 in dem *Foundations*-Aufsatz.[250] Die Grundrechte sind nun praktisch in die Begriffsbestimmung von Demokratie aufgenommen, wenn Kelsen Meinungs-, Rede- und Gedankenfreiheit als deren charakteristische Merkmale bezeichnet und Religions-, Wissenschafts- und Pressefreiheit als »essential to democracy« (Kelsen 1955, 81/366) angeführt werden.[251] So schreibt er:

»democracy, with its principle of legality, freedom of opinion, protection of minorities, tolerance« (Kelsen 1955, 31/292). Oder: »Tolerance, minority rights, freedom of speech, and freedom of thought, so characteristic of democracy [...]« (Kelsen 1955, 39/303).

Nun heißt es kategorisch: »Modern democracy cannot be separated from political liberalism« (Kelsen 1955, 27/287), und er fügt hinzu:

»Its principle is that the government must not interfere with certain spheres of interests of the individual, which are to be protected by laws as fundamental human rights or freedoms« (ebd., 27 f./287).

Der in der Weimarer Zeit noch scharf akzentuierte Gegensatz von Demokratie und Liberalismus wird nun in der Wendung von der »liberal democracy« (Kelsen 1955, 4/253) gewissermaßen terminologisch eingeschmolzen. Schwierig bleibt allerdings die auch von Kelsen nicht näher versuchte trennscharfe Abgrenzung, welche der in den Grundrechtskatalogen der freiheitlichen Verfassungsstaaten garantierten Freiheitsrechte nun untrennbar mit der Demokratie verknüpft sind und welche nicht. Für Meinungs-, Presse-, Vereinigungs- und Versammlungsfreiheit wird man einen solchen Konnex gewiss ohne weiteres bejahen können; für die Freiheit des Eigentums und andere tendenziell eher »apolitische« Grundrechte ließe sich das kontrovers diskutieren (vgl. Münkler 2024, 623 ff.). Zu beachten ist freilich immer, dass demokratische Mehrheitsentscheidungen (seien es die Wahlen selbst oder die

Abstimmungen der Repräsentanten) einer freien und offenen politischen Diskussion bedürfen und dass für diese auch die Garantien scheinbar rein privater Persönlichkeitsentfaltung eine nicht unbeachtliche Rolle spielen. Der Mehrheitswille muss jedenfalls in seiner Genese auf freiheitlichen Voraussetzungen beruhen, als deren Inbegriff Grundrechte gelten dürfen.[252] In ihrer aktivbürgerschaftlichen Dimension bilden sie das Fundament der Demokratie.[253] Oder anders gesagt: Politische Freiheit setzt private Freiheit voraus.

Kelsen versucht sich nun nicht an einer (gewiss schwierigen) Sortierung demokratiefunktionaler und nicht-demokratiefunktionaler Grundrechte, sondern geht einen anderen Weg, indem er unter der Überschrift »Democracy and Economic Freedom« die Möglichkeit der Garantie bestimmter nicht-ökonomischer Freiheitsrechte in einer sozialistischen Gesellschaftsordnung diskutiert und tendenziell bejaht (Kelsen 1955, 80 ff./365 ff.).[254] So bleibt unter dem Strich festzuhalten: Wenn man Liberalismus im engen Sinne als Wirtschaftsliberalismus ausbuchstabiert, dann hat die Antithese von Liberalismus und Demokratie ihre Berechtigung noch nicht ganz verloren (näher Dreier 1986, 266 ff.).

»If we are not to admit that democracy has disappeared in the modern world, we cannot include in the definition of democracy the principle of economic freedom. It is not the economic, it is the intellectual freedom – the freedom of religion, of science, of the press – that is essential to democracy.« (Kelsen 1955, 81/366)

Andererseits aber ist klar: Ohne die geistigen Grundrechte etwa der Religions-, Wissenschafts-, Presse- und Meinungsfreiheit kann es keine Demokratie geben.[255]

2. *Wertrelativismus als Demokratievoraussetzung?*

Der Wertrelativismus spielt in Kelsens Denken eine wichtige Rolle. Besonders schön und deutlich sieht man das in seiner Abschiedsvorlesung »Was ist Gerechtigkeit?« aus dem Jahr 1953. Aber auch in den Demokratieschriften kommt dem Gedanken des Wertrelativismus zentrale Bedeutung zu. Dabei ist wichtig zu betonen, dass Kelsens Wertrelativismus nicht Standpunktlosigkeit oder Indifferenz meint (Lagi 2021, 108, 116) – und dass schon gar nicht die Existenz von Werten überhaupt bestritten wird.[256] Vielmehr ist Kelsen, nicht anders als Max Weber, Vertreter eines erkenntnistheoretischen, ethischen Wertrelativismus, dem zufolge sich (letzte) Werturteile einer rationalen, intersubjektiv verbindlichen Beweisführung entziehen und von daher objektive Gültigkeit nicht für sich reklamieren können.[257] Die Frage nach den letzten und höchsten Werten ist also wissenschaftlich nicht entscheidbar, weil die Antwort auf einem (zwingend) subjektiven Urteil beruht. Sie hängt letztlich vom Standpunkt der urteilenden Person ab und ist insofern relativ.

Das bedeutet aber nun keineswegs – dies eine zweite wichtige Klarstellung –, dass man deswegen in lebensweltlichen, moralischen oder gesellschaftlich-politischen Fragen keine praktischen Urteile fällen oder entsprechende Standpunkte nicht mit Entschiedenheit vertreten könnte. Denn der Relativismus gehört einer vielzitierten Wendung Gustav Radbruchs zufolge der theoretischen, nicht der praktischen Vernunft an: »Er bedeutet Verzicht auf die wissenschaftliche Begründung letzter Stellungnahmen, nicht Verzicht auf die Stellungnahme selbst.« (Radbruch 1932, 18) Kelsen hatte es ganz ähnlich beschrieben:

> »Wissenschaft treiben zwingt ja nicht, auf politische Werturteile zu verzichten, verpflichtet nur: das Eine vom Anderen, Erkennen und Wollen, voneinander zu trennen.« (Kelsen 1929a, 1724)

Gerade das volle Bewusstsein der wissenschaftlichen Unbeweisbarkeit jener Werte, für die man eintritt, macht die Haltung aus, die den erkenntnistheoretischen Wertrelativismus auszeichnet. Keineswegs geht es darum, alle Werte für gleich richtig oder gleich falsch zu erklären. Wertrelativismus meint nicht Wertnihilismus.

Indes ist damit noch nicht die entscheidende Frage beantwortet: Muss man Wertrelativist sein, um ein guter Demokrat zu sein? Oder, allgemeiner formuliert: Bildet der Wertrelativismus sozusagen die Basistheorie für die Demokratie? Kelsen bejaht diese Frage. Im letzten Abschnitt von *Wesen und Wert*, der mit »Demokratie und Weltanschauung« überschrieben ist, heißt es explizit:

> »Wer absolute Wahrheit und absolute Werte menschlicher Erkenntnis für verschlossen hält, muß nicht nur die eigene, muß auch die fremde, gegenteilige Meinung zumindest für möglich halten. Darum ist der *Relativismus* die Weltanschauung, die der *demokratische Gedanke* voraussetzt.« (WuW 101/226)

Hier drängt sich allerdings ein zentraler Einwand auf. Wenn man absolute Werte für erkennbar hält, dann muss daraus nicht unbedingt eine demokratiefeindliche Grundhaltung erwachsen (Polke 2013, 112 ff.). Denn man kann ja aus pragmatischen Gründen akzeptieren, dass in der Demokratie Mehrheit und nicht Wahrheit entscheidet. Und umgekehrt muss ein überzeugter Wertrelativist keineswegs zwingend ein guter Demokrat sein. Aus der Überzeugung von der Relativität und Anfechtbarkeit aller ethischen und politischen Werte lässt sich gerade auch der (verzweifelte)

Ruf nach einem Führer, einer absoluten Hoheitsgewalt und somit einer autokratischen Ordnung ableiten.[258] Natürlich ist das genauso wenig zwingend wie die Option für die Demokratie und den damit verbundenen Relativismus. Aber man kann eben zugleich relativistisch und autoritär denken.[259] Letztlich wird man wohl feststellen müssen, dass aus dem philosophischen Wertrelativismus »nicht nur keine Legitimation der Demokratie, sondern überhaupt keine intersubjektiv verbindliche Begründung irgendeiner Staatsform« folgt (Pawlik 1996, 184).[260] Oder anders gesagt: Demokratie impliziert nicht Relativismus, und Relativismus impliziert nicht Demokratie (Lagerspetz 2017, 159 ff.).

Daher empfiehlt es sich, von den abstrakten Höhen des philosophischen Wertrelativismus herunterzusteigen und sich mit einer pragmatischeren Haltung zu begnügen.[261] Das heißt: Man muss anerkennen, dass sich auch Anhänger »absolutistischer« Welt- und Wertanschauungen in eine demokratische Staatsordnung einfügen und diese in konstruktiver Weise mittragen können. Denn »auch Menschen, die feste Wertüberzeugungen besitzen, können demokratiebewußt für die Verbreitung ihrer Auffassung ›werben‹« (Prisching 1988, 114). Eine gelingende pluraldemokratische Diskussion beruht ja im Grunde darauf, dass man von der Richtigkeit der eigenen Position durchaus absolut überzeugt sein mag, sich dann aber doch einer im Ergebnis anderslautenden Mehrheitsentscheidung unterwirft. Die Motivation dafür muss nicht (zwingend) einem weltanschaulichen oder erkenntnistheoretischen Wertrelativismus entspringen, sondern kann im Vertrauen auf den Revisibilitätsgrundsatz (die Minderheit von heute kann zur Mehrheit von morgen werden) oder in anderen pragmatischen Erwägungen begründet sein. Zwar sollte niemand für seine Position alleinige Richtigkeit in Anspruch nehmen und anderen Haltungen das Lebensrecht absprechen. Das schließt aber nicht aus, diese Positionen für falsch, ja für bekämpfenswert zu halten: »Es bedeutet nur den Verzicht darauf, den eigenen politischen Auffassungen und Problemlösungen eine objektive Wahrheitsgeltung zuzusprechen, die Diskussion und Kompromisse erst gar nicht zuläßt. Damit würde zugleich die politische Freiheit und Gleichheit der Andersdenkenden, letztlich ihre Anerkennung als Subjekt im politischen Prozeß negiert. Insofern ist der Demokratie zwar nicht notwendig ein weltanschaulicher, wohl aber ein politisch-pragmatischer Relativismus zugeordnet.« (Böckenförde 2004, Rn. 56) Kelsens These vom Zusammenhang von Demokratie und Wertrelativismus kann also nur Bestand haben, wenn man sie auf diese politisch-pragmatische Ebene herunterbricht.

3. Selbstpreisgabe der Demokratie?

Die vielleicht schwierigste Rückfrage an Kelsens Demokratietheorie ist die, ob man es wirklich als das »paradoxe Vorrecht« der Demokratie (SuW 20; Kelsen 1955, 31/292) ansehen kann oder gar muss, ihrer eigenen Abschaffung hilflos zuzusehen, wenn die Mehrheit es so will. Diese Frage hat Kelsen in einem Beitrag aus dem Jahre 1932, also am Vorabend des Untergangs der Weimarer Republik, in einem ergreifenden, mit viel rhetorischem Feuer geschriebenen Beitrag traktiert (vgl. Olechowski 2020, 536 ff.; Lagi 2021, 111 ff.). In dieser »Verteidigung der Demokratie« heißt es, die Demokratie sei diejenige Staatsform, »die sich am wenigsten gegen ihre Gegner wehrt« (Kelsen 1932, 237). Die Schlusspassage dieses bewegenden Dokuments lautet wie folgt:

»Aber angesichts dieser Situation erhebt sich auch die Frage, ob man es dabei sein Bewenden lassen solle, die Demokratie theoretisch zu verteidigen. Ob die Demokratie sich nicht selbst verteidigen soll, auch gegen das Volk, das sie nicht mehr will, auch gegen eine Majorität, die in nichts anderem einig ist, als in dem Willen, die Demokratie zu zerstören. Diese

Frage stellen, heißt schon, sie verneinen. *Eine Demokratie, die sich gegen den Willen der Mehrheit zu behaupten, gar mit Gewalt sich zu behaupten versucht, hat aufgehört, Demokratie zu sein.* Eine Volksherrschaft kann nicht gegen das Volk bestehen bleiben. Und soll es auch gar nicht versuchen, d.h. wer für die Demokratie ist, darf sich nicht in den verhängnisvollen Widerspruch verstricken lassen und zur Diktatur greifen, um die Demokratie zu retten. Man muß seiner Fahne treu bleiben, auch wenn das Schiff sinkt; und kann in die Tiefe nur die Hoffnung mitnehmen, daß das Ideal der Freiheit unzerstörbar ist und daß es, je tiefer es gesunken, um so leidenschaftlicher wieder aufleben wird.« (Kelsen 1932, 237)

Das sind ohne Zweifel aufwühlende Worte. Die darin anklingende »heroische Resignation« (Hacke 2018, 232) muss allerdings nicht das letzte Wort sein. Denn auch hier ist Differenzierung geboten. Was zunächst die von Kelsen angesprochene Alternative angeht, die Demokratie auch gegen die Mehrheit aufrechtzuerhalten, also eine elitäre Minderheitenherrschaft (in welcher konkreten Gestalt auch immer) zu errichten, so wird man ihm ohne weiteres zustimmen können – auch wenn man eine Auseinandersetzung mit den Möglichkeiten eines Ausnahmezustands, von Notverordnungen oder einer kommissarischen Diktatur vermisst (Hacke 2018, 232). Das Problem hatte schon Rousseau beschäftigt: Wenn es für das Gemeinwohl, die *volonté générale*, keine empirische Mehrheit durch die *volonté de tous* mehr gibt, dann zerfällt das politische Gemeinwesen (Dreier 1997, 100/92). Dessen Rettung ist nicht möglich: Denn entweder folgt man der Mehrheit, dann verfehlt man die *volonté générale*; oder man folgt dem richtigen Allgemeinwillen, hat dann aber keine Mehrheit hinter sich.

Freilich sollte man sich angesichts des Kelsen-Zitats hüten, in der freien Selbstpreisgabe der Demokratie die letzte, über sich hinausweisende Konsequenz des obersten Gebots freier Selbstbestimmung des politischen Verbands zu erblicken, gewissermaßen als logisch zwingendes Ergebnis ihres zum äußersten getriebenen internen Funktionsmodus und als paradoxe Bestätigung ihrer Entscheidungsmechanismen. Denn diese Deutung ist nicht unanfechtbar. Jedenfalls kann die Entscheidung der Majorität nicht als endgültig betrachtet und ihr zugestanden werden, diese Entscheidung für die Zukunft absolut zu setzen. Denn das würde einen wichtigen Korrekturmodus der Majoritätsentscheidung verkennen und außer Kraft setzen: die Revisibilität.[262] In *Wesen und Wert* spricht Kelsen deutlich aus, dass die Minderheit von heute die Chance haben müsse, zur Mehrheit von morgen zu werden (WuW 103/227). Weil die Mehrheit ihm zufolge niemals für sich reklamieren kann, die Wahrheit zu beschließen, da er nur relative Werte anerkennt, muss die Änderbarkeit der getroffenen Entscheidung erhalten bleiben (eingehend Vašek 2010, 512 ff.). Die Mehrheit von heute darf also nicht die »offene Tür, durch die sie eingetreten ist, hinter sich zuschlagen« (Böckenförde 2004, Rn. 54), sie darf mithin eine Revision der von ihr getroffenen Personal- oder Sachentscheidungen nicht verbieten. Entscheidungen der Majorität, und zwar auch anderslautende, müssen weiterhin möglich bleiben. Das folgt aus dem Funktionsmodus der Demokratie als einer stets flexiblen, fehlerkorrekturfreundlichen Staatsform. Es ist also das Mehrheitsprinzip selbst, das seine dauerhafte Beachtung und seine Wirksamkeit als maßgebliche Entscheidungsform verlangt. »Nimmt eine wertrelativistische Demokratietheorie ihre eigenen Grundlagen ernst, so muss sie Vorkehrungen zur Umkehrbarkeit von Mehrheitsentscheidungen enthalten.« (Vašek 2010, 520)

Zum gleichen Ergebnis führt eine Überlegung, die das Verhältnis der Mehrheitsentscheidung als dem zentralen Entscheidungsverfahren der Demokratie zum Grundprinzip der Demokratie, der Freiheit, betrachtet. Diese Freiheitsidee ist der zentrale geistige Grund der Demokratie, von dem sich alle weiteren Verfahrensschritte (»Metamorphosen«) ableiten.[263] Das Majoritätsprinzip ist also nicht der zentrale Inhalt der Demokratie, sondern ein Behelf zur Umsetzung des Freiheitsgedankens in der sozialen Wirklichkeit. Es darf sich aber nicht gegen sein eigenes Fundament, eben diese Freiheit, kehren. Die Methode der Entscheidungsfindung würde sich dadurch, obwohl sie eine abgeleitete Größe ist, im Verhältnis zu ihrem tragenden Grund verselbständigen und diesen Grund letztlich zerstören.

Man kann sogar Kelsens Argument, dass das Majoritätsprinzip freiheitsmaximierend wirkt, für die zwingende Beibehaltung der freiheitlichen Strukturen der Demokratie mobilisieren: »If people are not free to abandon their freedom, they may be momentarily less free, but they will remain free even in the future. If democracy maximizes freedom, then a norm which makes democracy unalterable maximizes freedom in all possible worlds.« (Lagerspetz 2017, 171 f.)

Das alles sind keine rein akademischen Fragen, wenn man bedenkt, dass freiheitliche Verfassungsstaaten durchaus Instrumente der »wehrhaften« Demokratie kennen und mit sogenannten Ewigkeitsklauseln – wie beispielsweise Art. 79 Abs. 3 des Grundgesetzes – auch einer übergroßen Mehrheit den Zugriff auf bestimmte zentrale Verfassungsprinzipien entziehen. Kelsen hat sich, soweit ersichtlich, mit derartigen Vorkehrungen niemals näher beschäftigt. In seiner Abschiedsvorlesung geht er allerdings in gewisser Allgemeinheit auf die hier interessierende Frage ein:

> »Aber kann Demokratie tolerant bleiben, wenn sie sich gegen anti-demokratische Umtriebe verteidigen muß? Sie kann es! In dem Maße, als sie friedliche Äußerungen anti-demokratischer Anschauungen nicht unterdrückt. Gerade durch solche Toleranz unterscheidet sich Demokratie von Autokratie. Wir sind berechtigt, Autokratie abzulehnen und auf unsere demokratische Staatsform stolz zu sein, nur solange wir diesen Unterschied aufrecht erhalten. Demokratie kann sich nicht dadurch ver-

teidigen, daß sie sich selbst aufgibt. Aber es ist das Recht jeder, auch einer demokratischen Regierung, Versuche, sie mit Gewalt zu beseitigen, mit Gewalt zu unterdrücken und durch geeignete Mittel zu verhindern. Die Ausübung dieses Rechts ist weder mit dem Prinzip der Demokratie noch mit dem der Toleranz in Widerspruch. Es mag mitunter schwierig sein, eine klare Grenzlinie zu ziehen zwischen der Verbreitung gewisser Ideen und der Vorbereitung eines revolutionären Umsturzes. Aber von der Möglichkeit, eine solche Grenzlinie zu finden, hängt die Möglichkeit ab, Demokratie aufrecht zu erhalten.« (WiG 42)

Dass eine Demokratie sich gegen den Versuch eines gewaltsamen Umsturzes zur Wehr setzen darf, ist hier ebenso deutlich festgehalten wie der Gedanke, dass antidemokratische Anschauungen, solange sie sich friedlich äußern, nicht unterdrückt werden dürfen. Damit befindet sich Kelsen im Jahre 1952 genau auf der gedanklichen Linie, die das Bundesverfassungsgericht in seiner jüngeren Judikatur zu Parteien- und Vereinsverboten verfolgt.[264] Und die von Kelsen gesehene Schwierigkeit, eine klare Grenzlinie zu ziehen zwischen bloß geistiger Provokation und gewaltfreier Aktivität einerseits, konkreten Handlungen und Taten andererseits, findet in der Wunsiedel-Entscheidung des Bundesverfassungsgerichts aus dem Jahre 2009 vielfach Niederschlag, wenn man die seitenlangen, abwägenden Ausführungen des Gerichts in Augenschein nimmt.[265] Das Gericht stellt sympathischerweise auch gar nicht in Abrede, wie schwer eine solche Grenze zu ziehen ist.

Letztendlich entscheiden aber über das Wohl und Wehe einer Demokratie weniger gewisse, noch so gut gemeinte Verfassungsbestimmungen als vielmehr die Haltung des Volkes zu dieser Demokratie. Eine demokratische Verfassung allein bildet noch keine Garantie für eine lebendige demokratische Ordnung. Denn Demokratie ist kein Selbstläufer, sondern stellt eine besonders anspruchs- und voraussetzungsvolle Form der Gestaltung des politischen Gemeinwesens dar.[266] Demokratie ist von Haus aus fragil; Stabilität kann sie nur durch Verankerung in einer funktionierenden politischen Kultur finden. Mehr als andere Staatsformen bedarf die Demokratie der Unterstützung und der Annahme durch die Bürgerinnen und Bürger, bedarf sie der Abstützung in der Gesellschaft und vor allem in den Spitzen von Politik und Wirtschaft. Fehlt es daran, kann sie auf Dauer nicht bestehen.

IV. Fazit

Kelsen baut seine Demokratietheorie auf dem Grundgedanken der Freiheit des Einzelnen auf, die sich dann aber – über mehrfache Metamorphosen hinweg – zur politischen Freiheit im Staat wandelt und letztlich zur Mehrheitsherrschaft gewählter Repräsentanten bei hohem Gewicht politischer Parteien wird. Ihr Profil ist hochmodern und entspricht im großen und ganzen dem Konzept der modernen westlichen Demokratie. In der Frage der Bedeutung von Grundrechten für diese Ordnung schwankt Kelsen anfangs etwas, legt sich dann aber zunehmend darauf fest, dass jedenfalls die geistigen Freiheiten (etwa Meinungs-, Presse-, Wissenschafts- und Religionsfreiheit) als essentielle Voraussetzung für eine demokratische Ordnung zu betrachten seien. Seine (zu) starke These, Demokratie setze Wertrelativismus voraus, ist im Sinne einer pragmatischen Herabzonung des Gedankens auf die Bereitschaft, sich der Mehrheitsentscheidung in der Hoffnung auf deren Revision zu fügen, zu modifizieren. Bei der schwierigen Frage nach der Selbstpreisgabe der Demokratie ist an der Möglichkeit einer solchen Revisibilität von Mehrheitsentscheidungen festzuhalten, weil nur das dem zentralen Funktionsmodus der Demokratie und ihrem Freiheitsbezug entspricht. Auch darf sich die Demokratie Kelsen zufolge jedenfalls gegen gewaltsame Angriffe ihrer Feinde wehren.

Teil 5: Kelsen als Völkerrechtler

Sehr zu Recht wurde Kelsen als der einzige unter den großen Rechtstheoretikern bezeichnet, der sich eingehend mit dem Völkerrecht beschäftigt hat: »the only one of the major figures of modern analytical jurisprudence to have had a great deal to say about international law« (Bull 1986, 321). Rein bibliometrisch betrachtet, nehmen die völkerrechtlichen Publikationen den größten Raum in seinem Werk ein (Losano 2020, 3). Kelsens Befassung mit dem Völkerrecht beginnt früh und begleitet ihn bis in die 1950er Jahre hinein. Auffällig ist schon der hohe Stellenwert des Völkerrechts in seinem Buch über das *Problem der Souveränität* aus dem Jahr 1920, wo es den gesamten zweiten Teil und damit zwei Drittel des Werks einnimmt (PdS 102–320/367–572). In der *Allgemeinen Staatslehre* von 1925 ist dem Verhältnis zwischen dem Völkerrecht und der staatlichen Rechtsordnung ebenso ein – stets gleich betitelter – Abschnitt (»Staat und Völkerrecht«) gewidmet (AS 119 ff./292 ff.) wie in der ersten (RR^1 129 ff./138 ff.) und zweiten Auflage der *Reinen Rechtslehre* (RR^2 321 ff./554 ff.). Hier geht es im wesentlichen um Grundsatz- und Strukturfragen (dazu I.). Doch ganz generell kann man sagen, dass die Beschäftigung Kelsens mit dem Völkerrecht seit der Übernahme des Kölner Lehrstuhls und danach bis hin zum Ausbruch des Zweiten Weltkriegs sowie in den Kriegs- und Nachkriegsjahren noch einmal an Bedeutung gewinnt, ja seine rechtswissenschaftliche Arbeit zunehmend dominiert, und zwar über alle Literaturgattungen hinweg:

vom Zeitungsartikel über den Fachzeitschriftenaufsatz bis hin zur umfänglichen Monographie.[267] Man hat diesbezüglich von seiner zweiten Karriere gesprochen (Somek 2007, 417). Davon zeugen viele Einzelbeiträge, die er insbesondere in den 1940er und 1950er Jahren zu selbständigen Werken zusammenfasst. Zudem hat Kelsen über die Jahrzehnte hinweg in verschiedensten Formaten, auch dem des Gutachtens, zahllose Einzelfragen des Völkerrechts traktiert, darunter durchaus heikle etwa zum Status Deutschlands nach der vollständigen Kriegsniederlage 1945 (II.). Mit der über 900 Seiten umfassenden Schrift zur UN-Charta schließlich hat er den ersten Kommentar zu dieser vorgelegt und 1952 ein zusammenfassendes Lehrbuch zu den *Principles of International Law* publiziert; bereits ein Jahr vor Kriegsende war die programmatische Schrift *Peace through Law* erschienen (III.).

I. Grundsatzfragen

1. Das Völkerrecht als Rechtsordnung

Die *erste* Grundsatzfrage lautet: Handelt es sich beim Völkerrecht überhaupt um eine – der staatlichen vergleichbare – Rechtsordnung?[268] Da Charakteristikum des staatlichen Rechts ist, eine Zwangsordnung menschlichen Verhaltens zu sein,[269] müsste sich für das Völkerrecht gleiches aussagen lassen (v. Bernstorff 2001, 74 ff.). In der ersten Auflage der *Reinen Rechtslehre* bejaht Kelsen das noch ohne Umschweife:

> »Das Völkerrecht weist den nämlichen Charakter auf wie das einzelstaatliche Recht. Es ist wie dieses eine Zwangsordnung.« (RR[1] 131/140)

In der zweiten Auflage findet sich eine stärkere Problematisierung. Kelsen schreibt:

»Nach der hier vorgetragenen Bestimmung des Rechtsbegriffes ist das sogenannte Völkerrecht Recht, wenn es eine als souverän vorausgesetzte Zwangsordnung menschlichen Verhaltens ist; wenn es an von ihm bestimmte Tatbestände als Bedingungen von ihm bestimmte Zwangsakte als Folgen knüpft und daher, so wie das staatliche Recht, in Rechtssätzen beschrieben werden kann. [...] Die entscheidende Frage ist also: Statuiert das Völkerrecht Zwangsakte als Sanktionen?« (RR² 321/554 f.)

Diese Frage wird allerdings in der zweiten Auflage ohne größere Umschweife genauso bejaht wie in der ersten behauptet.[270] Freilich schränkt Kelsen in beiden Fällen gleich entscheidend ein: es handele sich beim Völkerrecht (noch) um eine »primitive« Rechtsordnung, weil es an zentralen Institutionen zur Erzeugung und Vollziehung von Rechtsnormen fehle.

»Aber das Völkerrecht ist noch eine primitive Rechtsordnung. Es steht erst am Anfang einer Entwicklung, die die einzelstaatliche Rechtsordnung bereits zurückgelegt hat. Es zeigt zumindest im Bereich des allgemeinen Völkerrechts und sohin für die gesamte Völkerrechtsgemeinschaft noch weitgehende Dezentralisation.« (RR¹ 131/140; ganz ähnlich RR² 323 f./558 f.)

Es dominieren das Völkergewohnheitsrecht und das Völkervertragsrecht (Blöchlinger 2022, 185 ff.). Als Sanktionen des Völkerrechts werden Krieg und Repressalien angesehen, über deren Einsatz die einzelnen Staaten selbst befinden (PdS 264 ff./520 ff.; RR¹ 131 f./140 f.; RR² 321 ff./555 ff.; Kleinlein 2012, 165). Dezentralisiert heißt also, dass es die Kontrahenten im Konflikt selbst sind, die über die Sanktionen entscheiden – und damit auch über die Frage, ob ihre Handlungen (Repressalie oder Krieg) nun eine Sanktion für ein vom Gegenüber begangenes Delikt oder selbst ein völkerrechtswidriges Delikt sind. Es regiert die »Technik der Selbsthilfe« (RR¹ 132/140; RR² 324/559). Allerdings macht Kelsen bereits im Jahr 1934 eine Tendenz zur »Ausbildung von Zentralorganen zur Erzeugung und Vollziehung der Rechtsnormen« aus (RR[1] 134/143; später RR[2] 328/566), die sich auf die Rechtsprechung konzentriere und auf die »Ausbildung einer internationalen Gerichtsbarkeit« (ebd.) ziele. Die Rechtsprechung erscheint als »Avantgarde der Zentralisation« (Kleinlein 2012, 169). Das ist eine ebenso hellsichtige wie zukunftsweisende Ansicht,[271] auch wenn wir von der vollständigen Realisierung dieses Prozesses noch sehr weit entfernt sein mögen. Als gleichermaßen vorausschauend kann die schon früh vertretene These von der Möglichkeit gelten, durch das Völkerrecht auch Individuen unmittelbar zu berechtigen und zu verpflichten (PdS 126ff., 134ff./388ff., 396ff.; RR[1] 133f./142f.; RR[2] 327ff./565ff.).[272] Dass man heutzutage mit der Einsicht in die potentielle Völkerrechtssubjektivität von Individuen »nur mehr offene Türen« einrennt (Öhlinger 2005, 168), spricht jedenfalls nicht gegen Kelsens Position. Zu Recht hat man ihn einen »Vordenker des Völkerstrafrechts« (Kreß 2020, 83) genannt.

2. Dualismus und Monismus

Bei der *zweiten*, die Völkerrechtswissenschaft seit jeher und bis heute umtreibenden Frage (siehe nur Seidl-Hohenveldern 2000, 118ff.; Herdegen 2022, 182ff.) geht es darum, ob man sich das Verhältnis von Staatsrecht und Völkerrecht als ein insgesamt einheitliches, also: monistisches, oder als ein dualistisches: mithin als ein Nebeneinander zweier selbständiger und unabhängig voneinander existierender Rechtssysteme vorzustellen hat.[273] Kelsen schlägt sich schon wegen der die Reine Rechtslehre prägenden Vorstellung einer »Einheit des rechtlichen Weltbildes« (Alfred Verdroß) eindeutig auf die Seite des Monismus. Die dualistische Position stellt sich ihm bereits als »rein logisch unhaltbar« (RR[1] 135/144; RR[2] 329/567) dar; denn es sei eine »erkenntnistheoretische Forderung: alles Recht in einem System, das heißt von einem und demselben Standpunkt aus als in sich geschlossenes Ganzes« zu verstehen (ebd.).[274] »*Die Einheit des Erkenntnisstandpunktes fordert gebieterisch eine monistische Anschauung*« heißt es mit demonstrativer Selbstgewissheit schon 1920 (PdS 123/385). Weil zudem kein prinzipieller Konflikt zwischen Völkerrecht und staatlichem Recht existiere, spreche nichts dagegen, in monistischer Weise von der »Einheit zwischen Völkerrecht und staatlichem Recht« (RR² 332/572) auszugehen.

Diese Einheit kann aber in verschiedener Weise konstruiert werden: Entweder stellt man sich das Verhältnis beider so vor, dass das Völkerrecht »als eine von der staatlichen Ordnung delegierte und daher dieser eingegliederte Rechtsordnung« begriffen wird. Oder man entwirft das umgekehrte Bild: Das Völkerrecht wird dann »als eine die staatlichen Rechtsordnungen delegierende, diesen übergeordnete, sie alle als Teil-Rechtsordnung umfassende Total-Rechtsordnung begriffen« (RR² 333/574; vgl. Kelsen 1952, 424 ff., 428 ff.). Beide Konstruktionen sind monistisch: Die eine geht vom Primat der einzelstaatlichen Rechtsordnung, die andere vom Primat der Völkerrechtsordnung aus.[275] Wichtig ist noch die Feststellung, dass der Unterschied zwischen beiden Varianten »nur den Geltungsgrund des Völkerrechts, nicht seinen Inhalt« betrifft (RR² 339/584). Die Rechtswissenschaft kann keine der beiden Versionen als vorzugswürdig auszeichnen (RR² 345/594).[276] Vielmehr gilt die monistische Wahlhypothese (v. Bernstorff 2001, 91 ff.; Jestaedt 2008, LIV; Lembke 2013, 235); die Wahl zwischen beiden Möglichkeiten erscheint letztlich als eine Frage der Weltanschauung (RR² 343 ff./591 ff.). Wenn Kelsen allerdings in diesen abschließenden Erwägungen ausführt, dass sich der Gegensatz zwischen den beiden monistischen Konstruktionen in einer Art von »Parallele« (RR² 343/591) zur subjektivistischen bzw. objektivistischen Weltanschauung bewegen würde, ja dass er sich mit dem Gegensatz vergleichen ließe, »der zwischen dem geozentrischen Ptolemäischen und dem heliozentrischen Kopernikanischen Weltbild« (RR^2 344/593) besteht, so sind das eher lose und im Kern eindeutig hochspekulative Aussagen. Kelsen sucht hier seine rechtstheoretischen Ausführungen in weiteren, umfassenden Weltbild-Figuren zu verankern, wofür es keine wirkliche Plausibilität mehr gibt.

II. Völkerrechtliche Gutachten und Stellungnahmen, insbesondere die *debellatio*-These

Einen gewissen Höhepunkt erlangt die Ausarbeitung völkerrechtlicher Schriften, die Kelsen seit Mitte der 1930er Jahre – und damit in einer Phase des zunehmenden Niedergangs des Völkerbundes – kontinuierlich verfasst hatte,[277] vor allem in Gestalt von Gutachten im Zusammenhang mit dem Ende des Zweiten Weltkriegs sowie dem Nürnberger Kriegsverbrechertribunal. Hier erstellt Kelsen eine Reihe von Memoranden für die Washingtoner Administration, die sich vor allem um Fragen der individuellen strafrechtlichen Verantwortlichkeit im Völkerrecht, um die – von Kelsen bejahte – Möglichkeit rückwirkender Gesetze oder den Angriffskrieg als völkerrechtliches Verbrechen drehten (Olechowski 2020, 745 ff.). Zuvor schon hatte Kelsen sich in durchaus brisanter Weise zum völkerrechtlichen Status Österreichs und Deutschlands geäußert (Olechowski 2020, 731 ff., 735 ff.). Insbesondere seine auf Deutschland bezogene sogenannte *debellatio*-These löste unter den deutschen Staatsrechtslehrern heftige, nicht nur rein wissenschaftlich motivierte Kritik aus. Diese These besagte, dass das Deutsche Reich aufgrund seiner vollständigen militärischen Niederlage in Gestalt der bedingungslosen Kapitulation untergegangen sei und als souveräner Staat aufgehört habe zu existieren; durch die Übernahme der »supreme authority« der Siegermächte hätten diese ein Kondominium über Deutschland errichtet (Kelsen 1945, 518 ff.). Auch wenn sich die Gegenposition durchaus vertreten ließ, waren doch die Untertöne in den zurückweisenden Stellungnahmen (Olechowski 2013, 546 ff.) bemerkenswert: etwa, wenn Hans Peter Ipsen das Buch Rolf Stödters über *Deutschlands Rechtslage*, die wesentliche wissenschaftliche Grundlegung der These vom Fortbestand des Deutschen Reichs, »als deutsche politische Tat« rühmte; Kelsens Position erscheint auf diese Weise im Urteil der Zeitgenossen als irgendwie undeutsch (Dreier 2001, 27 f./107). Auf jeden Fall hat sie sich aus vielerlei Gründen und nicht zuletzt wegen der anderslautenden Judikatur des Bundesverfassungsgerichts[278] nicht durchsetzen können.

III. Wichtige Monographien

1. Peace through Law

Im Jahr 1941 bestreitet Kelsen den Vorlesungszyklus der sehr renommierten Oliver Wendell Holmes Lectures (detaillierte Darstellung bei Kennedy 1995, 104 ff.), die ein Jahr später unter dem Titel *Law and Peace in International Relations* (Kelsen 1942) publiziert werden. Doch während er hier auf eher unoriginelle Weise die bis dahin in seinen Veröffentlichungen zum Völkerrecht bezogenen Positionen zusammenfasst und wiederholt (Olechowski 2020, 685 ff.), setzt seine 1944, ein Jahr vor Kriegsende erschienene Monographie mit dem programmatischen Titel *Peace through Law* (Kelsen 1944) einen deutlich anderen und stärkeren Akzent.[279] Zwar hatte Kelsen den Gedanken, dass der Frieden durch eine neue Weltordnung und durch eine internationale Gerichtsbarkeit geschützt werden müsse, schon vorher des öfteren geäußert.[280] Aber jetzt bietet er gewissermaßen die Quintessenz dieser Überlegungen. Es geht ihm um nichts Geringeres als einen im Anhang ausformulierten Vorschlag für einen neuen Völkerbund,[281] der nach dem absehbaren Ende des Zweiten Weltkriegs gegründet werden sollte und den Kelsen »Permanent League for the Maintenance of Peace« taufte. Dabei schlägt er im Vorwort einen geradezu leidenschaftlichen Ton an. »Er schreibt als Pazifist im blutigsten aller Kriege der Neuzeit und als rationaler Denker in einem Meer von Dummheit und Ignoranz, und seine Hoffnung war gering, daß die Menschheit bald zu Besinnung und Vernunft kommen würde.« (Fassbender 2008, 127) Kelsen holt in der Tat weit aus: Er bestreitet der christlich-abendländischen Zivilisation des 20. Jahrhunderts das Recht, moralisch überheblich auf die Vergangenheit zurückzuschauen, denn sie habe in zwei Weltkriegen in nationalistischem Wahn weit schrecklichere Menschenopfer dargebracht als die angeblich »primitiven« Völker in früheren Zeiten ihren Göttern. Und dann präsentiert er sein zentrales Postulat, dass der Friede das oberste und zentrale Ziel aller Anstrengungen sein müsse. Es heißt hier:

»There are truths which are so self-evident that they must be proclaimed again and again in order not to be doomed to oblivion. Such a truth is: that war is mass murder, the greatest disgrace of our culture, and to secure world peace is our foremost political task, a task much more important than the decision between democracy and autocracy, or capitalism and socialism; for there is no essential social progress possible as long as no international organization is established by which war between the nations of this earth is effectively prevented.« (Kelsen 1944, vii f.)

Der Fluchtpunkt seiner Überlegungen besteht nicht in einem utopischen Pazifismus oder einem irrealen Weltstaat,[282] sondern in einer Konföderation der Staaten in Gestalt eines verbesserten Völkerbundes (Kelsen 1944, ix, 9 ff.): »no revolution of international relations but reform of their order by an improvement of the social technique prevailing in this field« (Kelsen 1944, ix). Einen »utopian pacifism« bezeichnet er explizit als »serious danger« (ebd., viii). So schlug er ein internationales Abkommen vor, dem möglichst viele Staaten beitreten sollten (Losano 2020, 9). Ganz wesentliche und unverzichtbare Bedingung war für ihn dabei die Schaffung eines internationalen Gerichtshofs, dem sich Sieger wie Besiegte des ja noch andauernden Weltkriegs zu unterwerfen hätten und vor dem auch Individuen angeklagt werden könnten (Kelsen 1944, 13ff., 71ff.; dazu Rub 1995, 275ff.; Kleinlein 2012, 170; Losano 2020, 8f.).[283] »Kelsens zentrales Anliegen war die Schaffung einer obligatorischen internationalen Gerichtsbarkeit.« (Jabloner 1997, 58)

2. The Law of the United Nations

Wenn zutrifft, dass Kelsen sich »in dem Jahrzehnt zwischen 1945 und 1955 als führender Exeget der UN-Charta etablierte« (Fassbender 2008, 133), dann stellt sein Kommentar[284] zur UN-Charta von 1945, im Jahr 1950 veröffentlicht, ohne Zweifel sein völkerrechtliches »opus maximum« (Olechowski 2020, 784) dar. Diesem mit über 900 Seiten bemerkenswert umfangreichen Werk, das »umfangreichste, das er jemals verfasst hatte« (Olechowski 2020, 785), war eine ganze Serie thematisch einschlägiger Aufsätze aus der zweiten Hälfte der 1940er Jahre in hochangesehenen Zeitschriften vorangegangen (Fassbender 2008, 134f.); ein Jahr nach Erscheinen folgte ein rund einhundert Seiten starkes Supplementum.[285]

Bemerkenswert erscheint, dass Kelsen das Vorwort zu diesem Kommentar ganz der Interpretationstheorie widmet: »On Interpretation« (Kelsen 1950, xiiiff.). Hier wiederholt er in stark verknappter Form sein Credo von der – durchaus begrenzten – Aufgabe der Rechtswissenschaft, lediglich die verschiedenen möglichen Sinndeutungen einer Norm zu präsentieren, die Auswahlentscheidung aber letztlich den normanwendenden Organen zu überlassen (Kelsen 1950, xvi f.).[286] Nur die rechtsetzenden und rechtsanwendenden Organe der UN seien zur authentischen Interpretation berufen:

»If there are two or more possible interpretations, the law-applying organ has always the choice among them.« (Kelsen 1950, xiv)

So hat Kelsen denn ganz gemäß seinen theoretischen Überzeugungen sehr oft verschiedene Auslegungsmöglichkeiten einer Norm aufgezeigt, ohne eine Variante zu präferieren. Der Rechtswissenschaft wird allerdings mit Nachdruck die Aufgabe zugewiesen, Widersprüche, Ungereimtheiten und sonstige rechtstechnische Unzulänglichkeiten im Normenwerk aufzuspüren und zu kennzeichnen. Davon machte Kelsen weidlich Gebrauch, zumal er es als »ultimate goal of the critical analysis presented in this study« bezeichnet, das bestehende Regelwerk zu verbessern (Kelsen 1950, xvii).[287] Von den vielen einschlägigen Bemerkungen sei hier nur auf seine – heute weithin geteilte – Kritik am Vetorecht der wenigen ständigen Mitglieder des Sicherheitsrats hingewiesen (Kelsen 1950, 239 ff., 273 ff.; dazu Sucharipa-Behrmann 2004, 33 f.; Fassbender 2008, 142). Speziell der Kommentar zur UN-Charta hat sich keiner allzu positiven Resonanz erfreut, obwohl er manchen »noch heute als Standardwerk« (Kley/Tophinke 2001, 169) gilt. Zu fremd schien den meisten (angloamerikanischen) Rezensenten die Attitüde des streng juristischen Blicks und des Ausschlusses politischer und anderer Realfaktoren (Paulson 1988, 196 ff.; v. Bernstorff 2001, 200 f.; Fassbender 2008, 137 ff.). »Kelsens Kritik an der Charta wurde als kleinlich, unrealistisch und destruktiv empfunden« (Fassbender 2008, 137). Doch immerhin verlieh man ihm für dieses Buch den »Annual Award« der American Society of International Law (Olechowski 2020, 787). Allgemein gilt es als theoretisch anspruchsvolles, für den Praktiker aber eher unergiebiges Werk (Sucharipa-Behrmann 2004, 34 ff.).

3. *Principles of International Law*

1952 erscheint dann ein Lehrbuch zum Völkerrecht, das aus Kelsens Vorlesung am Political Science Department in Berkeley hervorgegangen ist und sich von daher nicht nur an Juristen wendet: *Principles of International Law* (Paulson 1988, 196 ff.). Hier behandelt er die geläufigen Themen (Olechowski 2020, 793 ff.): das Wesen des Völkerrechts; Delikte und Sanktionen, insbesondere der Krieg; die Rechtssubjekte des Völkerrechts und dessen Geltungsbereich sowie Entstehung und Untergang von Staaten; Quellen des Völkerrechts, insbesondere Völkervertragsrecht und Völkergewohnheitsrecht; Verhältnis von Staatsrecht und Völkerrecht. Dem Geschmack der angesprochenen Leserschaft entgegenkommend, bietet er eingangs seiner Darstellung einen »table of cases« (Kelsen 1952, xiii ff.). Am Ende stellt er, wie gehabt, die Entscheidung zwischen einer der beiden monistischen Hauptthesen als Ergebnis gerade nicht rechtswissenschaftlicher, sondern ethischer oder politischer Präferenzen dar (Kelsen 1952, 446 f.).[288]

IV. Zur Wirkung Kelsens

Mag es seinerzeit auch negative Reaktionen auf seine völkerrechtlichen Studien gegeben haben, sollte das deren positive Langfristwirkung nicht überdecken. Es dürfte gerade die Verbindung eines hohen Abstraktionsniveaus mit der Mannigfaltigkeit konkreter Themen und Fragestellungen sein, die zur Anschlussfähigkeit und zur verstärkten Rezeption des Völkerrechtlers Kelsen in jüngerer Zeit maßgeblich beigetragen hat (Leben 1998; v. Bernstorff 2001, 39ff.; auch Lembke 2013, 234ff.). Das gilt auch für die Gestalt der Europäischen Union, die Kelsen in seinen Publikationen naturgemäß noch nicht in ihrer heutigen Bedeutung würdigen konnte. Doch auch für die schwierig zu deutende Gesamtkonstruktion der Union in ihrem Verhältnis zu den Mitgliedstaaten hat man die souveränitätskritische Konzeption Kelsens mit ihrer Offenheit gegenüber fluiden Gestaltungs- und Verteilungsmöglichkeiten hoheitlicher Kompetenzen auf verschiedene Ebenen und Träger in durchaus fruchtbarer Weise herangezogen (Kaufmann 1997, 521ff., 527; Jestaedt 2004, 657ff.; Dreier 2007, 102ff./52ff.). In der zweiten Auflage der *Reinen Rechtslehre* heißt es, die bislang tatsächlich eingetretene Entwicklung gleichsam noch um einige Schritte vorwegnehmend:

»Durch völkerrechtlichen Vertrag kann eine internationale Organisation geschaffen werden, die so zentralisiert ist, daß sie selbst Staatscharakter hat, so daß die vertragschließenden Staaten, die ihr eingegliedert sind, ihren Charakter als Staaten verlieren.« (RR^2 343/591)

Das ist, in den 1950er Jahren geschrieben, wahrlich visionär! Auch kelsenkritische Autoren räumen ein, dass sich das umstrittene Verhältnis von unionalem Recht und mitgliedstaatlichem Recht mithilfe der Begrifflichkeit der Reinen Rechtslehre zumindest präzisierend erfassen, wenn auch letztendlich nicht in der Sache entscheiden lasse (Öhlinger 2005, 168ff.).[289] »Für die rechtswissenschaftliche Modellierung überstaatlicher Gemeinschaften, postnationaler Rechtsordnungen – wie der Europäischen Union, aber auch globaler Vertragsgemeinschaften – liefert Kelsen eine weit zukunftsfähigere intellektuelle Blaupause als die meisten unserer juristischen Zeitgenossen.« (Oeter 2008, 284f.)

V. Fazit

Beginnend mit der Zeit an seinem Kölner Lehrstuhl ab dem Spätsommer 1930, sodann forciert in seinen Genfer Jahren (Bersier Ladavac 2004; Busch/Bersier Ladavac 2019) sowie den Jahrzehnten danach, nimmt das Völkerrecht im Schaffen Kelsens einen zentralen Platz ein. Man wird vermuten dürfen, dass diese intensive Beschäftigung nicht nur rein wissenschaftliche, sondern durchaus auch politische und moralische Gründe hatte: »Durch seine völkerrechtliche Arbeit glaubte Kelsen eine friedliche und gerechte Weltordnung am stärksten fördern, (rechts-)politischen Einfluß nehmen zu können.« (Fassbender 2008, 133; ähnlich Bull 1986, 332) Wie ein roter Faden zieht sich durch seine verschiedenen Beiträge als »zentrales Anliegen« (Jabloner 1997, 58) die Etablierung einer internationalen Gerichtsbarkeit (Rub 1995, 293 ff.; Kleinlein 2012, 165 ff.). Das darf aber nicht zu dem Fehlschluss verleiten, Kelsen habe politische Vorstellungen im Gewande wissenschaftlicher Aussagen vorgetragen und gleichsam seine politische Agenda kaschiert – oder, vorsichtiger formuliert, es liege seiner Konstruktion ein unaufgelöstes Spannungsverhältnis zwischen wertfreier wissenschaftlicher Analyse und der expliziten Förderung eines (kosmo-)politischen Projekts der Institutionalisierung internationaler Beziehungen zugrunde.[290] Denn zwischen Vorschlägen *de lege ferenda* einerseits, der Darstellung und Kritik des geltenden, positiven Rechts andererseits hat Kelsen deutlich unterschieden. Zwar ist richtig, dass er eine Zeit lang behauptete, die Bewahrung des Friedenszustandes sei eine dem Recht wesentliche Funktion und es trete nun an die Stelle des Ideals der Gerechtigkeit als allgemeiner, allen Rechtsordnungen immanenter Wert das Ideal des Friedens; später machte er jedoch klar, dass auch der Frieden keine dem Recht zwingend inhärente Funktion darstellt (Dreier 1986, 165; näher Vašek 2014,

21 ff., 25 ff.).[291] So bleibt das Friedenspostulat eher Ausdruck einer Hoffnung und einer rechtspolitischen Wertung. Allein: Wenn diese Wertung vorgenommen, wenn das Ideal als solches bezeichnet ist, kann man die zur Erreichung des Ziels tauglichen Mittel benennen und einer rationalen Diskussion unterziehen. Natürlich ist gar nicht zu bestreiten, dass Aussagen, die wissenschaftlich gewonnen wurden, politische Wirkungen haben können (RR[1] 153/161). Doch berechtigt das nicht dazu, Kelsens Theorie als letztlich politisch zu »entlarven«.

Betrachtet man nun die Resonanz, die Kelsens völkerrechtliche Schriften gefunden haben, so ergibt sich eine gemischte Bilanz. Seine grundsätzlichen Ausführungen etwa zum Verhältnis von Staats- und Völkerrecht sowie seine hellsichtigen Hinweise zum Ausbau einer internationalen Gerichtsbarkeit sind unabhängig vom Grad ihrer Realisierung von bleibendem Wert. Hingegen stießen seine Reformvorschläge und seine vielfältigen Kritikpunkte etwa an der UN-Charta nicht immer auf ein positives Echo. Das tut seiner fortdauernden und, wenn die Zeichen nicht trügen, insgesamt eher zunehmenden Rezeption als Völkerrechtler aber keinen Abbruch.[292] So hat man etwa vor nicht langer Zeit darauf hingewiesen, dass Kelsen maßgebliche Entwicklungen im Völkerrecht vorhergesehen und mitgeprägt hat (Somek 2007, 417 ff.). Auch wurde ein »return of universalism« im internationalen Recht mit seinem Namen verbunden (v. Bernstorff 2016) – um nur einen von weiteren einschlägigen Titeln zu nennen.[293] Kelsens »kosmopolitisches Projekt« (Kreß 2020, 106) dürfte zwar von seiner endgültigen Realisierung nach wie vor weit entfernt, aber noch nicht definitiv gescheitert sein.

Teil 6: Kelsens soziologische und ideologiekritische Beiträge

Die Überschrift zu diesem Abschnitt mag überraschen. Soziologische Beiträge von Kelsen? Also von demjenigen Autor, der sich in seinen frühen Jahren so heftige Kontroversen (nicht nur) mit Eugen Ehrlich über die Rechtssoziologie und namentlich über die Grenzziehung zwischen juristischer und soziologischer Methode geliefert hatte?[294] Freilich ist man sich heute weitgehend darüber einig, dass beide damals beständig aneinander vorbeiredeten. Doch schon seinerzeit hatte Kelsen gar keine prinzipiellen Einwände gegen soziologische Untersuchungen von Rechtsphänomenen, wollte allerdings ganz im Sinne der »doppelten Frontstellung«[295] die Normativität des positiven Rechts auch nach dieser Seite, der kausal-soziologischen, theoretisch abschirmen. Soziologie ist ihm zufolge nicht Substitut, aber Komplement der Rechtswissenschaft.[296] So heißt es schon in seiner Habilitationsschrift, dass der Jurist auch soziologische, psychologische, historische Untersuchungen vornehmen könne und solle: »Solche sind nötig; allein der Jurist muß sich stets bewußt bleiben, daß er als Soziologe, Psychologe oder Historiker einen ganz anderen Weg verfolgt, als jenen, der ihn zu seinen spezifischen juristischen Erkenntnissen führt, er darf die Resultate seiner explikativen Betrachtung niemals in seine normativen Begriffskonstruktionen aufnehmen.« (HdS 42/127 f.)[297] Kelsen insistiert mithin auf klarer Grenzregulierung zwischen Rechts- und Sozialwissenschaften.

Bemerkenswert erscheint, dass er sich 1929 auf den Frankfurter Lehrstuhl für Soziologie an der wirtschafts- und sozialwissenschaftlichen Fakultät beworben hatte und auch auf die Liste gekommen war, die vom Berliner Ministerium freilich abgelehnt wurde (Olechowski 2020, 464ff.).

Von Kelsen selbst stammen zahlreiche als soziologisch zu kennzeichnende Beiträge, die sich insbesondere mit dem Verhältnis von Vergeltung und Kausalität, von Causality and Retribution beschäftigen; hier zieht die große Monographie aus dem Jahr 1941 eine Summe (dazu I.). Hinzu treten seine ideologiekritischen Analysen (II.): Mit politischen Theorien setzt er sich des näheren in Gestalt des Marxismus und des Bolschewismus auseinander; auch seine Naturrechtskritik, gerade am antiken Naturrecht, sowie seine postum erschienene Schrift über *Secular Religion* gehören zum Kreis der dezidiert ideologiekritisch motivierten Schriften.

I. Die »soziologische Untersuchung« zu Vergeltung und Kausalität

1. Zum Gegenstand der Studie

1941 publiziert Kelsen eine umfangreiche Studie zum Thema *Vergeltung und Kausalität*, deren Untertitel lautet: »Eine soziologische Untersuchung«.[298] Kriegsbedingt kann das Werk allerdings erst im Jahr 1946 ausgeliefert werden. Der Gegenstand des Buchs reicht weit über den engeren Bezirk der Rechtswissenschaft hinaus, ohne jedoch jeglichen Bezug zu ihr zu verlieren.

Worum geht es in diesem profunden »Kulturumblick«, diesem »Markstein in der Geschichte der Weltanschauungsanalyse« (Topitsch 1982, XXIX, XXXII)? Die beiden titelgebenden Grundbegriffe verweisen auf je umfassende, aber höchst unterschiedliche Weltdeutungssysteme: Das ältere rekurriert auf Vergeltung als zentrales Erklärungsmodell, das jüngere auf Kausalität. Kelsen demonstriert im Rückgang auf die Vorstellungswelten archaischer Gesellschaften und unter Rückgriff auf den damaligen Erkenntnisstand der Ethnologie, wie sich die für die Moderne selbstverständliche und für unser heutiges Weltverständnis konstitutive Differenz von Natur und Gesellschaft, Sein und Sollen, Kausalgesetzlichkeit und Normgesetzlichkeit im Laufe der Entwicklung erst allmählich ausgebildet, dann aber endgültig durchgesetzt hat.[299]

Der erste und ausführlichste Teil dieser umfänglichen Studie widmet sich der Naturauffassung der »primitiven«[300] Stammesgesellschaften, insbesondere der sozialen Deutung der Natur und der Rolle des Vergeltungsprinzips als des zentralen Erklärungstypus. Diesem Denken stellt sich die gesamte Welt als umfassendes Sozialgebilde dar, als Einheit eines einzigen großen, aber unbegriffenen und unverfügbaren Normenzusammenhanges. Unverfügbar, weil alles Geschehen als absichtsvoll gedeutet wird, aber dieses Geschehen in der Hand stärkerer Kräfte und höherer Mächte als der der Menschen liegt. Weil das Denken in Kausalzusammenhängen den archaischen Gesellschaften fremd ist, deutet man die gesamte Welt mithilfe sozialer Kategorien. So werden beispielsweise die ertragreiche Ernte und die erfolgreiche Jagd als Belohnung für gutes, den Göttern oder anderen magischen Mächten gefälliges Verhalten der Menschen, eine schlechte Ernte und Misserfolg bei der Jagd hingegen als Strafe durch eben diese Mächte wegen menschlichen Fehlverhaltens gedeutet.[301] Erscheinungen, die wir nach dem Kausalprinzip deuten würden, sind dem archaischen Denken zufolge als Konsequenz von Normbefolgung oder Normverletzung anzusehen. Die Interpretation tatsächlicher Vorgänge erfolgt soziomorph oder sozionormativ. Der für das moderne Denken selbstverständliche Dualismus von Natur und Gesellschaft ist noch nicht ausgebildet, die Natur bildet gewissermaßen einen integralen Bestandteil der Gesellschaft.

»Der Dualismus von Natur, als einer kausalen, und Gesellschaft, als einer normativen Ordnung, der Dualismus zweier verschiedener Methoden, die gegebenen Elemente miteinander zu verknüpfen, ist dem primitiven Bewußtsein völlig fremd.« (RR^2 88/165)

Für das archaische Denken gibt es im Grunde nur Gesellschaft. Oder, mit Kelsen selbst gesprochen: Die Natur ist hier letztlich ein »Stück der Gesellschaft« (VuK 46 ff.). Alles Naturgeschehen wird als vergeltende Reaktion gedeutet: als Belohnung für richtiges, als Strafe für falsches Handeln. Das Vergeltungsprinzip stellt somit, so Kelsen in einer bezeichnenden Formulierung, die »Grundnorm der primitiven Gesellschaftsordnung« (VuK 66) dar. Das gesamte gesellschaftliche Leben wird zusammen mit der äußeren Natur einem universalen Kosmos zugeordnet und soziomorph interpretiert. Die Ursache erscheint gleichsam als Verdienst oder Schuld, die Wirkung als Belohnung oder Strafe.

Sein und Sollen bilden somit eine ungeschiedene Einheit, weil das Sollen das Sein vollständig absorbiert. Kelsen schildert eindringlich, wie sich der für das moderne Denken selbstverständliche und für unsere Idee von Recht und Rechtswissenschaft konstitutive Dualismus von Natur und Gesellschaft, Sein und Sollen, Kausalgesetzlichkeit und Normgesetzlichkeit erst allmählich und in Überwindung des mythischen Denkens herausgebildet hat, namentlich in der antiken griechischen Naturphilosophie und dann endgültig in der Epoche der Aufklärung (näher VuK 236 ff., 259 ff., 279 ff.). Dieser letztlich langwierige und von Rückschlägen nicht freie Prozess mag hier im einzelnen auf sich beruhen.[302]

2. Relevanz für die Reine Rechtslehre

Für uns ist vor allem wichtig, dass sich Kelsen für dieses archaische und mythische Denken nicht etwa als dilettierender Hobby-Ethnologe interessierte. Vielmehr spürte er mit seinen Analysen sozusagen der Genese der Trennung von Sein und Sollen nach, die für seine Reine Rechtslehre von so essentieller Bedeutung war. Hier, bei dem langen Entwicklungsprozess vom reinen Vergeltungsdenken hin zur Trennung in Vergeltungs- und Kausalgesetzlichkeit, konnte er die Verselbständigung des normativen Sollensbereichs sozusagen kulturgeschichtlich nachvollziehen – dadurch, dass die normative Deutung im Laufe der Zeit auf die sozialen Relationen in Staat und Gesellschaft reduziert, die kausale hingegen auf den Bereich der von den Naturwissenschaften erklärbaren Phänomene bezogen wurde (RR^2 79ff. 86ff./152ff., 162ff.). Kelsens sozialanthropologische Studien entfalten also die strukturelle Dimension des Dualismus von Natur und Gesellschaft, von Sein und Sollen in ihrer zeitlichen Entwicklungsdimension. Die hier nachgezeichnete historische Ausdifferenzierung kausaler und normativer Deutungsmuster und Weltanschauungstypen bedeutet im Grunde nichts anderes als die zeitlich-lineare Entwicklung dieser für modernes Rechtsdenken konstitutiven Dichotomie.

Für die Grundtypen von Vergeltung und Kausalität interessiert sich Kelsen mithin als professioneller Jurist, der »den menschlichen Ursprung der staatlichen Ordnung« (VuK 211) zu erkennen sucht. Das archaische und mythische Denken ist für ihn deshalb von eminentem Interesse, weil dessen Überwindung und damit die Unterscheidung von Vergeltung und Kausalität Entscheidendes für das Recht austrägt. In der Verschiedenheit von Vergeltungs- und Kausalitätsprinzip, im Dualismus von Gesellschaft und Natur gründet die Möglichkeit der Entwicklung des modernen

Rechts und der positivistischen Rechtswissenschaft, liegt mithin – was für Kelsen besonders wichtig ist – in letzter Konsequenz die Möglichkeit der Überwindung des Naturrechts begründet (VuK 281), in dem er ohnehin ein Residuum archaischen Denkens erblickt.

Erst wenn aus dem *einen* Gesetz, das ursprünglich nur normative Qualität hatte, das Rechtsgesetz einerseits, das Naturgesetz andererseits geworden ist – erst dann wird (neben anderen Sollensordnungen wie Moral, Religion etc.) Recht, Rechtswissenschaft und Rechtspositivismus, erst dann wird also auch eine Reine Rechtslehre möglich. Nur wenn der normativen Dimension, also im Grunde einem Residuum der archaischen Weltauffassung, ein eigener Bereich eingeräumt, erst »wenn Gesellschaft als eine normative Ordnung des gegenseitigen Verhaltens von Menschen verstanden wird, kann sie als ein von der kausalgesetzlichen Ordnung der Natur verschiedener Gegenstand begriffen, kann Gesellschaftswissenschaft der Naturwissenschaft entgegengesetzt werden« (RR² 79/151). Erst durch Abgrenzung von der Natur wird die normativ-soziale Sphäre als eigenständige Ordnung begreifbar und gestaltbar. Und das Recht, namentlich das positive Recht als Gegenstand der Reinen Rechtslehre, spielt bei dieser Selbstbestimmung im sozialen Bereich eine zentrale Rolle. Von daher bilden die in der zweiten Auflage der *Reinen Rechtslehre* enthaltenen Abschnitte[303] keine Fremdkörper in diesem rechtstheoretischen Grundlagenwerk, sondern integrale Bestandteile desselben.

II. Ideologiekritische Schriften

Fasst man den Begriff der Ideologiekritik eher weit im unspezifischen Sinne der Kritik eines falschen Bewusstseins oder einer verhüllenden Darstellung, so ließen sich weite Teile von Kelsens Werk in diese Rubrik einordnen. Der Reinen Rechtslehre attestiert er insgesamt eine »anti-ideologische Tendenz« (RR[1] 17f./29f.; RR[2] 112/207), und bei der Kritik einzelner tradierter Rechtsfiguren (z.B.: Dualismus von Staat und Recht; Dualismus von öffentlichem und privatem Recht; der üblichen Konzeption des Eigentums) argumentiert er ausdrücklich mit dem Hinweis auf deren ideologischen Charakter (RR[2] 135ff., 285ff., 288f./244ff., 494ff., 500f.).[304] Ideologiekritik ist ein Dauertopos in Kelsens Rechtstheorie.[305] So gesehen, könnte man dem Gesamtprojekt der Reinen Rechtslehre eine »ideologiekritische Stossrichtung« (Blöchlinger 2022, 170) zuschreiben. Fasst man den Begriff hingegen enger im Sinne einer Kritik umfassender Deutungssysteme, kommen vor allem jene Schriften in Betracht, in denen Kelsen bestimmte politische Theorien, Welterklärungsmodelle oder (rechts-)philosophische Konzeptionen einer kritischen Betrachtung unterzieht.

1. Kritik des Marxismus und Kommunismus

Kelsen hat sich in einer Reihe kleinerer und größerer Schriften und wiederum über einen längeren Zeitraum hinweg relativ intensiv mit dem Verhältnis marxistischer Positionen zu Fragen des Rechts (SuS), mit der politischen Theorie des Bolschewismus (PTB) und der sich erst im Laufe der Zeit entwickelnden kommunistischen Rechtstheorie (CTL) auseinandergesetzt. In seinen Beiträgen aus der Zeit der Weimarer Republik, in denen er von seiner Sympathie für die (auf pragmatische Reformarbeit ausgerichtete) Sozialdemokratie keinen Hehl machte, unterzog er die marxistischen Rechtslehren bereits einer grundsätzlichen Kritik. Kelsen insistierte insbesondere auf dem Dualismus von Sein und Sollen, dem Nichtabsterben des Staats sowie dem Objektivitätsanspruch der Wissenschaft (Potacs 2014, 84ff.) und warf der marxistischen Lehre mancherlei Unklarheiten und Widersprüche vor (Gassner 2016, 147 ff.).[306] Im Kern kontrastiert er die politische Theorie von Marx und Engels, die er als »anarchistisches Ideal« (SuS 44 ff./425 ff.) bezeichnet, mit der Parteidoktrin der deutschen Sozialdemokratie und deren Bejahung des Staates (SuS 57 ff./442 ff.). Der Staat soll dieser Doktrin gemäß nicht absterben, sondern umgewandelt werden, und er wird mit Notwendigkeit eine Zwangsordnung bleiben müssen. Andernorts nimmt Kelsen eine Art Abgleich mit der eigenen Rechtstheorie vor und sucht dadurch vor allem aufzuzeigen, dass die sogenannte materialistische Auffassung in vielen Punkten den Positionen der herrschenden ›bürgerlichen‹ Rechtswissenschaft noch zu sehr verhaftet ist (Kelsen 1931, 113 ff.).[307]

Während in der Zeit kurz nach dem Ersten Weltkrieg die demokratischen Elemente der sowjetischen Räteverfassung immerhin noch diskutiert werden (SuS 114 ff./508 ff.), steht dann in den Schriften aus der Zeit nach dem Zweiten Weltkrieg die offene und deutliche Kritik an dem ideologischen und unfreiheitlichen Charakter der Rechtslehre des Marxismus-Leninismus im Zentrum (insbesondere PTB 39 ff.; CTL 116 ff., 193). Dabei nimmt sich *The Political Theory of Bolshevism* aus dem Jahr 1948 eher wie ein »Kurzlehrbuch für Studenten« (Gassner 2016, 154) aus, wohingegen *The Communist Theory of Law* aus dem Jahr 1955 ausführlicher gearbeitet ist; über weite Strecken bietet es eine eingehende Analyse der verschiedenen sowjetischen Rechtstheoretiker und setzt sich auch mit deren Kritik an seiner Reinen Rechtslehre auseinander.[308] Natürlich ist richtig, dass sich die scharfen Verurteilungen gut in die »antikommunistischen Strömungen jener Jahre« einfügen (Olechowski 2020, 798). Aber ebenso richtig ist, dass Kelsen mit der politischen Theorie des Bolschewismus die Realität des Stalin-Regimes erfasst und ihren diktatorischen Charakter in aller Deutlichkeit herausstellt: Die Rede ist von der »totalitarian dictatorship of Bolshevism« (PTB

1) bzw. von der »complete dictatorship of the Communist party« (PTB 56; ähnlich CTL 136). Über die verheerenden Folgen des Sowjetkommunismus für die Rechtswissenschaft macht sich Kelsen keine Illusionen. Der letzte Satz des Buches über die kommunistische Rechtstheorie lautet ernüchternd:

»The deplorable status of Soviet legal theory, degraded to a handmaid of the Soviet government, should be a grim warning to social scientists that true social science is possible only under the condition that it is independent of politics.« (CTL 193)

Und die Zielrichtung seiner Bolschewismus-Schrift hat er programmatisch wie folgt bestimmt:

»The purpose of this study is to show the paradoxical contradiction which exists within Bolshevism between anarchism in theory and totalitarianism in practice, and to defend the true idea of democracy against the attempt to obliterate and to adulterate it by presuming a party dictatorship as the political self-determination of a free people.« (PTB 1 f.)

Noch grundsätzlicher geht es Kelsen in diesen wie auch in anderen Abhandlungen darum, die Autonomie des Rechts im Sinne eines spezifischen normativen Zusammenhangs zu bewahren, der sich nicht in einem Gefüge sozialer und ökonomischer Faktoren erschöpft. Ausdrücklich geht es ihm nicht um die Zurückweisung des möglichen Inhalts kommunistischen Rechts, sondern um die Bekämpfung einer Denkweise, die die Eigenständigkeit des Normativen, des Sollens, leugnet, hingegen Werturteile auf soziologisch oder psychologisch erklärbare Fakten reduziert und letztlich Rechtswissenschaft in Sozialwissenschaft auflöst.

»It is an anti-normative tendency, based on the unwillingness or incapacity of recognising the specific meaning of a norm or normative order. [...] The anti-normative approach to social phenomena is an essential element of the Marxian theory in general and of the Marxian theory of law in particular.« (CTL VII)

2. *Kritik des Naturrechts*

a) Allgemein

Die Kritik des Naturrechts stellt eine Konstante in Kelsens Werk dar: Von seiner Habilitationsschrift bis hin zu seinen letzten Publikationen hat er sich gegen naturrechtliche Lehren gewandt.[309] Freilich wechselt dabei durchaus der Schwerpunkt seiner Argumentation.[310] Konstant bleibt allerdings die ideologiekritische Stoßrichtung: Kelsen konzentriert sich ganz auf die Tendenz des Naturrechts, »zur Rechtfertigung und Verklärung von herrschaftlichen Sozialstrukturen« zu dienen (Topitsch 1989, 14). Das unterscheidet ihn stark von Autoren, die – wie etwa Max Weber – eher auf die revolutionär-emanzipatorische Funktion naturrechtlicher Ideen abstellen. Kelsen aber hält mit bemerkenswerter Strenge (und zugleich einer gewissen Enge) an der These fest, die Naturrechtslehren dienten in der Hauptsache dazu, »die bestehenden Rechtsordnungen und ihre wesentlichen politischen und wirtschaftlichen Institutionen als dem Naturrecht entsprechend zu rechtfertigen«, was ihnen »einen durchaus konservativen Charakter« verleihe (RR² 435/740). Danach ziele das Naturrecht »im wesentlichen auf eine konservative Rechtfertigung des positiven Rechts« (RR² 438/746) und stärke in seiner tatsächlichen Wirkung »die Autorität dieses positiven Rechts ganz wesentlich« (RR² 441/750). Das positive Recht bildet in dieser Sichtweise demnach niemals »die freie Schöpfung des menschlichen Gesetzgebers und Richters, sondern nur die Reproduktion eines jenseits dieses positiven Rechtes stehenden Naturrechts« (GNR 44).

Nun ist keine Frage, dass es eine solche beharrende und systemstabilisierende Funktion des Naturrechts in der Geschichte durchaus gegeben hat: Man denke etwa an das christliche Naturrecht des Hochmittelalters oder den Neothomismus des späten 19. und frühen 20. Jahrhunderts; auch für die Stoa und andere antike Lehren mag das zutreffen. Freilich kommt dabei zu kurz, dass es auch ein rationales Naturrecht gegeben hat, ein mit den Namen von Hobbes, Locke, Rousseau und Kant verknüpftes Vernunftnaturrecht, das etwa in der Amerikanischen und auch der Französischen Revolution durchaus herrschaftskritische Akzente setzen konnte (Dreier 2013a, 137 ff.), ja als wesentlicher ideengeschichtlicher Legitimationsgrund für die Überwindung der alten Verhältnisse diente (Grimm 1970).[311] Auch die spanische Spätscholastik des 16. und frühen 17. Jahrhunderts (Francisco de Vitoria, Bartolomé de Las Casas, Francisco Suárez) ließe sich nur schwerlich in das Schema restaurativer Herrschaftsbestätigung pressen. Gleiches gilt für das Naturrecht der englischen Leveller des 17. Jahrhunderts.[312]

Das bedeutet: Jeder Rückblick auf die politische Geschichte naturrechtlicher Ideen in der Neuzeit zeigt, dass es sich hier teils um herrschaftsstabilisierende, teils um herrschaftskritische, teils um rückwärtsgewandte, teils um radikal progressive Konzepte und Entwürfe handelte. Kelsen betont mit einer gewissen Einseitigkeit, die auch der zeitgenössischen Dominanz neothomistischer Lehren geschuldet sein mag, diejenigen Traditionslinien, die eher konservativ-beharrende Tendenzen aufwiesen. Der für die Vernunftnaturrechtslehre zentrale Gedanke, dass sich alle staatliche Herrschaft letztlich auf die Zustimmung der Herrschaftsunterworfenen gründen muss, spielt in dieser Wahrnehmung keine relevante Rolle. Der sich dort spiegelnde normative Individualismus wird in Kelsens Rezeption der Naturrechtslehren zu gering eingeschätzt – auch wenn man sich vor der naiven Annahme hüten muss, die Theorie des aus dem Naturzustand herausführenden Sozialvertrags stelle per se eine emanzipative Kategorie dar. Denn der individualistische Ausgangspunkt schützte nicht vor absolutistischen Konsequenzen. Allerdings war mit dem individualistischen und rationalistischen Naturrecht der Gedanke der Mündigkeit und Autonomie des Menschen in gewisser Weise unwiderruflich gesetzt. Es liegt eine wesentliche Zäsur zwischen dem Naturrecht von Antike und Christentum und dem des Vernunftzeitalters. Die »Natur« dieses Naturrechts wird nicht mehr von der natürlichen Ordnung der Dinge oder einem Kosmos der Schöpfungsordnung gebildet. Sie liegt nun in der Vernunftnatur des Menschen selbst, der die alleinige Verantwortung für die sozialen und politischen Verhältnisse trägt und sich seine Welt gewissermaßen autonom erschaffen kann. Denn das Vernunftnaturrecht macht ihn zum (potentiellen) Gestalter seiner sozialen Welt.

Diese Pointe entgeht Kelsen, dessen eigentümlich verengte Optik wohl (zumindest partiell) damit erklärt werden kann, dass die Renaissance des Naturrechts nach dem Ersten wie nach dem Zweiten Weltkrieg sich einem geistigen Sicherheitsbedürfnis, dem Wunsch nach absoluten Gewissheiten verdankte. Diesen Punkt hat er selbst deutlich benannt:

»Sobald die gesellschaftlichen Grundlagen und mit ihnen das Selbstbewußtsein des Individuums – wie dies durch den großen Krieg geschehen – auf das tiefste erschüttert werden, sobald die meisten Werte, die man bis dahin als selbstverständlich hingenommen, in Frage gestellt sind, sobald der Gegensatz zwischen den Interessengruppen aufs äußerste verschärft und sohin der Kampf um eine neue Ordnung entbrannt ist: muß sich ein wesentlich erhöhtes Bedürfnis nach absoluter Rechtfertigung der in diesem Kampf auftretenden Postulate einstellen.« (GNR 77)

b) Insbesondere: Kritik der griechischen Rechts- und Sozialphilosophie

Besonders breiten Raum nimmt Kelsens Beschäftigung mit der griechischen Rechts- und Sozialphilosophie ein, in Sonderheit die kritischen Analysen der Schriften Platons und des Aristoteles. Seit den 1920er Jahren arbeitet er immer wieder längere einschlägige Manuskripte aus, die großteils allerdings erst Jahre oder Jahrzehnte später erscheinen.[313] Welche herausragende Bedeutung er gerade Platon beimisst, wird auch daran ersichtlich, dass er seine Kölner Antrittsvorlesung im November 1930 (Olechowski 2020, 494) der platonischen Gerechtigkeit widmet. Sein umfänglichstes Werk zu Platon mit dem sprechenden Titel *Die Illusion der Gerechtigkeit* erscheint postum im Jahr 1985; der dritte und letzte Teil dieses Buchs befasst sich mit der Frage nach der Gerechtigkeit (IdG 205 ff.). Die anderen Teile gehen über das rechtliche oder rechtsphilosophische Themenfeld weit hinaus, so etwa »Die platonische Liebe« mit ausführlicher, stark psychoanalytisch geprägter Schilderung von Platons Leben; auch der Homosexualität des Denkers und dessen Erostheorie widmet Kelsen breiten Raum (IdG 46 ff.).

Inhaltlich greift Kelsen, wenig überraschend, vor allem die Präsentation ewiger Wahrheiten und absoluter Normen an, die im Namen der Gerechtigkeit vorgetragen werden und deren Unhaltbarkeit er ideologiekritisch darzulegen sucht. Insbesondere Platons Gerechtigkeitslehre wird als tautologisch bzw. inhaltsleer bezeichnet, weil er die Frage inhaltlich niemals beantworte, sondern die Antwort nur immer weiter hinausschiebe. Der Tautologie-Vorwurf trifft auch die berühmte Mesotes-Lehre des Aristoteles, die Tugend als Mitte zwischen zwei Extremen markiert: so liege beispielsweise die Tugend der Tapferkeit in der Mitte zwischen dem Laster der Feigheit, also einem Zuwenig an Tapferkeit, und dem Laster der Tollkühnheit, also einem Zuviel an Tapferkeit. Dem hält Kelsen entgegen, dass diese »Bestimmung« der Tugend nur gelingen könne, wenn die beiden Extreme schon vorher festgelegt worden seien. So setzt die Mesotes-Formel Kelsen zufolge voraus, was sie zu erweisen behauptet.[314] Ob er mit alledem den beiden großen Denkern hinlänglich gerecht wird, sei hier dahingestellt.[315]

3. Secular Religion

Das bislang letzte postum erschienene Werk Kelsens verdient schon wegen seiner wirklich ungewöhnlichen Publikationsgeschichte besondere Beachtung. Die Arbeit an der Thematik reicht bis in die frühen 1950er Jahre zurück, als er eine sehr ausführliche und kritische Rezension zu dem Buch seines früheren Schülers Eric Voegelin über *The New Science of Politics* verfasst, aber nicht publiziert, sondern das Manuskript weiter ausbaut und es zunächst 1958 unter dem Titel »Defense of Modern Times« erfolgreich der California Press zur Publikation anbietet. In der Folge schreibt er es dann aber weiter um und ändert den Titel in »Religion without God«.[316] Die Veröffentlichung eines Kapitels dieses Manuskripts in der Zeitschrift *Social Research* kommt ungeachtet der Annahme durch die Redaktion letztlich nicht zustande, weil Kelsen das Manuskript Anfang 1963 zurückzieht. Als im gleichen Jahr California Press Kelsen die Fahnen von »Religion without God« zuschickt, werden diese zunächst von ihm korrigiert, bis er sich dann endgültig für die Nichtpublikation entscheidet und dem Verlag eine beträchtliche Summe für die entstandenen Unkosten zahlt. Letztlich bleiben die Motive Kelsens für die unterlassene Publikation unklar. Das Buch erscheint postum im Jahr 2012.

In der Sache geht es Kelsen um die entschiedene Zurückweisung solcher Thesen und Theorien, die in den Werken moderner Philosophen ungeachtet ihrer expliziten antireligiösen Tendenz verschleierte religiöse Konzepte oder eine verborgene Theologie am Werk sehen sowie bestimmte politische Ideologien der Moderne als »säkulare Religionen« deuten wollen (vgl. Dreier 2013b, 10 ff.). Doch ist eine säkulare Religion für Kelsen eine *contradictio in adiecto* (SR 21, 23, 28 u.ö.). Er sieht die gravierende Fehlinterpretation, die Autoren wie Eric Voegelin u.a. unterläuft, darin, dass diese im Denken von Aufklärern wie Lessing, Comte, Marx und Nietzsche theologische Elemente meinen aufspüren zu können und zugleich mehr als gewagte Parallelen zwischen christlichem Gedankengut und christlichen Vorstellungen sowie modernen politischen Bewegungen, insbesondere solchen totalitärer Art, ziehen.[317] Hätten Voegelin u.a. recht, könnte eine von der Theologie unabhängige Philosophie und Wissenschaft keine befriedigenden Resultate erbringen, weil es dafür absoluter Werte bedürfte, die nur in wahrer Religion begründet sein können. Die Missinterpretation der Klassiker durch die von Kelsen kritisierten Autoren führe zu gefährlichen Schlussfolgerungen:

> »for it implies the view [...] that a social science or philosophy (and especially a science or philosophy of history) independent of theology can have no satisfactory results because it does not lead to the absolute values that can be based only on true religion and without which society and history are meaningless; that politics is by its very nature religion or cannot be separated from it; and that, consequently, the open return of science and philosophy to theology, the return of politics to religion, is indispensable.« (SR 3)

Letztlich befürchtet Kelsen, die Errungenschaften der Aufklärung, zu denen etwa die Trennung von Wissenschaft und Politik und der Schutz beider vor metaphysisch-theologischer Spekulation zählen, könnten durch die von ihm bekämpften Autoren in Gefahr geraten (SR 4, 255). Es drohe eine gewaltige Regression, ein »retrogressive movement« (SR 53). Dagegen stemmt er sich mit aller Kraft. Seine Gegenkritik besteht zum einen darin, den Protagonisten zahllose Ungenauigkeiten, Selbstwidersprüche, Über- und Fehlinterpretationen nachzuweisen – genau so, wie er seine vielen polemischen Erwiderungen eigentlich immer gestaltet hat. In der Sache selbst hält er vor allem daran fest, dass die Einordnung moderner Wissenschaft oder der Politik als Form säkularer Religion unhaltbar ist. Bestenfalls handele es sich um metaphorische Wendungen, nicht selten um sprachliche Übertreibungen (SR 261), oft auch um haltlose Parallelisierungen (SR 17 ff.) oder um eine schlichte »figure of speech« (SR 254). Erlösung zum Beispiel sei eine rein theologische oder religiöse Vorstellung, die man nicht mit weltlichen Konzepten auf eine Ebene stellen könne: die »Heilsversprechen« des Kommunismus oder anderer totalitärer Ordnungen zielten auf die irdische Welt, die der Religionen jedoch auf die jenseitige. Kelsen insistiert mithin auf der tiefgreifenden Differenz zwischen religiösen Erlösungs- und säkularen Fortschrittsvorstellungen (SR 39 ff., 115 ff., 121 f. u.ö.).

Durchgängig geht es Kelsen darum, gegen alle Behauptungen eines unvermeidlichen und unhintergehbaren Transzendenzbezugs die Diesseitigkeit säkularer Entwürfe, Konzepte und Weltanschauungen zu bewahren und sie nicht religiös-theologisch überformen und so gewissermaßen kolonisieren zu lassen. Es kommt ihm auf den Erhalt der Säkularität der gesellschaftlichen Subsysteme von Politik und Wissenschaft an. In den frühen 1960er Jahren durfte ein derartiges Petitum gewiss auf breite Zustimmung hoffen und hätte vermutlich keinen großen Widerspruch gefunden. Im Erscheinungsjahr des postum publizierten Werks, 2012, war das anders, hatte es doch zwischenzeitlich eine breite Debatte um die »Wiederkehr der Götter« (Friedrich Wilhelm Graf) und die »Rückkehr der Religionen« (Martin Riesebrodt), eine intensive Diskussion um die Modernisierungs- und

Säkularisierungstheorie und ganz allgemein eine vertiefte Beschäftigung mit Fragen nach dem Verhältnis von Religion und Staat, Religion und Politik, Religion und Recht, Religion und Philosophie gegeben. Insofern ist Kelsens Buch heute aktueller denn je (Dreier 2013b, 14 ff.).

III. Fazit

Dass Kelsen soziologischen Ansätzen durchaus Platz einräumt, belegt seine umfangreiche Studie über *Vergeltung und Kausalität*. Ein weites Spektrum stecken sodann seine im engeren Sinn ideologiekritischen Schriften ab, die von einer scharfen Analyse der kommunistischen Rechtstheorie und des Bolschewismus über seine Naturrechtskritik im allgemeinen und die Kritik der griechischen Rechts- und Staatsphilosophie bis hin zu seinem erst postum erschienenen Werk über *Secular Religion* reichen. Was diese auf den ersten Blick recht heterogenen Werkteile verbindet, ist das durchgängige Anliegen Kelsens, die eigenständige Normativität des Rechts und der Rechtswissenschaft (wie auch der Sozialwissenschaft) gegenüber bestimmten Theorien, Naturrechtskonzeptionen und Ideologien zu bewahren, die diese Eigenständigkeit in seinen Augen letztlich aufzuheben drohen.

Epilog: Friede durch Recht

Wenn wir auf das vielgestaltige und thematisch weit ausgreifende Werk Hans Kelsens zurückschauen, so kann man sich fragen, ob es in den verschiedenen Werkteilen eine verbindende Klammer, also so etwas wie einen »roten Faden« gibt. Doch wo könnte dieser liegen? Sind die Themen nicht zu unterschiedlich: Verfasssungsexegese, Rechtslehre, Demokratietheorie, Völkerrecht, Ideologiekritik? Wo sollte sich hier ein gemeinsames Thema finden lassen?

Als ein Kandidat für einen durch seine verschiedenen Schriften sich kontinuierlich durchhaltenden Gedanken käme womöglich der Frieden in Betracht. Das Thema scheint schon in seiner ersten Veröffentlichung aus dem Jahr 1905 auf, der Studie über die Staatslehre Dantes (HKW 1, 205 ff.), und wird auch in seiner Habilitationsschrift von 1911 zumindest kurz gestreift (HdS 272/392). Eine deutlich prominentere Rolle spielt es sodann in seinen Demokratieschriften. So heißt es in *Wesen und Wert*, dass Freiheit die Ideologie der Demokratie, der Friede aber ihre Realität sei (WuW 68/204; desgleichen Kelsen 1927, 39). In seiner *Verteidigung der Demokratie* nennt Kelsen die Demokratie die »*politische Form des sozialen Friedens*« (Kelsen 1932, 233). In einer seiner zahlreichen Platon-Studien ist davon die Rede, dass »in der rationalen Sphäre zwangsläufig der Friedensgedanke« an die »Stelle des Gerechtigkeitsideals« trete (Kelsen 1933, 117/230). Und in der Schrift über die *Grundlagen der Naturrechtslehre und des Rechtspositivismus* heißt es kurz und knapp, der kritische Positivismus begreife »vermittels« der Grundnorm »das positive Recht als Friedens-Ordnung« (GNR 70).

Auch Kelsens Favorisierung der Verfassungsgerichtsbarkeit passt ins Bild. Denn durch deren Etablierung wird – jedenfalls in längerer historischer Rückschau – das ältere, gewissermaßen gewaltsame Widerstandsrecht in eine rechtsförmige Gestalt, die Entscheidung eines Gerichts, transformiert (Stourzh 1974) und auf diese Weise ein Verrechtlichungsprozess durchgeführt, welcher »der Friedenssicherung in der Gesellschaft dient« (Zeleny 2018, 24). Explizit heißt es in seinem einschlägigen Staatsrechtslehrerreferat, so, wie das Völkerrecht »den Krieg zwischen den Völkern überflüssig machen« wolle, so bewähre sich die Verfassungsgerichtsbarkeit »als eine *Garantie des politischen Friedens*« (Kelsen 1929, 84/54).

Und in noch größerem Rahmen lässt sich Kelsens Vorstellung der allgemeinen Rechtsevolution anführen, die von anarchischen Verhältnissen in frühen Stammesgesellschaften mit Selbstjustiz über eine sukzessive Einsetzung von Richtern zur Streitschlichtung von Konfliktfällen bis hin zur Ausbildung zentraler Rechtsetzungsinstitutionen wie Parlamenten in modernen Gesellschaften reicht (Dreier 1986, 92 ff., 99 ff.; Jabloner 1997, 59 ff.). Letztlich setzt sich auch mit diesem Prozess die Konfliktbewältigung und Sozialregulierung in friedlicher Rechtsform durch (RR^2 38 ff./83 ff.). Durchweg hebt Kelsen dabei den Punkt hervor, dass die Zentralisierung der Rechtsanwendung (vornehmlich durch Gerichte) der Zentralisierung der Rechtsetzung vorangeht (etwa Kelsen 1941, 93; RR^2 328/566).

Diese Überlegung schlägt sich sodann vor allem in seinen völkerrechtlichen Schriften nieder, in denen er immer wieder für die Einrichtung einer internationalen Gerichtsbarkeit votiert. Im Völkerrecht liegt der Friedensbezug ohnehin besonders nahe:

Steht doch die Idee, den Krieg und andere Konflikte zwischen Staaten in irgendeiner Weise durch rechtliche Normen zu domestizieren, einzuhegen und in bestimmte Formen und Verfahren zu leiten, gleichsam an dessen Wiege. Kelsen zielte auf eine Fortentwicklung des internationalen Rechts hin zu einer Ordnung, in der – wie in der Rechtsordnung der Staaten – Regeln gelten. Deren Verletzung sollte Sanktionen nach sich ziehen, die nach Möglichkeit durch zentralisierte Gerichtsinstanzen verhängt werden würden. Das hat er programmatisch in seiner Schrift *Peace through Law* (Kelsen 1944) entfaltet. Und deren Titel: Frieden durch Recht, könnte auch als Gesamtüberschrift über Kelsens Oeuvre stehen. Dabei ist er sich der Ambivalenz der Durchsetzung des staatlichen Gewaltmonopols bewusst, das zwar die Gemeinschaft befriedet, aber die Ausübung des Zwangs und damit letztlich der physischen Gewalt lediglich im Staatsapparat konzentriert:

> »Aber der Friede des Rechts ist nur ein relativer, kein absoluter Friede. Denn das Recht schließt Gewaltanwendung, das heißt physischen Zwang von Mensch zu Mensch nicht aus. Es ist keine zwangsfreie Ordnung [...]. Das Recht ist eine Ordnung des Zwangs, und als Zwangsordnung eine – seiner Entwicklung nach – Sicherheits-, und das heißt Friedensordnung.« (RR² 39/84)

Wenn Kelsen also auch die Friedensfunktion des Rechts nicht zum Bestandteil seines – inhaltlich ganz neutral bleibenden – Rechtsbegriffs macht, gesteht er doch zu, dass die Entwicklung des Rechts die »Tendenz« habe, zur »Sicherung des Friedens« beizutragen, und insofern der Frieden eben doch »eine wesentliche Funktion des Rechts« darstellt (RR² 40/85). Dies gilt ungeachtet des Umstands, dass Kelsen zufolge nicht in allen (insbesondere nicht den früheren und den völkerrechtlichen) Rechtsordnungen der Frieden als hohes Ziel und womöglich letzter Zweck gelten könne: der früheren nicht, weil dort noch Blutrache und Selbstjustiz, Fehde und die Tötung von Sklaven und Unfreien zulässig waren; der völkerrechtlichen nicht, solange nicht Krieg durch das Völkerrecht verboten ist. Aber der langfristigen Entwicklungstendenz, durch Verrechtlichung und auch Vergerichtlichung dem Frieden dienlich zu sein, tut das keinen Abbruch.

Vielleicht ist es also der Friede, der Kelsens Gedankenwelt über die verschiedenen Disziplinen und über die langen Jahrzehnte seines Wirkens hinweg durchgängig begleitet hat (Vašek 2014, 22ff.). Und wenn es auch kein durchgängiger roter Faden gewesen sein mag, so handelte es sich vielleicht doch um eine Spur, die er immer wieder aufgenommen hat. »Friedenssicherung durch Verrechtlichung« (Zeleny 2018, 24ff.) oder, noch knapper, Friede durch Recht (Fassbender 2008): Das ist ein großer und wichtiger Gedanke, heute mehr denn je. Ein »Denker des Friedens« (Vašek 2014, 32) war unser Autor allemal. Möglicherweise handelt es sich beim Friedensgedanken sogar um das größte und wichtigste Vermächtnis Kelsens.

Anhang

Anmerkungen

1 Eine Auflistung einschlägiger Invektiven bei Dreier 2007, 81 f./27 f.; Jestaedt 2008, XII ff.
2 Larenz 1935, 49 f.; in der ersten Auflage der Schrift von 1931 hatte diese Passage noch gefehlt.
3 Überschrift bei Jestaedt 2008, XII: »Legende statt Lektüre – Vom Umgang mit Kelsens Reiner Rechtslehre«.
4 Nachweise für beide Strategien: Dreier 1986, 20 ff., 228 ff.
5 Nota bene: zu diesen zählte Radbruch ausdrücklich nicht. Es war gerade seine moralische Integrität in der Zeit des Nationalsozialismus, die dem 1946 publizierten Aufsatz »Gesetzliches Unrecht und übergesetzliches Recht« so große Glaubwürdigkeit und Überzeugungskraft vermittelten. Näher Dreier 1997a, 422 ff.
6 Siehe noch S. 95 ff.
7 Bahnbrechend waren Beiträge von Bernd Rüthers, Everhardt Franßen und Gerald Grünwald aus den 1960er und frühen 1970er Jahren (Nachweise und weitere Autoren bei Dreier 2001, 30/109 f.); aus jüngerer Zeit Jabloner 1998, 2; Foljanty 2013, 19 ff. m.w.N.
8 Nur beispielhaft: RgR; SaI; SaÜ. Eingehend dazu Korb 2010.
9 Umfängliche Darstellung der Rezeptionsprozesse im Ausland: Walter/Jabloner/Zeleny 2010.
10 Ein beeindruckendes Panorama an einschlägigen Beiträgen (von H.L.A. Hart über Tony Honoré bis hin zu Joseph Raz und Neil MacCormick) findet sich in: Paulson/Paulson 1998.
11 Zu Entstehung und Bedeutung dieser Arbeit Lepsius 2015; Olechowski 2020, 80 ff.
12 Dazu näher S. 54 ff.
13 Dazu näher S. 44 ff.

14 Besonders die *Allgemeine Staatslehre* von 1925 kann als die »erste Gesamtdarstellung des Gedankengebäudes der [...] Reinen Rechtslehre« (Jestaedt 2019, VIII) gelten, sozusagen als eine noch anders titulierte Frühform der *Reinen Rechtslehre*.

15 Zusammenfassend Korb 2010, 77ff., 123ff., 135ff.

16 Vgl. dazu S. 61f.

17 Mit ihm hatte er sich 1931 eine heftige Auseinandersetzung zu der Frage geliefert, wer als »Hüter der Verfassung« anzusehen sei: ein Verfassungsgericht oder der Reichspräsident. Vgl. näher S. 60ff.

18 Gesellschaft, Staat und Recht. Untersuchungen zur reinen Rechtslehre, herausgegeben von Alfred Verdroß, Wien 1931. – Olechowski 2020, 522, weist darauf hin, dass das Werk auf den ersten Blick wie ein Sonderheft der *Zeitschrift für öffentliches Recht* wirkte und sich der Hinweis auf den Festschrift-Charakter nicht auf dem Titelblatt, sondern erst im Buch findet; auch gibt es kein Vorwort oder sonstige persönliche Worte an den Jubilar. Von einer förmlichen Übergabe der Festschrift oder einem Festakt ist nichts bekannt.

19 Law, State, and International Order. Essays in Honor of Hans Kelsen, Knoxville 1964; Festschrift für Hans Kelsen zum 90. Geburtstag, herausgegeben von Adolf J. Merkl u.a., Wien 1971. Zu seinem achtzigsten Geburtstag widmeten ihm mehrere Zeitschriften ein ganzes Heft (Olechowski 2020, 886f.). Siehe auch Kramer 1973.

20 Das Gesetz datiert vom 7. April 1933 (RGBl. I S. 175). Genauer erfolgte zunächst seine Zwangsbeurlaubung. Am 11. September 1933 wurde er dann gemäß § 3 des Gesetzes zur Wiederherstellung des Berufsbeamtentums (und somit wegen seiner jüdischen Abstammung, nicht seiner politischen Ausrichtung) in den Ruhestand versetzt und verlor gleichzeitig seine Lehrbefugnis (Becker 2021, 303).

21 Eingehend dazu Becker 2021, 114ff. (116): »Der Gleichschaltungsprozess der Universität wurde – einen Monat nach der Reichstagswahl – am 5. April 1933 eingeleitet und fand bereits am 11. April seinen Abschluss. Leider ist festzuhalten, dass die von den neuen Machthabern geplante und dann flächendeckend durchgeführte Gleichschaltung der deutschen Universitäten in Köln voreilig vorweggenommen wurde.«

22 Näher Olechowski 2020, 553ff.; Abdruck des Briefes bei Becker 2021, 305ff.

23 Kein Institut der Universität, sondern ein privates Institut, das maßgeblich von der Rockefeller Foundation finanziert wurde (Olechowski 2020, 526).

24 Zu Details Osterkamp 2009a, 305 ff.; Olechowski 2020, 561 ff., 599 ff.

25 So Kelsen selbst in seiner *Autobiographie* von 1947 (HKW 1, 85). – Tatsächlich wurde ihm später aufgrund der deutschen Wiedergutmachungsgesetzgebung rückwirkend ab 1950 der gesetzliche Höchstsatz von DM 13.600 jährlich gewährt (Lepsius 2009a, 279 f.; Olechowski 2020, 833 ff.).

26 Vgl. dazu näher S. 186 ff.

27 *Roscoe Pound*, Law and the Science of Law in Recent Theories, in: Yale Law Journal 43 (1934), 525–536 (532).

28 Das wird allgemein konstatiert: Paulson 1988, 179 ff.; Kennedy 1995, 96 ff.; Feichtinger 2009, 334; Bix 2016, 17 ff.; Cadore 2018, 253 ff.

29 Nicht unerwähnt soll bleiben, dass Kelsen in den letzten Kriegsjahren zusätzlich für die Roosevelt-Administration gearbeitet hat, freilich in insgesamt eher bescheidenem, im einzelnen nicht mehr näher aufzuklärenden Umfang; näheres bei Olechowski 2020, 728 ff. – Unmittelbar nach Kriegsende erstellt er zudem mehrere Memoranden für das War Crimes Office in Washington (Olechowski 2020, 745 ff.).

30 Zur Verlängerung des eigentlich schon früher endenden Beschäftigungsverhältnisses Kelsens im Detail Olechowski 2020, 814 ff.

31 Dies nach Rathkolb 2009, 347. Das genaue Datum der entsprechenden Befragung bleibt unklar.

32 Vgl. Olechowski 2020, 829 ff. (Genf), 837 ff. (Naval College), 840 ff. (Walgreen Lectures).

33 Zur Spätlehre näher S. 136 ff.

34 Ein berührendes Dokument sind die Zeilen, die er am 15. Februar 1969 an seinen Freund Adolf J. Merkl richtete, nachdem er um Mitwirkung an einer diesem gewidmeten Festschrift gebeten worden war. Kelsen schrieb: »Lieber, hochverehrter Freund! Da ich glaube wegen meiner durch hohes Alter verursachter Gedächtnisschwäche – mit Ausnahme von Erwiderung auf Angriffe – nicht mehr publizieren zu sollen, konnte ich zu meinem größten Bedauern dieser zu Deinen Ehren veranstalteten Festschrift keine Abhandlung als Beitrag zur Verfügung stellen. Ich muss mich darauf beschränken, auch bei diesem Anlass dankbarst die große Bedeutung anzuerkennen, die

Dein wissenschaftliches Werk für die Reine Rechtslehre hat.« – Als Faksimile abgedruckt in: Max Imboden u.a. (Hrsg.), Festschrift für Adolf Julius Merkl zum 80. Geburtstag, München–Salzburg 1970, 11.

35 Abdruck der Entwürfe bei Ermacora 1990, 62 ff.; zur schwierigen Frage der chronologischen Reihenfolge dieser insgesamt sechs Entwürfe Olechowski 2009, 216 ff.

36 Da sich die Koalitionsregierung nicht auf einen Text einigen konnte, wurde der Entwurf als »Privatarbeit« des Staatssekretärs bezeichnet und als »Privatentwurf Mayr« bekannt.

37 Einen sehr lebendigen Eindruck von der schwierigen, unübersichtlichen und verwickelten Geschichte der Verfassungsgenese vermittelt Cadore 2020, 521 ff.; kompakt Lagi 2021, 59 ff.

38 Mittlerweile ganz überwiegende Auffassung, vgl. nur Techet 2023, 303; Wiederin 2023, 91. – Originell die Charakterisierung der Rolle Kelsens nicht als Vater der Verfassung, sondern als deren Mutter (Wiederin 2014, 306): »Als Verfassungsredaktor hat er die Verfassungsgerichtsbarkeit ausgetragen und auf die Welt gebracht, als Verfassungsrichter hat er sie in ihren kritischen ersten Jahren aufgezogen, als Verfassungstheoretiker hat er sie gegen alle Angriffe, gegen haltlose wie berechtigte, verteidigt.«

39 Diese Formulierung wich deutlich von der »Gewalten«-Terminologie ab, wie sie in den meisten anderen Verfassungen üblich war (»Alle Staatsgewalt geht vom Volke aus.«, »rechtsprechende Gewalt« etc.). Kelsen selbst bewirkte, dass an deren Stelle die Rechts-Terminologie trat, die sich durch das gesamte Verfassungswerk von 1920 hindurchzieht. Vgl. HKW 8, 106; Olechowski 2020, 279.

40 Zu Details der vertrackten Geschichte und den Motiven Kelsens durchaus kritisch Wiederin 2014, 293 ff.

41 Deutlich Lagi 2021, 62: »It is noticeable that such a principle of full reciprocity was included in none of Kelsen's constitutional drafts and therefore that such a principle should primarily be read as a (political) means to find a compromise between federalists and anti-federalists.«

42 Der Vollständigkeit halber müsste man hinzufügen, dass zeitlich einige Monate früher in der Tschechoslowakei ein Verfassungsgerichtshof mit ähnlich weiten Kompetenzen institutionalisiert wurde,

der aber keine vergleichbare Bedeutung erlangte wie der österreichische; eingehend Osterkamp 2009, 7ff.; knapp Techet 2023, 301f.

43 Siehe nur Schlaich 1981, 128f.; so auch Schönberger 2007, 184 und bereits Kelsen 1929, 81ff./51ff.

44 Diese Kontrolle ist also, in bemerkenswertem Gegensatz zur Rechtslage in Deutschland, ebenfalls beim Verfassungsgerichtshof monopolisiert (Grabenwarter 2016, Rn. 25).

45 Schärfer Olechowski 2020, 293: »Eine derartige Behauptung ist nicht bloß eine Übertreibung, sondern schlicht und einfach falsch.«

46 Konzentrierter Überblick bei Wiederin 2007, Rn. 5ff.; Vašek 2020, 27ff.

47 »Deutschösterreich« bedeutet, dass man sich als Bundesstaat dem Deutschen Reich anzuschließen gedachte. Dafür bildete Art. 61 Abs. 2 WRV (»Deutschösterreich erhält nach seinem Anschluß an das Deutsche Reich das Recht der Teilnahme im Reichsrat mit der seiner Bevölkerung entsprechenden Stimmenzahl.«) sozusagen das gegengleiche Ergänzungsstück. Das Projekt scheiterte an den anderslautenden Vorgaben der Alliierten.

48 Erinnert sei an seinen über 200 Seiten starken Kommentar zur Reichsratswahlordnung von 1907 (HKW 1, 332–544).

49 Dafür spricht, dass er wiederholt Vorträge, die sich Fragen der neuen Verfassung widmeten, für ein allgemeines Publikum gehalten hat: Cadore 2020, 556.

50 Das Vorwort zu Teil I stammt vom Dezember 1918, das zu Teil III vom April 1919.

51 Eingehend zu seiner intensiven wahlrechtlichen Expertise, namentlich zu Zeiten der Monarchie und der Ersten (österreichischen) Republik: Strejcek 2009.

52 Vgl. S. 127ff.

53 Sehr treffend daher der Titel von Wiederin 2020. – Gleiche Charakterisierung als »nüchtern« in bezug auf Kelsens Demokratietheorie: Kradolfer 2020, 381.

54 JöR 9 (1920), 245–290 (= HKW 6, 53–119); JöR 11 (1922), 232–274 (HKW 7, 351–432); JöR 12 (1923/1924), 126–161 (HKW 9, 259–323); JöR 15 (1927), 51–103; JöR 18 (1930), 130–185.

55 Das Gesetz beruhte auf einem Entwurf Kelsens: Schmitz 1981, 309; vgl. auch Olechowski 2020, 246f. – Text und Erläuterungen: HKW 5, 327ff.

56 Am 1. August 1919 wurde er zudem Bernatziks Nachfolger auf dem Lehrstuhl für Staats- und Verwaltungsrecht an der Universität Wien; dazu Olechowski 2020, 257ff.

57 Als neutral galt, wer keiner politischen Partei angehörte bzw. sich nicht in prononcierter Weise politisch betätigt hatte: Ehs/Neisser 2017, 174.

58 Siehe nur Walter 2005, 23; Neschwara 2005, 356ff.; Ehs 2017, 136.

59 Vgl. dazu S. 127ff.

60 Walter 2005, 1 Fn. 4 betont, dass insbesondere die von Merkl stammenden und von Kelsen später explizit übernommenen Beiträge zur Stufenbaulehre schon sehr früh (1918 und davor) vorlagen (vgl. S. 122ff.); eine eigene Verarbeitung findet sich etwa in AS 213ff., 248ff./545ff., 587ff. – Die praktische Tätigkeit als Verfassungsrichter mag die Tragfähigkeit und Überzeugungskraft des Konzepts noch unterstrichen haben.

61 Vgl. dazu näher S. 130ff.

62 VfSlg 176/1923.

63 Statt vieler Schulze-Fielitz 2015, Art. 20 (Rechtsstaat) Rn. 113ff.

64 VfSlg 71/1921.

65 BVerfGE 89, 1 [1993].

66 BVerfGE 6, 32 [1957].

67 VfSlg 495/1925.

68 Zum folgenden vgl. Walter 2005, 57ff.; Olechowski 2020, 437ff., 443ff.; Neschwara 2009; Techet 2023, 317ff.; Wiederin 2023, 114ff.

69 Es reichte, wenn ein Ehepartner katholisch war; näher Mußgnug 2021, 718.

70 »Nachsicht« bedeutet: Dispens.

71 Sever soll bis zu seiner Ablösung als Landeshauptmann im Jahr 1921 bereits 15 000 Dispense erteilt haben: Neschwara 2005, 362.

72 Eingehend zu dieser juristischen Grundfrage (Bindungs- oder Kompetenzkonflikt?): Zellenberg 2014.

73 Im Jahr zuvor hatte das Gericht noch anders entschieden; nur Kelsen hatte dagegen opponiert. Nun gelang es ihm als Referenten, die

Mehrheit auf seine Seite zu ziehen (Neschwara 2005, 366 f.; Mußgnug 2021, 724 f.; Zellenberg 2014, 690 ff.; Techet 2023, 318).

74 Obwohl wir nicht nachträglich zu beurteilen haben, welche Position hier als richtig, welche als falsch einzustufen ist, sei doch angemerkt, dass nach heute ganz überwiegender Auffassung Kelsen mit der Einordnung des Konflikts als einem indirekten Kompetenzkonflikt im Unrecht war, weil es wohl um einen Bindungskonflikt, nicht um einen Kompetenzkonflikt ging; vgl. nur Walter 2005, 62, 65 f.; Zellenberg 2014, 696 ff.; Olechowski 2020, 475 f.; Wiederin 2022, 57; anders hingegen im Ergebnis Mußgnug 2021, 729 ff.

75 Vgl. Walter 2005, 66 f.; Olechowski 2020, 453 ff.; Jabloner 2022, 165.

76 Eingehend zum folgenden Olechowski 2020, 437 ff. (»Der Sturz Kelsens«), 472 ff. (»Die Umpolitisierung des Verfassungsgerichtshofes«). – Die Novelle lässt sich auch als »Schlag gegen die Wiener staatsrechtliche Schule« deuten: Neschwara 2005, 377 ff.

77 Vgl. nur Schönberger 2007; Grimm 2020. Ein knappes Referat der Kontroverse auch bei Lagi 2021, 72 ff.; Techet 2023, 329 ff., 332 ff., 335 ff.; eingehender Vinx 2015, 6 ff.

78 Nota bene: Die Wendung »Hüter der Verfassung« stammt nicht von Schmitt, sondern geht auf sehr viel ältere Quellen zurück. Heinrich Triepel hatte sie in einem Beitrag aus dem Jahr 1923 auf den Staatsgerichtshof der Weimarer Verfassung bezogen, der diese Bezeichnung einige Jahre später als Selbsttitulierung aufgriff.

79 Gemeint ist: Carl Schmitt, Gesetz und Urteil. Eine Untersuchung zum Problem der Rechtspraxis, Berlin 1912.

80 Plastisch Vinx 2015, 7 ff.; siehe auch Jakab 2021, 52.

81 Kelsen 1929, 69 ff./39 ff.; vgl. Wendenburg 1984, 133 ff.; Lagi 2021, 69; Techet 2023, 324.

82 Der Punkt ist zu Recht betont von Römer 1987, 143 f.

83 Zum ersten Mal erscheint diese Bezeichnung, wenngleich das Adjektiv noch klein geschrieben wird, im Untertitel der Souveränitätsschrift (PdS) von 1920: »Beitrag zu einer reinen Rechtslehre«; in HdS XXIII spricht er von »reine[r] Rechtstheorie«. – Ursprünglich sollte die Bezeichnung für die Wiener Rechtstheoretische Schule in deutlicher Abgrenzung zur soziologischen Jurisprudenz »Normative Rechtstheorie« lauten (Ebenstein 1938, 21).

84 Kompakt Zeleny 2009; umfassend Walter/Jabloner/Zeleny 2008.

85 Zu den einzelnen Publikationsphasen dieser Schrift: Jestaedt 2008, XLVII ff.

86 Dazu näher S. 136 ff.

87 Es findet sich auch die Selbstbeschreibung als »allgemeine Rechtslehre«, die »die spezifische Methode und die Grundbegriffe zu bestimmen [hat], mit denen jedes beliebige Recht geistig erfaßt und beschrieben werden kann«: Kelsen 1953, 143 f.

88 Problematisierend zum Wert derartiger Periodisierungen: Jestaedt 2009, 113 ff.; Wiederin 2009, 351. – Verschiedene Periodisierungsvorschläge stammen etwa von Paulson 1998 (drei Phasen: Konstruktivismus bis 1920; Neukantianismus bis 1960; dann skeptische Spätlehre) oder von Heidemann 1997, der vier Phasen (konstruktivistisch, transzendental, realistisch und sprachanalytisch) unterscheidet; dagegen wiederum Paulson 1999.

89 Nähere Belege für das folgende bei Dreier 2011, 61 ff./308 ff. – Umfassender Überblick bei Ott 1992.

90 Vgl. auch Hoerster 2006, 70 ff. – Ich wähle im folgenden aus darstellungstechnischen Gründen eine andere Reihenfolge und bezeichne die von Hoerster als »Legalismusthese« eingeführte These als Gehorsamsthese.

91 Des näheren S. 128 f.; s. auch Blöchlinger 2022, 22 ff.

92 S. 95 ff.; siehe auch Blöchlinger 2022, 21 f.

93 Ausführlich sogleich S. 73 ff.

94 »Kritischer Rechtspositivismus« ist eine relativ weit verbreitete Bezeichnung für ihn: Verdroß 1964, 18; Walter 1970, 73 f.; Walter 1971, 3; Kramer 1973, 74 f.; Walter 1992a, 10 f.; Jestaedt 2008, XVIII. – Kelsen selbst bezeichnet seine Lehre des öfteren als »kritischen Positivismus« (GNR 67, 68, 71) bzw. »konsequenten Rechtspositivismus« (RR[1] 127/136; RR[2] 320/553), aber auch als »relativistischen Rechtspositivismus« (RR[2] 442/751). In der Sekundärliteratur ist zuweilen vom »normativistischen Positivismus« (Jestaedt 2008, XXXII, L) oder auch vom »rechtspositivistischen Normativismus« (Jestaedt 2011, 297) die Rede.

95 Man denke etwa an John Austin oder Paul Laband, aber auch an Staatsrechtslehrer wie Gerhard Anschütz oder Richard Thoma.

96 Näher S. 83 ff.

97 Wie wichtig ihm das Vorwort war, zeigt sich auch daran, dass es in der zweiten Auflage der *Reinen Rechtslehre* erneut abgedruckt ist: RR^2 III ff./3 ff.

98 Siehe nur Kelsen 1953, 152 f.; RR^1 1/15; RR^2 1/21 f. – Zu Recht stark betont von Techet 2021, 1354 f., 1358.

99 Die Nähe zu Max Webers Postulat der Werturteilsfreiheit ist unverkennbar; näher Dreier 2010, 44 ff./355 ff.

100 Dazu S. 127 ff.

101 Siehe nur RR^1 III, 11, 21, 33/3, 24, 33, 44; auch Kelsen 1963. Auf die Bedeutung der Eigengesetzlichkeit des Rechts weist zu Recht hin Jestaedt 2011, 299.

102 Kelsen zählt zu den Kausalwissenschaften nicht nur die Naturwissenschaften, sondern auch die »an dem Kausalprinzip orientierten Gesellschaftswissenschaften, wie Sozialpsychologie und Soziologie«: Kelsen 1953, 147.

103 Plastisch hat man von einer »Hinausweisungsgeste« (Jestaedt 2013, 222) gesprochen.

104 Das hat Kelsen immer wieder thematisiert: vgl. noch Kelsen 1964, 2. – Tiefere Entfaltung und Diskussion des Sein-Sollen-Dualismus bei Dreier 1986, 31 ff., 52 ff. m.w.N.; aus der späteren Literatur vor allem Paulson 2002.

105 Kelsen 1953, 146: »Die logische Unterscheidung zwischen Sein und Sollen und die Unmöglichkeit, im Wege logischer Schlußfolgerung aus dem Bereich des einen in den des anderen zu gelangen, ist eine der wesentlichen Positionen der Reinen Rechtslehre.«

106 Von bloßer Möglichkeit ist zu sprechen, weil es zur positiven Normativitätsstiftung noch der zusätzlichen Annahme der Grundnorm bedarf; dazu S. 83 ff.

107 Zur Entstehung und Entwicklung der Grundnorm bei Kelsen: Walter 1992; Paulson 1993.

108 Kelsen hat die Grundnorm variantenreich umschrieben: Ursprungsnorm, Annahme, Voraussetzung, Hypothese, letzter Geltungsgrund, Fiktion u.a.m.; Auflistung bei Paulson 1993, 58 ff.; Bindreiter 2002, 16 ff.; s. auch Heidemann 1997, 93 f. – Eine relativ frühe Bezeichnung lautet: »Ursprungsnorm« (PdS VII, VIII, 100, 107/4, 266, 267, 366, 371).

109 Vgl. nur Thienel 1991, 100 ff.; Paulson 1993; Walter 1993; Heidemann 1997, 90 ff., 144 ff., 208 ff., 348 ff.; Dias 2005, 169 ff., 236 ff. u.ö.; Uecker 2006, 89 ff.; Paulson 2013; Hwang 2021; Jakab 2021, 48 ff. – Siehe auch die weiteren Belege im folgenden Text.

110 Weitere Nachweise für die Überflüssigkeitsthese: Dreier 1986, 51 f.

111 Kammerhofer 2011, 241 ff.: the »inevitable *Grundnorm*«. – Eine sehr viel eingehendere Diskussion der Grundnorm, als sie hier möglich ist, findet sich bei Dreier 1986, 42 ff., 86 ff., 128 ff.

112 Vgl. S. 72 ff.

113 Vgl. vertiefend S. 123 ff. zum Stufenbau der Rechtsordnung.

114 Ihre Charakterisierung als rechtslogisches oder *»transzendentallogisches Naturrecht«* (GNR 66) hat Kelsen später als »nicht glücklich« bezeichnet (RR^2 226*/396*). – Der Deutung der Grundnorm als einer Naturrechtslehre erteilt er eine klare Absage: RR^2 226, 442 ff./396, 752 ff.; Kelsen 1963, 1453.

115 Siehe etwa: GNR 64; RgR 24 f.; AS 248 ff./587 ff.; RR^1 66/77; Kelsen 1953, 148 f.; RR^2 202, 203/356, 358; Kelsen 1966, 547 f. – Raz 1986, 97: »From the point of view of a pure study of law the validity of ultimate legal rules is simply (non-committally) assumed.«

116 Ähnlich Ebenstein 1971, 638 f.; Heidemann 1997, 97, 147; Bindreiter 2002, 24 ff.; Kammerhofer 2011, 245, 254 f.; Aydin 2020, 159 f.

117 Deutlich auch RR^2 443/753: »Die Grundnorm bestimmt lediglich den Geltungs*grund*, nicht den Geltungs*inhalt* des positiven Rechts. Dieser Geltungsgrund ist vom Geltungsinhalt völlig unabhängig.«

118 So auch Bindreiter 2002, 71: »it is the purported function of the basic norm to confer validity on the positive law and on nothing else (that is, given the ›purity‹ of the Pure Theory).«

119 Ebenstein 1971, 638 hat die Grundnorm den »›cut-off point‹ in the quest for validation« genannt.

120 Ähnlich Jestaedt 2008, XXX ff.; Jestaedt 2011, 297, 303. Siehe auch Jabloner 2011, 23 (Reine Rechtslehre als normativistische und positivistische Theorie); Jülich 2019, 141, 153. – Dazu, dass eine zweite Funktion der Grundnorm Kelsen zufolge in der Einheitsstiftung liegt, vgl. S. 123 ff.

121 Klar Bindreiter 2002, 31: »The ultimate ground – the *Grundnorm* – is hypothetical, that is, it may or may not be presupposed.« Ebd.,

33: »law is valid if the basic norm is presupposed.« So schon Walter 1970, 80 und viele andere.

122 Nichts anderes gilt für ihre spätere Bezeichnung als Fiktion: dazu S. 141 ff.

123 GTLS 413 mit Hinweis auf den anarchistischen Standpunkt.

124 Kammerhofer 2011, 247: »the *Grundnorm* is only assumed to be valid«.

125 Kersting 2002, 62, 65. – Bix 2016, 22: »with the legal system being [...] nothing more than an exercise in brute force, like a gangster's order«. Man denke beispielsweise an verdammenswerte (Rechts-)Akte eines totalitären Regimes.

126 Dazu näher S. 95 ff.

127 Kammerhofer 2011, 242: »The *Grundnorm* [...] is not an unnecessary add-on to Hart's Rule of Recognition.« Kelsens Lösung fällt im Vergleich zu derjenigen Harts »ambitionierter und differenzierter, konsequenter und radikaler« aus (Jestaedt 2017, XC).

128 Das weitere im wesentlichen nach Dreier 1986, 57 ff.

129 Siehe S. 87 ff.

130 Dreier 1986, 88 ff. Zu dieser Differenz auch Kersting 2002, 64 f.; noch eingehender Paulson 2005, 194 ff.; ihm folgend Aydin 2020, 164 ff.

131 Ausführliche Nachweise dazu bei Dreier 2011, 61 ff./307 ff.

132 Eingehende Diskussion dieses Punktes einschließlich der (letztlich etwas müßigen) Frage, was Kelsen zum NS-Staat hätte sagen können: Aydin 2020, 267 ff., 270 ff.

133 Und daher ist wichtig zu betonen, dass Kelsens Rechtsstaats-Begriff nichts mit dem inhaltlich geprägten Begriff von Rechtsstaat gemein hat, der etwa das Grundgesetz prägt und dem die heutige Staatsrechtslehre eine große Anzahl an verfassungsrechtlich relevanten Maßstäben entnimmt. Diese Art von Rechtsstaat spricht Kelsen nur gelegentlich an: RR^2 314 f., 320/544, 553.

134 Näher Dreier 1986, 208 ff.; ferner v. Ooyen 2009, 28 ff.

135 Ausführlich zum folgenden Dreier 1986, 228 ff.

136 Vgl. S. 19.

137 Nota bene: Gleichermaßen ausgeschlossen ist eine Delegitimierung oder eine Ablehnung der Rechtsordnung. Aber die Betonung der Gefahr einer Affirmation und deren Abwehr steht bei Kelsen zu-

meist deutlich im Vordergrund; siehe etwa SaI 30 oder RR² 71, 83 f./137, 157 f.; ferner Kelsen 1951, 653.

138 Auch dazu eingehend Dreier 1986, 160 ff., 174 ff.

139 Näher zu dieser Überbürdungsthese Dreier 2017, 16 ff.; vorher Dreier 1986, 23, 298.

140 Vgl. S. 80. Vertiefend etwa Dias 2005, 119 ff.

141 Vgl. S. 75 ff.

142 Vgl. dazu Jabloner 2011, 23 f.

143 Vertiefend und kritisch zu diesem Punkt Heidemann 1997, 63, 120 f.

144 Ferner: RR² 15 f., 57, 73/44 ff., 114 f., 141. Die Ermächtigungsnormen verweisen insbesondere auf den Stufenbau der Rechtsordnung. Vgl. S. 123 ff.

145 Zuerst in GTLS 45 f., 163 f. – Zur Entwicklung im einzelnen Dreier 1986, 196 ff.; Walter 1992a, 16; Dias 2005, 265 ff.

146 Rechtsnormen und Rechtssätze können den gleichen Wortlaut haben. Doch muss die (von der Rechtsautorität gesetzte) *vor*schreibende Rechtsnorm streng von dem *be*schreibenden Rechtssatz der Rechtswissenschaft unterschieden werden. Das wird von Kelsen immer wieder betont: vgl. nur ATdN 104, 120 f., 122 f., 149, 226, 247.

147 Statt vieler: Walter 1992a, 16; kritisch-problematisierend Heidemann 1997, 123 f.

148 Kritisch zu dieser eigentümlichen Figur: Hart 1963, 713 ff.; Moore 1973, 1277 ff.

149 Siehe etwa Raz 1975, 171 ff., und dazu Kuch 2019, 387 ff. – Eingehende Diskussion des Punktes bei Bindreiter 2002, 90 ff.; knapp Heidemann 1997, 115.

150 Aus der Sekundärliteratur: Paulson 1979; Dreier 1986, 121 ff. m.w.N.; Lippold 1988; Meyer 2011, 260 ff.

151 ATdN 112: »Obgleich Geltung und Wirksamkeit voneinander völlig verschieden sind, besteht doch eine wesentliche Beziehung zwischen beiden.«

152 Vgl. S. 78 ff.

153 Vertiefend Heidemann 1997, 121, 138 f.

154 Siehe etwa RR² 11, 122, 219 f./37 f., 221, 385; ATdN 111 f.

155 Dazu nur Thienel 1986, 37 ff.

156 »In diesem Punkte setzt die Reine Rechtslehre die Tradition der positivistischen Rechtstheorie des 19. Jahrhunderts fort.« (RR¹ 25/37)

– Dieser Satz hat Seltenheitswert, weil sich Kelsen ansonsten von fast allen Traditionen und herrschenden Meinungen abgrenzt.

157 Vgl. auch den Titel von Kelsen 1941: The Law as a Specific Social Technique. Näher Dreier 1986, 141 ff.

158 Um nur einige wenige Beispiele zu nennen, denen noch zahlreiche weitere angefügt werden könnten: Sb 82 ff./183 ff.; AS 23, 47 f., 239 f./71 ff., 128 f., 564 ff.; RR^{1} 25 f./37 f.; Kelsen 1953, 144 f.; RR^{2} 34 ff., 45 ff., 114 ff./76 ff., 94 ff., 208 ff.

159 Als »Sanktion« kommt hier nur die Missbilligung in Betracht: RR^{2} 64 f./126 f.

160 Wir gehen hier vom einfachsten Fall, dem einer Strafnorm, aus.

161 Ähnlich Kelsen 1953, 144; eingehend RR^{2} 79 ff./152 ff.

162 Vertiefend zum folgenden Dreier 1986, 199 ff.

163 Primär und sekundär hier im Sinne Kelsens: AS 51 ff./136 ff.; RR^{1} 30/42: »Die das zwangsvermeidende Verhalten statuierende Norm kann daher nur als sekundäre Rechtsnorm gelten.«

164 Ähnlich schon Kelsen 1928, 226/80: »ich soll, ich bin verpflichtet, nicht zu stehlen, [...] bedeutet *positiv* rechtlich *nichts anderes* als: wenn ich stehle, soll ich bestraft werden«.

165 Die These von der eigentlichen Überflüssigkeit der Norm, die das sanktionsvermeidende Verhalten umschreibt, hält sich durch: HdS 234/350; AS 52/138; GTLS 67; RR^{2} 56/112 f.; ATdN 43, 108, 115.

166 Deutlich ATdN 43, 108, 115; vgl. näher Kucsko-Stadlmayer 1992a, 24 ff.

167 Das wird etwa betont von Thienel 2006, 432 ff.; Jabloner 2011, 31 ff.

168 Siehe zur Kritik des weiteren Hart 1961 [1994], 33 ff.; Hoerster 2006, 14 ff.

169 Ähnlich Hart 1961 [1994], 35 f.: »There is no law prohibiting murder: there is only a law directing officials to apply certain sanctions in certain circumstances to those who do murder.« – Kritisch auch Rill 2009, 384.

170 Vertiefend RR^{2} 116 ff./212 ff. unter der Überschrift: »Das Unrecht (Delikt) nicht Negation, sondern Bedingung des Rechts«.

171 So Walter 1974, 46 ff.; Walter 1999, 22.

172 Vgl. insbesondere RR^{2} 15 ff., 57 f./44 ff., 114 ff.

173 ATdN 76 ff. mit der Überschrift zum 25. Kapitel: »Die Funktionen der Norm: Gebieten, Erlauben, Ermächtigen, Derogieren«.

174 Aber auch Privatpersonen kommen in den Genuss solcher Ermächtigungen, etwa wenn ihnen die Möglichkeit eines Vertragsschlusses eingeräumt wird; zu dieser *lex contractus* knapp S. 126.

175 Genau genommen gibt es gar kein Erlauben in diesem Sinne »als Funktion einer Norm; es gibt nur ein *Erlaubt-sein* als Eigenschaft eines Verhaltens, das den Gegenstand *keiner* Norm bildet« (ATdN 78).

176 Eingehend dazu Thienel 1988, 23ff., 33ff.

177 Vertiefend Thienel 1988, 24.

178 Hingegen ist in ATdN davon keine Rede mehr. – Kritisch zur Berechtigung der »unselbständigen« Normen bereits Raz 1970, 113.

179 Weitere Beispiele, die aber immer nur (und bestenfalls) zu Annäherungen an eine vollständige Gesamtnorm führen: RR[2] 237/414f. – Aus der Sekundärliteratur Walter 1974, 18.

180 Vgl. Thienel 1988, 30ff.; Kucsko-Stadlmayer 1992a, 32; Walter 1999, 22.

181 Siehe nur AS 16f., 52ff./56ff., 140ff.; RR[1] 117ff./127ff.; RR[2] 289ff./501ff. – Aus der Sekundärliteratur Dreier 1986, 208ff. m.w.N.; danach insbesondere Thienel 1992; Walter 1999, 27ff.; Möllers 2000, 36ff.; Vollmeyer 2011, 41ff., 73ff., 195ff.; Kaufmann 2023, 92ff.

182 Hier kann man begründet vermuten, dass Kelsens Vorstellung von der komplexen Realität der fragmentierten österreichischen Doppelmonarchie geprägt war, in der sich als einigendes Band zwischen den verschiedenen Territorien und Volksgruppen in der Tat nur das einheitlich geltende Recht anbot. Vgl. Baldus 1999, 13ff.; Walter 1999, 19. In Kelsens *Autobiographie* von 1947 deutet sich das ebenfalls an: »Angesichts des österreichischen Staates, der sich aus so vielen nach Rasse, Sprache, Religion und Geschichte verschiedenen Gruppen zusammensetzte, erwiesen sich Theorien, die die Einheit des Staates auf irgendeinen sozial-psychologischen oder sozial-biologischen Zusammenhang der juristisch zum Staat gehörigen Menschen zu gründen versuchten, ganz offenbar als Fiktionen.« (HKW 1, 21f.)

183 Zum folgenden sehr klar Thienel 1992, 71ff., 81ff.; Walter 1999, 27f.

184 Kompakte Zusammenfassung: RR[2] 290ff./503ff.

185 In PdS 201/460 ist diese plastische Wendung zwar auf Adolf Lasson gemünzt, aber sie trifft der Sache nach auch auf Jellinek zu.

186 Damit steht Kelsen einmal mehr in frontalem Gegensatz zu Carl Schmitt, für den ein Staatsnotrecht schon zwingend aus der »Überlegenheit des Existentiellen über die bloße Normativität« folgt (Schmitt 1928, 107); vgl. näher Barczak 2021, 142 ff., 152 ff.; Techet 2022.

187 Geschriebene Staatsnotstandsnormen muss Kelsen natürlich anerkennen (Techet 2022, 274 f.). Hier setzt er sich aber für eine möglichst präzise Fassung entsprechender Bestimmungen ein (Barczak 2021, 143).

188 Dazu S. 84.

189 Die Literatur zur Stufenbaulehre ist abundant. Als Auswahl: Dreier 1986, 129 ff. m.w.N.; aus der seither erschienenen Literatur etwa Walter 1999, 23 ff.; Lippold 2000, 380 ff.; Borowski 2005; Jabloner 2005; Wiederin 2011; mit kritischer Tendenz Koller 2005; Jakab 2005, 354 ff.; besonders kompakt Jakab 2021, 42 ff. – Kürzlich Beiträge in Jabloner/Olechowski/Zeleny 2022.

190 Die einheitsstiftende Funktion der Grundnorm wird zu Recht betont von Raz 1974, 95 ff.; siehe auch Bindreiter 2002, 24 ff., 29 ff.; Somek 2009, 129; Kammerhofer 2011, 245 ff., 248 ff.; Jabloner 2011, 24; Jülich 2019, 140; Aydin 2020, 159; Jakab 2021, 43.

191 Merkl 1916; Merkl 1917; Merkl 1918; Merkl 1931. Eingehend zur Entstehung der Stufenbaulehre bei ihm Borowski 2005, 124 ff.

192 HdS XV: »Das Verdienst, die Rechtsordnung als ein *genetisches* System von Rechtsnormen erkannt und dargestellt zu haben, die in stufenweiser Konkretisierung von der Verfassung über Gesetz und Verordnung und sonstige Zwischenstufen bis zu den individuellen Rechtsakten der Vollziehung fortschreiten, gebührt *Adolf Merkl.*«

193 So Borowski 2005, 158. Vorsichtiger spricht Kammerhofer 2013, 238 von der »Teamarbeit beider«. Den Beitrag Merkls zur Reinen Rechtslehre würdigt Kucsko-Stadlmayer 1992.

194 Vgl. Jestaedt 2024, 132: Stufenbau als »Markenkern und Exportschlager der Reinen Rechtslehre«. – Eindrucksvolle Aufzählung der verschiedenen Implikationen der Stufenbaulehre für das Gesamtgebäude der Reinen Rechtslehre bei Wiederin 2011, 84 ff.

195 Neben diesem Stufenbau nach der rechtlichen Bedingtheit lässt sich noch ein Stufenbau nach der derogatorischen Kraft identifizieren, dem Kelsen allerdings kaum Aufmerksamkeit geschenkt hat und der einige schwierige Probleme aufwirft, die hier nicht näher disku-

tiert werden können. Zu diesem Stufenbau näher Walter 1970, 89 ff.; Wiederin 2011, 104 ff.; Kammerhofer 2013, 251 ff.; Jestaedt 2024; Kempny 2025.

196 Kompakte Zusammenfassung bei Ebenstein 1971, 643: »The whole legal order is thus viewed, not as a static system of norms coordinated through the principle of equal status, but as a pyramidal hierarchy of higher and lower norms in a dynamic system of constant creation of law through the gradual concretisation of higher norms in lower ones.«

197 Eingehend schon: AS 231 ff./545 ff.; sodann RR[1] 74 ff., 82 f./84 ff., 92 f.; RR[2] 239 ff., 242 ff./418 ff., 423 ff.

198 Siehe nur Merkl 1917; Merkl 1918. – Detailliert dazu Wiederin 2011, 88 ff.

199 Dazu ausführlich RR[2] 152, 261 ff./271 f., 454 ff: »Das Rechtsgeschäft als rechtserzeugender Tatbestand«; vgl. auch AS 236/556 ff. – Siehe die idealtypische Abbildung bei Jakab 2021, 46.

200 Aus der üppigen Sekundärliteratur vgl. Dreier 1986, 145 ff. m.w.N.; aus der danach erschienenen Literatur vgl. insbesondere Thienel 1991, 133 ff., 168 ff.; Mayer 1992; Paulson 1992b; Walter 1999, 25 f.; Lippold 2000, 374 ff.; Bersier Ladavac 2013; Algin 2024, 43 ff.

201 Vgl. S. 73 f. Ausführlicher Dreier 2011, 84 ff./336 ff.

202 Hervorhebung im Zitat nur in RR[2], nicht in RR[1].

203 Dass es durchaus (wenngleich wohl eher selten) Fälle einer solchen Eindeutigkeit geben kann, stellt Kelsen nicht in Abrede, wenn es in RR[2] 349/601 heißt, die Interpretation eines Gesetzes müsse »*nicht notwendig* zu einer einzigen Entscheidung als der allein richtigen, sondern *möglicherweise* zu mehreren führen« (Hv. nicht i. O., H. D.); eine einzig richtige Lösung ist also nicht absolut ausgeschlossen. Deutlicher noch ATdN 151: »Die Möglichkeit unzweideutig formulierter Rechtsnormen kann nicht geleugnet werden.« Dazu noch Walter 1983, 191; Mayer 1992, 65 ff.; Bersier Ladavac 2013, 55.

204 Zu Recht betont bei Bersier Ladavac 2013, 55, 60 f.

205 Hervorgehoben bei Dreier 1986, 148 ff.; Bersier Ladavac 2013, 66; Jestaedt 2013, 230 f.

206 Einzelnachweise und weitere Stimmen: Dreier 2007, 111/62. – Im folgenden übernehme ich einige Passagen aus diesem Aufsatz. Versuch

einer methodologischen Fruchtbarmachung der Reinen Rechtslehre: Schwab 2024.

207 Möglicherweise hat Kelsen mit seiner Aussage, die Reine Rechtslehre biete eine »Theorie der Interpretation« (RR^2 1/21), falsche Erwartungen geweckt. In der ersten Auflage findet sich der Satz noch nicht.

208 Vgl. bei und in Fn. 205.

209 Jedenfalls schenkt er den gängigen Interpretations- und Auslegungsmethoden kaum nähere Beachtung; z. B. hält er den Analogieschluss und das *argumentum e contrario* für »völlig wertlos« (RR^1 97/106; RR^2 350/603). Kelsen 1953, 149 f. spricht schärfer noch von der »Un-Logik von Trugschlüssen und logischen Erschleichungen, wie das argumentum e contrario, oder die Deduktion von Normen aus einem vorgefaßten Begriff, die Pseudo-Logik der Begriffsjurisprudenz, oder die Ableitung von Normen aus der ›Natur der Sache‹, die Selbsttäuschung der Naturrechtslehre.«

210 Deutlich Jabloner 1998, 12; Bersier Ladavac 2013, 56, 64.

211 Siehe auch Jestaedt 2013, 223, 229.

212 Jabloner 1998, 12: »Die Reine Rechtslehre macht deutlich, in welchem Maß das letztlich einen Willensakt setzende Rechtsorgan verantwortlich ist.«

213 Siehe Lippold 1988a, 148; Wiederin 2009, 351; Olechowski 2020, 892 ff.

214 Vgl. nur die umfänglichen Literaturangaben bei Walter 1999, 30 ff.; Paulson 2013a, 57 f.

215 Für weiter ausgreifende Darstellungen unter Einbeziehung zusätzlicher Aspekte: Paulson 1992a; Heidemann 1997, 159 ff.; Wiederin 2009, 352 ff.

216 Ausführlicher RR^2 76 f./147.

217 Genauere Schilderung des Wandels etwa bei Paulson 2013a, 61 ff.

218 Deutlich und zuerst in einem Brief an Ulrich Klug vom 4. Juli 1960 (Kelsen/Klug 1981, 42 ff. [46]). Vgl. auch Kelsen 1964, 2 f.

219 Bemerkenswerterweise gesteht Kelsen nun auch die Existenz von Konflikten zwischen verschiedenen Normensystemen zu, etwa zwischen solchen des Rechts und der Moral (ATdN 102, 169 f.), die er früher stets geleugnet hatte (Dreier 1986, 176 ff.). Das sei hier nicht vertieft.

220 Desgleichen Kelsen 1965, 1476.

221 Ähnlich Kelsen 1964, 2f.; Kelsen 1965, 1475f.

222 Wenn Kelsen für das Verhältnis zwischen generellen Normen mit unterschiedlichem Allgemeinheitsgrad eine Ausnahme von der Unzulässigkeit der Übertragung logischer Regeln auf Rechtsnormen zulassen will (ATdN 211f.), so ist das inkonsequent und daher abzulehnen. Vgl. nur Schmidt 1992, 89.

223 Vgl. auch Kelsen 1964, 2: »Eine Norm ist keine Aussage, eine Vorschreibung ist keine Beschreibung. [...] Die Norm ist der Sinn eines Willensaktes [...]. Die Aussage ist der Sinn eines Denkaktes. [...] Daher ist eine Aussage wahr oder unwahr. Eine Norm aber ist weder wahr noch unwahr, sondern gilt oder gilt nicht.«

224 Vgl. S. 85ff.

225 Zum Hintergrund Olechowski 2020, 895f.

226 Kelsen, Diskussionsbemerkung, in: ÖZöR 13 (1964), 119.

227 Ebd., S. 120.

228 Vielsagend auch Kelsens Diskussionsbemerkung, ÖZöR 13 (1964), 155, wo er ausführt, die Geltung des positiven Rechts beruhe auf einer Voraussetzung, die nicht selbst positivrechtlich sei, und fortfährt: »Ich sehe hier nichts anderes als eine *hypothetische*, eine *fiktive* Voraussetzung.«

229 Gegenteilige Auffassung vor dem Hintergrund einer Differenzierung zwischen begründender und explizierender Funktion der Grundnorm bei Paulson 2013a, 64: »Die Vorstellung, daß die Grundnorm sich als Fiktion verstehen lasse, hat verheerende Folgen für die Reine Rechtslehre der klassischen bzw. kantischen Periode.«

230 Dreier 1997, 79/67f. m.w.N.; hinzuzufügen wären Tkaczyński 2008, 108; Ehs 2009.

231 Dazu S. 38ff., 44ff.

232 Auflistung aller Kurse, die er gegeben hat, bei Ehs 2007, 60ff.; siehe noch Ehs 2009.

233 Siehe etwa: Kley 2000; Jestaedt/Lepsius 2006, XVIIIff.; Groß 2007; Lepsius 2009; Groh 2010, 106ff., 212ff., 276ff., 342ff., 488ff., 587ff.; Hwang 2020, 379ff., 391ff.

234 Geradezu pionierhaft Luthardt 1986. Später Lenk 1992; Lehnert 2000, 224ff.; Kick 2001; v. Ooyen 2003; v. Ooyen 2010; Özmen 2017; Hacke 2018, 211ff., 218ff., 226ff.; jüngst hat man von einer »internationale[n] Renaissance der Kelsen-Politologie« gesprochen (Robert

Schütt: Hans Kelsen, der Sicherheitspolitiker, in: Wiener Zeitung v. 2. November 2022, S. 13). – Das harte Urteil, als Politikwissenschaftler werde »Kelsen im deutschsprachigen Raum noch heute weitgehend ignoriert« (Feichtinger 2009, 335), wäre also durchaus zu relativieren.

235 Den Weg von der ersten Auflage von *Wesen und Wert* aus dem Jahre 1920 (dazu Lagi 2021, 25ff.) über das Referat über »Demokratie« auf dem Soziologentag 1926 und die Parlamentarismusschrift von 1925 bis zur zweiten Auflage von *Wesen und Wert* rekonstruiert Lehnert 2000, 224ff.; knapper Lepsius 2009, 67f.

236 Zu Recht betont von Tkaczyński 2008, 109. Vgl. auch Koller 1982, 319: Kelsens Demokratieschriften gehören »zum Besten [...], was die deutschsprachige Staatslehre an Demokratietheorie hervorgebracht hat«.

237 Im folgenden greife ich des öfteren Formulierungen aus Dreier 1997 auf.

238 Auch in der antiken griechischen Demokratie ist die Gleichheit (Isonomie, Isokratie) entscheidend, nicht die Freiheit (Ottmann 2001, 92ff.).

239 Was natürlich nicht heißt, dass die Gleichheit unwichtig wäre. Denn Freiheit meint immer die gleiche Freiheit aller. Aber die Gleichheit ist nicht der entscheidende Punkt. Deutlich Kelsen 1927, 36: »Der Freiheitswert und nicht der Gleichheitswert ist es, der die Idee der Demokratie in erster Linie bestimmt. Gewiß spielt auch der Gedanke der Gleichheit in der demokratischen Ideologie seine Rolle; doch nur in einem durchaus negativen, formalen und sekundären Sinne. Weil alle möglichst und sohin gleich frei sein sollen, sollen alle an der Bildung des staatlichen Willens beteiligt und sohin in gleichem Maße beteiligt sein.«

240 Siehe etwa dessen Charakterisierungen als der (vielleicht) »bedeutendste Theoretiker der Demokratie« (WuW 6/156), als »Freiheitsapostel« (WuW 7/157), als der »geistreichste Schilderer der Demokratie« (WuW 13/162) oder als ihr »Verteidiger« (WuW 99/224). – Zu Kelsens Rousseau-Kritik etwa Boldt 1986, 217f., 221; van Ooyen 2003, 92ff.; Vinx 2007, 114ff.

241 Speziell zur Modernität von Kelsens Parteiendoktrin: Prisching 1988, 101; Mersel 2006; Dreier 2015, 52ff.; Zeleny 2015, 543f.; Baume 2018.

242 Genauer zu Kelsens Verhältnis zur direkten Demokratie: Kradolfer 2020, 379 ff.

243 Näher zu dieser Differenz Kelsen 1955, 1 ff./252 ff.; aus der Sekundärliteratur eingehend Lagi 2021, 138 ff., 145 ff.

244 So erscheint der Kompromiss als letztes Ziel der politischen Auseinandersetzungen an mehreren prominenten Stellen seiner Schrift: WuW 22, 56 f., 63/170 f., 196 f., 200. Vertiefend Luthardt 1986, 155 ff.; van Ooyen 2003, 100 ff.; Zeleny 2015, 539 f.; Baume 2018, 3, 12 ff.

245 Freilich stehen seine leichten Sympathien für das imperative Mandat in einem nicht aufgeklärten Spannungsverhältnis zu seinem Vertrauen in die Kompromissbildung: Baume 2018, 14.

246 Ähnlich Luthardt 1986, 151, der Kelsen einen der »profiliertesten liberal-demokratischen Autoren« nennt.

247 Klar gesehen von Köttgen 1931, 97 f.: »Kelsen glaubt das demokratische Staatsideal von allen liberalen Schlacken befreien zu können, ohne damit an die letzten Grundlagen auch der Demokratie zu rühren«; siehe auch ebd., 105. Vertieft zu Kelsens Ambivalenzen, was das Verhältnis von Demokratie und Liberalismus betrifft: Münkler 2024.

248 Kritisch zur fehlenden plausiblen Einfügung der Grundrechte in Kelsens Demokratietheorie: Koller 1982, 323 ff.; Prisching 1988, 87 f.; ausführlich zu verschiedenen Möglichkeiten, die scheinbar widersprüchlichen Aussagen Kelsens zu harmonisieren: Dreier 1986, 266 ff.

249 Wenn er die frühere Position in RR^2 389/667 noch einmal wiederholt (»Das Prinzip der majoritären Selbstbestimmung steht einer totalitären Demokratie nicht im Wege.«), so ist zu bedenken, dass er sie dort nur in Gestalt eines bloßen Referats des Gesellschaftsvertrags gemäß der individualistischen Naturrechtslehre vorträgt.

250 Auch in WiG 42 heißt es: »Da Demokratie ihrer innersten Natur nach Freiheit, und Freiheit Toleranz bedeutet, ist keine andere Staatsform der Wissenschaft so günstig wie gerade die Demokratie.«

251 Für weniger einschneidend hält den Wandel Vašek 2010, 508 ff.; vgl. noch Münkler 2024, 623 ff.

252 Das wird ausdrücklich, wenngleich sehr knapp thematisiert in PTB 7 f., wo Kelsen die Freiheit der politischen Parteien als wichtigste der »essential freedoms« bezeichnet.

253 Vgl. Perels 1979. Der Punkt kann hier nicht ausdiskutiert werden.

254 Ganz in diesem Sinne betont die Schlusspassage des Aufsatzes, dass eine positive Korrelation von Demokratie und Kapitalismus nicht aufgewiesen werden könne: Kelsen 1955, 94/384 f.

255 In Kelsen 1932, 236 wird der umgekehrte Prozess betont: mit der politischen Selbstbestimmung müsse auch die geistige Freiheit verschwinden: »Die geistige Freiheit: das bedeutet die Freiheit der Wissenschaft, die Freiheit der sittlichen, künstlerischen und religiösen Überzeugung.«

256 Ausführlicher dazu Dreier 2009, 20 ff.

257 Für Max Weber ist das näher dargetan in Dreier 2010. Gustav Radbruch sah das genauso: Radbruch 1932, 15 ff. – Zu verschiedenen Facetten von »wertrelativistisch« bei Kelsen: Lagerspetz 2017, 161 f.

258 Siehe (mit Nuancen im einzelnen) etwa: Harrison 1976, 122 ff.; Koller 1982, 326; Prisching 1988, 114; Bindreiter 2002, 209 f.

259 Das hatte schon ein Rezensent von *Staatsform und Weltanschauung* betont. W. Burckhardt, ZStW 94 (1933), 485–487 (486), schreibt: »Die Demokratie kommt sicher dieser Anschauung [scil.: dem Relativismus, H. D.] entgegen, indem sie die Mehrheit schlechthin entscheiden läßt. Aber sie setzt diese skeptische Grundhaltung keineswegs voraus, und die Einherrschaft steht mit ihr keineswegs in Widerspruch. Warum sollte nicht auch die Anerkennung *eines* Führers das Ergebnis der Überlegung sein, daß doch alle Entschließungen gleichwertig sind und es sich nicht lohnt, darüber zu streiten?«

260 Dreier 1997, 98 ff./88 ff.; zustimmend Zeleny 2015, 543. Desgleichen Bock 2021, 318: »Der demokratische Staat setzt jedoch weder den Relativismus als Weltanschauung der Demokratie voraus noch zieht er seine grundlegende Rechtfertigung aus dem Gedanken des Relativismus.«

261 So auch Bock 2021, 311. Sehr richtig Polke 2013, 113: »Eine pragmatische Sistierung absoluter Wahrheitsfragen bei gleichzeitig öffentlicher Diskussion im vorpolitischen wie im politischen Rahmen würde viel eher Kelsens eigenen Überlegungen entsprechen.«

262 Dazu Hofmann/Dreier 1989, Rn. 49 ff., 53; nun monographisch Hohnerlein 2020.

263 Vgl. S. 148 ff.

264 Siehe etwa BVerfGE 149, 160 [2018], wo es mit Blick auf die Möglichkeit des Vereinigungsverbots gemäß Art. 9 Abs. 2 GG heißt, die

Norm enthalte »kein Weltanschauungs- oder Gesinnungsverbot« und ziele »weder auf innere Haltungen noch auf politische Überzeugungen« (198, Rn. 108). Freiheit sei grundsätzlich auch den Feinden der Freiheit zu gewähren. Die entscheidende Frage ist, ob die Vereinigung eine kämpferisch-aggressive Haltung gegenüber den elementaren Grundsätzen der Verfassungsordnung einnimmt: Erst dann kommt ein Verbot in Betracht. Ähnlich hoch ist das Anforderungsprofil für das Verbot von politischen Parteien: BVerfGE 144, 22 [2017]. Allerdings muss das Handeln der Partei weder strafrechtlich relevant noch gewaltförmig sein; ein gewisses Potential für die Beseitigung oder Beeinträchtigung der freiheitlichen Ordnung reicht aus.

265 BVerfGE 124, 300 (331 ff., 342 ff.) [2009]. Auch in der Parteiverbots- und der Vereinigungsverbotsentscheidung ist die Grenzziehung nicht einfach: BVerfGE 144, 20 (211 ff., Rn. 548 ff.); 149, 160 (197 ff., Rn. 107 ff.).

266 Eindringlich zu den Voraussetzungen soziokultureller, politisch-struktureller und ethischer Art Böckenförde 2004, Rn. 59 ff., 69 ff., 74 ff.; vgl. auch Dreier 2020, 52 ff.

267 Siehe Rub 1995, 5 f., 9 ff.; Walter/Jabloner/Zeleny 2003, 89 ff.

268 Ausführlicher dazu Bull 1986, 322 ff., 326 ff.; Rub 1995, 224 ff.; Kleinlein 2012, 164 ff.

269 Dazu S. 109 ff.

270 Näher zum Völkerrecht als Zwangsordnung und zur Frage der Sanktionen: Somek 2007, 434 ff.

271 Heutzutage kennen wir eine ganze Reihe solcher internationaler, teils regional beschränkter Gerichtshöfe. Ohne Anspruch auf Vollständigkeit seien genannt: Internationaler Gerichtshof (1945); Internationaler Seegerichtshof in Hamburg (1982); Internationaler Strafgerichtshof in Den Haag (1998); EuGH (1952); EGMR (1959).

272 Insbesondere die Internationalen Gerichtshöfe für das ehemalige Jugoslawien (1993) und für Ruanda (1994) sowie der Internationale Strafgerichtshof in Den Haag (1998).

273 Näher zum folgenden Blöchlinger 2022, 185 ff.

274 Dazu kritisch Griller 2004, 87 ff.

275 Ausführlich AS 120 ff./292 ff.; darstellend Blöchlinger 2022, 187 ff. – Kritisch zur Möglichkeit des Monismus mit Primat des Staatsrechts: Paulson 2004, 34 ff.

276 Zur Entwicklung dieses Gedankens Rub 1995, 435 ff.; knapp Bull 1986, 331. In PdS 317/569; RR[1] 142 ff., 147 ff./148 ff., 152 ff. hatte Kelsen noch relativ eindeutig für den Primat der Völkerrechtsordnung votiert.

277 Vgl. die Nachweise in: Walter/Jabloner/Zeleny 2003, 89 ff.; aus der Sekundärliteratur nur Rub 1999, 275 ff.; Bersier Ladavac 2004, 174 ff.

278 Siehe BVerfGE 36, 1 (15 f.): »Das Grundgesetz – nicht nur eine These der Völkerrechtslehre und der Staatsrechtslehre! – geht davon aus, daß das Deutsche Reich den Zusammenbruch 1945 überdauert hat und weder mit der Kapitulation noch durch Ausübung fremder Staatsgewalt in Deutschland durch die alliierten Okkupationsmächte noch später untergegangen ist [...]. Das Deutsche Reich existiert fort [...].«

279 Siehe Olechowski 2014, 123 ff.; vgl. auch Busch/v. Schmädel/Staudigl-Ciechowicz 2011, 168 ff.

280 Nachweise: Olechowski 2020, 724 f.

281 Kelsen 1944, Appendix I, 127 ff. Zu Kelsens Kritik am alten, 1920 gegründeten Völkerbund eingehend Rub 1995, 278 ff., 289 ff.; knapp Busch/v. Schmädel/Staudigl-Ciechowicz 2011, 169: »Kelsen attributes the complete failure and breakdown of the League of Nations to one decisive cause. Namely, its central organ was not the Permanent Court of International Justice but a kind of international government, the Council of the League of Nations. The Council's decisions had to be passed unanimously, could not bind a member state against its will, and lacked a centralised power to execute them«.

282 Busch/v. Schmädel/Staudigl-Ciechowicz 2011, 168. – Dass Kelsen ohnehin auf dem Feld des internationalen Rechts eher den »Realisten« als den »Idealisten« zuzurechnen ist, zeigt anhand seiner scharfen Kritik am Briand-Kellogg-Pakt (Kelsen 1944, 18, 32) Schuett 2021, 95 ff.

283 Die große Bedeutung, die Kelsen diesem Gericht beimisst, spiegelt sich auch darin, dass ihm 25 der insgesamt 40 Artikel seines Entwurfs für einen »Covenant« gewidmet sind (Kelsen 1944, Appendix I, 127 ff.).

284 Ein »Kommentar« in dem Sinne, dass Artikel für Artikel und Absatz für Absatz erläutert würde, ist das Werk allerdings nicht (treffend

Olechowski 2020, 786); vielmehr präsentiert Kelsen die Normen gemäß einem eigenen System. Die Erläuterungen selbst tragen aber durchaus den Charakter eines Kommentars.

285 Das Werk erlebte insgesamt sechs (immer um das »supplement« ergänzte) Nachdrucke, aber keine zweite Auflage, obgleich diese im Supplementum 1951 angekündigt worden war.

286 Näher zu seiner Interpretationstheorie S. 127 ff.

287 Gesprächsweise soll Kelsen bedauernd vermerkt haben, dass die Charta nicht von Juristen entworfen worden sei (Fassbender 2008, 139). Das klingt fast ein wenig naiv. Oder sollte er (wehmütig) an seine wichtige Rolle bei der Entstehung der österreichischen Verfassung von 1920 gedacht haben (dazu S. 38 ff.)?

288 Knapp anderthalb Jahrzehnte später erschien eine zweite Auflage: Hans Kelsen, Principles of International Law. Revised and edited by Robert W. Tucker, New York 1966; der Umfang hatte sich auf das anderthalbfache vergrößert, ohne dass die entsprechend vielen Ergänzungen das grundsätzliche Konzept verändert hätten.

289 Weitere Nachweise bei Dreier 2007, 102 ff./52 ff.

290 In diese Richtung aber v. Bernstorff 2001, 1 f., 9, 93 f., 105 f., 199 ff.; dagegen treffend Fassbender 2008, 139 ff.; Jakab 2008, 191 ff.

291 Kelsens Haltung zum Friedenszweck als einem möglicherweise letzten oder notwendigerweise inhärenten Zweck des Rechts war also durchaus Schwankungen unterworfen. In RR² 40/85 heißt es: »solange im Verhältnis zwischen Staaten Krieg nicht durch das Völkerrecht verboten ist, kann nicht gut behauptet werden, daß der Rechtszustand notwendigerweise ein Friedenszustand« sei; hier notiert eine Fußnote »eine nicht unerhebliche Modifikation meiner in *General Theory of Law and State*, S. 22 f. dargelegten Anschauung über das Verhältnis von Recht und Frieden«. Dort hatte er vor allem die Monopolisierung der Ausübung von Gewalt durch den Staat betont. Doch unabhängig von dieser Änderung bildet der Friedensgedanke ein ganz starkes Motiv in fast allen Schriften Kelsens; vgl. S. 201 ff.

292 Zur »Aktualität« Kelsens Rub 1995, 23 ff.; zu seiner Nachwirkung zuversichtlich Somek 2007, 417 ff.; Kreß 2020, 100 ff.

293 Siehe etwa noch: Kammerhofer 2016.

294 Siehe insbesondere: Über Grenzen zwischen juristischer und soziologischer Methode, Tübingen 1911 (= HKW 3, 23–55); Zur Sozio-

logie des Rechtes, in: ASwSp 34 (1912), 601–614 (= HKW 3, 77–92); Eine Grundlegung der Rechtssoziologie, in: ASwSp 39 (1914/15), 839–876 (= HKW 3, 317–358). – Zusammenfassend Paulson 1992.

295 Siehe dazu S. 78 ff.

296 Näher dazu Dreier 1986, 136 ff.; knapp Jestaedt 2008, XXVIII.

297 Ähnlich HKW 3, 79: Der Jurist müsse sich »stets bewußt bleiben, daß er als Jurist eine andere Methode anzuwenden hat als der Soziologe. Die Soziologie ist eine Voraussetzung der Jurisprudenz, aber von ihr wesentlich verschieden.« Siehe auch Kelsen 1953, 147 f.

298 Unverständlicherweise fehlt dieser Untertitel in der ansonsten seitenidentischen Ausgabe des Neudrucks im Böhlau-Verlag von 1982 (mit einer Einleitung von Ernst Topitsch).

299 Zum folgenden ausführlicher: Dreier 1986, 94 ff.

300 Das ist die Sprache der Zeit. Wir verwenden im folgenden eher »archaisch« oder »mythisch«.

301 Vgl. auch RR[2] 86 ff./162 ff.

302 Näher dazu Jabloner 1982; Dreier 1986, 98 ff.; Dreier 2013a, 127 ff.

303 Es handelt sich um die folgenden: 17. Kausalwissenschaft und Normwissenschaft 18. Kausalität und Zurechnung; Naturgesetz und Rechtsgesetz 19. Das Prinzip der Zurechnung im Denken der Primitiven 20. Die Entstehung des Kausalprinzipes aus dem Vergeltungsprinzip 21. Kausale und normative Gesellschaftswissenschaft 22. Die Unterschiede zwischen dem Kausal- und dem Zurechnungsprinzip. – Der Seitenumfang dieser Passagen: RR[2] 78–95/149–177.

304 Vertiefend Jabloner 1992.

305 Jabloner 2011, 22: »Die Reine Rechtslehre ist also nicht nur eine Methodologie für Juristen, sondern auch eine Ideologiekritik.«

306 Das Dogma vom Absterben des Staates kritisiert er als Geschichtstheologie: v. Ooyen 2009, 22 ff.

307 Dazu mit Blick auf die Eigentumsideologie v. Ooyen 2009, 20 ff.

308 Gassner 2016, 160 ff. – Eine bemerkenswert kritische Rezension der *Communist Theory of Law* bietet: H. L.A. Hart, Harvard Law Review 69 (1956), 772–778.

309 Die wohl ausführlichste Darstellung findet sich im Anhang der Reinen Rechtslehre von 1960: »Das Problem der Gerechtigkeit« (RR[2] 355–444/611–754).

310 Detailliert Dreier 1986, 166 ff.; Preiss 1993, 165 ff.

311 Es erscheint bezeichnend, dass Kelsen diese »revolutionäre Funktion« des Naturrechts »zu Ende des 18. Jahrhunderts in Amerika und Frankreich« nur sehr kurz anspricht (RR² 435/740) und sogleich mit dem Hinweis darauf überspielt, dass »sofort eine gegen diese Naturrechtslehre gerichtete geistige Bewegung einsetzte« (ebd.). Ähnlich bereits GNR 39f., wo die Lehre vom revolutionären Charakter des Naturrechts ausdrücklich als »dogmengeschichtlicher Irrtum« (GNR 40) bezeichnet wird. – Typisch auch die seitenlange Zurückweisung der vielfach vertretenen Ansicht, die Sophisten hätten eine revolutionäre Naturrechtslehre vorgetragen (IdG 452ff.).

312 Vertiefende Kritik an Kelsens Naturrechtskritik: Opałek 1982, 78ff.

313 Überblick: Jabloner/Zeleny 2006.

314 Öfter thematisiert: WiG 34ff.; RR² 374ff./642ff.

315 Scharfe und grundsätzliche Kritik an seiner Behandlung des Aristoteles etwa bei Kersting 2006, 19ff. (zur Mesotes-Lehre 25ff.).

316 Eingehend zur Publikationsgeschichte: SR XIff. [Editorial Remarks].

317 Das wurde und wird in Deutschland zumeist unter dem Topos der »politischen Religionen« diskutiert. Kritisch dazu Dreier 2021a.

Literaturverzeichnis

I. Abgekürzt zitierte Schriften Kelsens

AS

Allgemeine Staatslehre, Berlin 1925 / auch zitiert nach der Studienausgabe, herausgegeben und eingeleitet von Matthias Jestaedt, Tübingen–Wien 2019.

ATdN

Allgemeine Theorie der Normen, herausgegeben von Kurt Ringhofer und Robert Walter, Wien 1979.

CTL

The Communist Theory of Law, London 1955.

GNR

Die philosophischen Grundlagen der Naturrechtslehre und des Rechtspositivismus, Charlottenburg 1928.

GTLS

General Theory of Law and State, Cambridge/Mass. 1945.

HdS

Hauptprobleme der Staatsrechtslehre entwickelt aus der Lehre vom Rechtssatze (1911), 2. Aufl., Tübingen 1923 (Neudruck 1969) / auch zitiert nach: HKW 2, 49–878.

HV

Wer soll der Hüter der Verfassung sein? in: Die Justiz 6 (1930/31), S. 576–628 / auch zitiert nach: Hans Kelsen, Wer soll der Hüter der Verfassung sein?, herausgegeben von Robert Chr. van Ooyen, 2. Aufl., Tübingen 2019, S. 58–105.

IdG

Die Illusion der Gerechtigkeit. Eine kritische Untersuchung der Sozialphilosophie Platons, herausgegeben von Kurt Ringhofer und Robert Walter, Wien 1985.

ÖStR

Österreichisches Staatsrecht. Ein Grundriß entwicklungsgeschichtlich dargestellt, Tübingen 1923 ; auch zitiert nach HKW 10, 46–263.

PdS

Das Problem der Souveränität und die Theorie des Völkerrechts. Beitrag zu einer reinen Rechtslehre (1920), 2. Aufl., Tübingen 1928 (Neudruck 1981) / auch zitiert nach HKW 4, 263–572.

PP

Das Problem des Parlamentarismus, Wien 1925.

PTB

The Political Theory of Bolshevism. A Critical Analysis, Berkeley–Los Angeles 1948.

RgR

Rechtsgeschichte gegen Rechtsphilosophie? Eine Erwiderung, Wien 1928.

RR^1

Reine Rechtslehre. Einleitung in die rechtswissenschaftliche Problematik, Leipzig–Wien 1934 (Neudruck 1985) / auch zitiert nach der Studienausgabe, herausgegeben und eingeleitet von Matthias Jestaedt, Tübingen 2008.

RR^2

Reine Rechtslehre. Mit einem Anhang: Das Problem der Gerechtigkeit, 2. Aufl., Wien 1960 / auch zitiert nach der Studienausgabe, herausgegeben und eingeleitet von Matthias Jestaedt, Tübingen 2017.

SaI

Der Staat als Integration. Eine prinzipielle Auseinandersetzung, Wien 1930.

SaÜ

Der Staat als Übermensch. Eine Erwiderung, Wien 1926.

Sb

Der soziologische und der juristische Staatsbegriff. Kritische Untersuchung des Verhältnisses von Staat und Recht (1922), 2. Aufl. Tübingen 1928 (Neudruck 1981) / auch zitiert nach HKW 7, 97–350.

SR

Secular Religion. A Polemic against the Misinterpretation of Modern Social Philosophy, Science and Politics as »New Religions«. Edited from the estate of Hans Kelsen by Robert Walter, Clemens Jabloner und Klaus Zeleny, Wien 2012.

SuS

Sozialismus und Staat. Eine Untersuchung der politischen Theorie des Marxismus, Leipzig 1920 / auch zitiert nach HKW 6, 358–525.

SuW

Staatsform und Weltanschauung, Tübingen 1933.

VuK

Vergeltung und Kausalität. Eine soziologische Untersuchung, The Hague–Chicago 1941, ausgeliefert 1946 (Nachdruck 1982).

WiG

Was ist Gerechtigkeit? (1953), 2. Aufl., Wien 1975.

WuW

Vom Wesen und Wert der Demokratie, 2. Aufl., Tübingen 1929 (Neudruck 1981) / auch zitiert nach: Hans Kelsen, Verteidigung der Demokratie. Abhandlungen zur Demokratietheorie, herausgegeben von Matthias Jestaedt und Oliver Lepsius, Tübingen 2006, S. 149–228.

II. Weitere Veröffentlichungen Kelsens

Kelsen 1922

Rechtswissenschaft und Recht. Erledigung eines Versuches zur Überwindung der »Rechtsdogmatik«, in: ZöR 3 (1922/23), S. 103–235 / auch zitiert nach HKW 9, 75–190.

Kelsen 1922/23
Gott und Staat, hier zitiert nach: Hans Kelsen, Staat und Naturrecht. Aufsätze zur Ideologiekritik, mit einer Einleitung herausgegeben von Ernst Topitsch, 2. Aufl., München 1989, S. 29–55/ auch zitiert nach HKW 7, 435–458.

Kelsen 1927
Demokratie (1927), in: Hans Kelsen, Demokratie und Sozialismus. Ausgewählte Aufsätze, herausgegeben von Norbert Leser, Wien 1967, S. 11–39.

Kelsen 1928
Die Idee des Naturrechtes, in: ZöR VII (1928), S. 221–250 / auch zitiert nach: Hans Kelsen, Staat und Naturrecht. Aufsätze zur Ideologiekritik, mit einer Einleitung herausgegeben von Ernst Topitsch, 2. Aufl., München 1989, S. 73–113.

Kelsen 1929
Wesen und Entwicklung der Staatsgerichtsbarkeit, in: VVDStRL 5 (1929), S. 30–88 / auch zitiert nach: Hans Kelsen, Wer soll der Hüter der Verfassung sein?, herausgegeben von Robert Chr. van Ooyen, 2. Aufl., Tübingen 2019, S. 1–57.

Kelsen 1929a
Juristischer Formalismus und reine Rechtslehre, in: JW 1929, S. 1723–1726.

Kelsen 1930
Die Entwicklung des Staatsrechts in Oesterreich seit dem Jahre 1918, in: Gerhard Anschütz/Richard Thoma (Hrsg.), Handbuch des Deutschen Staatsrechts, Bd. I, Tübingen 1930, S. 147–165.

Kelsen 1931
Allgemeine Rechtslehre im Lichte materialistischer Geschichtsauffassung (1931), in: ders., Demokratie und Sozialismus. Ausgewählte Aufsätze, herausgegeben von Norbert Leser, Wien 1967, S. 69–136.

Kelsen 1932
Verteidigung der Demokratie (ursprünglich abgedruckt in: Blätter der Staatspartei 2 [1932], S. 90–98); hier zitiert nach: Hans Kelsen, Verteidigung der Demokratie. Abhandlungen zur

Demokratietheorie, herausgegeben von Matthias Jestaedt und Oliver Lepsius, Tübingen 2006, S. 229–237.

Kelsen 1933
Die platonische Gerechtigkeit, in: Kant-Studien XXXVIII (1933), S. 91–117 / auch zitiert nach: Hans Kelsen, Staat und Naturrecht. Aufsätze zur Ideologiekritik, mit einer Einleitung herausgegeben von Ernst Topitsch, 2. Aufl., München 1989, S. 198–231.

Kelsen 1937
Wissenschaft und Demokratie (ursprünglich abgedruckt in: Neue Zürcher Zeitung); hier zitiert nach: Hans Kelsen, Verteidigung der Demokratie. Abhandlungen zur Demokratietheorie, herausgegeben von Matthias Jestaedt und Oliver Lepsius, Tübingen 2006, S. 238–247.

Kelsen 1941
The Law as a Specific Social Technique, in: The University of Chicago Law Review 9 (1941), S. 75–97.

Kelsen 1942
Law and Peace in International Relations, Cambrigde/Mass. 1942.

Kelsen 1944
Peace through Law, Chapel Hill 1944.

Kelsen 1945
The Legal Status of Germany according to the Declaration of Berlin, in: AJIL 39 (1945), S. 518–526.

Kelsen 1950
The Law of the United Nations. A Critical Analysis of Its Fundamental Problems, New York 1950.

Kelsen 1951
Science and Politics, in: The American Political Science Review 45 (1951), S. 641–661.

Kelsen 1952
Principles of International Law, New York 1952.

Kelsen 1953
Was ist die Reine Rechtslehre?, in: Demokratie und Rechtsstaat. Festschrift zum 60. Geburtstag von Zaccaria Giacometti, herausgegeben von Max Imboden u.a., Zürich 1953, S. 143–162.

Kelsen 1955
Foundations of Democracy, in: Ethics 66 (1955), Nr. 1, Teil II, S. 1–101 / auch zitiert nach Hans Kelsen, Verteidigung der Demokratie. Abhandlungen zur Demokratietheorie, herausgegeben von Matthias Jestaedt und Oliver Lepsius, Tübingen 2006, S. 248–385.

Kelsen 1960
What is the Pure Theory of Law?, in: Tulane Law Review 34 (1960), S. 269–276.

Kelsen 1963
Die Selbstbestimmung des Rechts (1963), in: WRS II, S. 1445–1453.

Kelsen 1964
Die Grundlage der Naturrechtslehre, in: ÖZöR 13 (1964), S. 1–37.

Kelsen 1965
Recht und Logik (1965), in: WRS II, S. 1469–1497.

Kelsen 1966
Recht, Rechtswissenschaft und Logik, in: ARSP 52 (1966), S. 545–552.

Kelsen 1968
Die Problematik der Reinen Rechtslehre, in: ZöR n.F. 18 (1968), S. 143–184.

Kelsen 2003
Geltung und Wirksamkeit des Rechts, in: Robert Walter/Clemens Jabloner/Klaus Zeleny (Hrsg.), Hans Kelsens stete Aktualität, Wien 2003, S. 5–21.

Kelsen/Klug 1981
Hans Kelsen/Ulrich Klug: Rechtsnormen und logische Analyse. Ein Briefwechsel 1959 bis 1965, Wien 1981.

III. Sekundärliteratur

Adomeit 1973

Adomeit, Klaus: Hans Kelsen (Nachruf), in: Rechtstheorie 4 (1973), S. 129–130.

Algin 2024

Algin, Yilmaz: Die Interpretationstheorie der Reinen Rechtslehre, Baden-Baden 2024.

v. Arnauld 2019

v. Arnauld, Andreas: Völkerrecht, 4. Aufl., Heidelberg 2019.

Aydin 2020

Aydin, Taner: Gustav Radbruch, Hans Kelsen und der Nationalsozialismus. Zwischen Recht, Unrecht und Nicht-Recht, Baden-Baden 2020.

Baldus 1999

Baldus, Manfred: Hapsburgian Multiethnicity and the »Unity of the State« – On the Structural Setting of Kelsen's Legal Thought, in: Dan Diner/Michael Stolleis (Eds.), Hans Kelsen and Carl Schmitt. A Juxtaposition, Gerlingen 1999, S. 13–25.

Baratta 1968

Baratta, Alessandro: Rechtspositivismus und Gesetzespositivismus: Gedanken zu einer ›naturrechtlichen‹ Apologie des Rechtspositivismus, in: ARSP 54 (1968), S. 325–350.

Barczak 2021

Barczak, Tristan: Der nervöse Staat. Ausnahmezustand und Resilienz des Rechts in der Sicherheitsgesellschaft (2020), 2., unveränderte Auflage mit einem Supplementum, Tübingen 2021.

Baume 2018

Baume, Sandrine: Rehabilitating political parties: an examination of the writings of Hans Kelsen, in: Intellectual History Review 2018, p. 1–25, DOI: 10.1080/17496977.2017.1366728

Becker 2021

Becker, Hans-Jürgen: Die neue Kölner Rechtswissenschaftliche Fakultät von 1919 bis 1950, Tübingen 2021.

v. Bernstorff 2001

v. Bernstorff, Jochen: Der Glaube an das universale Recht. Zur Völkerrechtstheorie Hans Kelsens und seiner Schüler, Baden-Baden 2001.

v. Bernstorff 2016

v. Bernstorff, Jochen: Hans Kelsen and the Return of Universalism, in: The Oxford Handbook of the Theory of International Law, Oxford 2016, S. 192–211.

Bersier Ladavac 2004

Bersier Ladavac, Nicoletta: Hans Kelsens Genfer Jahre (1933–1940), in: Robert Walter/Clemens Jabloner/Klaus Zeleny (Hrsg.), Hans Kelsen und das Völkerrecht, Wien 2004, S. 169–189.

Bersier Ladavac 2013

Bersier Ladavac, Nicoletta: Zur Interpretationstheorie von *Hans Kelsen*. Die Auslegungslehre im Verhältnis zur Reinen Rechtslehre, in: Gedenkschrift Robert Walter, herausgegeben von Clemens Jabloner u.a., Wien 2013, S. 51–67.

Bindreiter 2002

Bindreiter, Uta: Why Grundnorm? A Treatise on the Implications of Kelsen's Doctrine, The Hague u.a. 2002.

Bix 2016

Bix, Brian H.: Kelsen in the United States: Still Misunderstood, in: D.A. Jeremy Telman (Ed.), Hans Kelsen in America – Selective Affinities and the Mysteries of Academic Influence, Cham 2016, S. 17–29.

Blöchlinger 2022

Blöchlinger, Moritz: Normative Legitimität von Recht, Moral und Menschenrechten im Lichte der positivistischen Trennungsthese, Berlin 2022.

Bock 2021

Bock, Wolfgang: Kelsen und seine Demokratieschrift im Exil, in: ZRG GA 138 (2021), S. 303–322.

Böckenförde 2004
Böckenförde, Ernst-Wolfgang: Demokratie als Verfassungsprinzip, in: Josef Isensee/Paul Kirchhof (Hrsg.), Handbuch des Staatsrechts der Bundesrepublik Deutschland, 3. Aufl., Bd. II, Heidelberg 2004, § 24 Rn. 1–102 (S. 429–496).

Boldt 1986
Boldt, Hans: Demokratietheorie zwischen Rousseau und Schumpeter, in: Max Kaase (Hrsg.), Politische Wissenschaft und politische Ordnung. Festschrift für Rudolf Wildenmann, Opladen 1986, S. 217–232.

Borowski 2005
Borowski, Martin: Die Lehre vom Stufenbau des Rechts nach Adolf Julius Merkl, in: Stanley L. Paulson/Michael Stolleis (Hrsg.), Hans Kelsen: Staatsrechtslehrer und Rechtstheoretiker des 20. Jahrhunderts, Tübingen 2005, S. 122–159.

Bull 1986
Bull, Hedley: Hans Kelsen on International Law, in: Richard Tur/William Twining (Eds.), Essays on Kelsen, Oxford 1986, S. 321–336.

Busch/v. Schmädel/Staudigl-Ciechowicz 2011
Busch, Jürgen/von Schmädel, Judith/Staudigl-Ciechowicz, Kamila: »Peace through law«: Kelsen's (and His School's) Struggle for Universal Peace, in: Péter Cserne/Miklós Könczöl (Eds.), Legal and Political Theory in the Post-National Age, Frankfurt/M. 2011, S. 161–180.

Busch/Bersier Ladavac 2019
Busch, Jürgen/Bersier Ladavac, Nicoletta: Zwischen zwei Welten. Hans Kelsens Genfer Jahre, in: Clemens Jabloner/Thomas Olechowski/Klaus Zeleny (Hrsg.), Hans Kelsen in seiner Zeit, Wien 2019, S. 167–196.

Cadore 2018
Cadore, Rodrigo: »Good-bye to all that?« Ein österreichisches Schicksal: Wanderungen und Wandlungen im rechtstheoretischen Exilwerk Hans Kelsens, in: Max Beck/Nicholas Coomann (Hrsg.), Historische Erfahrung und begriffliche Transformation.

Deutschsprachige Philosophie im Exil in den USA 1933–1945, Wien 2018, S. 249–272.

Cadore 2020
Cadore, Rodrigo: Editorischer Bericht, in: HKW 8, S. 505–573.

Cadore 2022
Cadore, Rodrigo: Editorische Berichte, in: HKW 7, S. 461–613.

Dias 2005
Dias, Gabriel Nogueira: Rechtspositivismus und Rechtstheorie. Das Verhältnis beider im Werke Hans Kelsens, Tübingen 2005.

Dreier 1986
Dreier, Horst: Rechtslehre, Staatssoziologie und Demokratietheorie bei Hans Kelsen, Baden-Baden 1986, [seitenidentisch] 2. Aufl. 1990.

Dreier 1997
Dreier, Horst: Kelsens Demokratietheorie: Grundlegung, Strukturelemente, Probleme, in: Robert Walter/Clemens Jabloner (Hrsg.), Hans Kelsens Wege sozialphilosophischer Forschung, Wien 1997, S. 79–102/auch zitiert nach: Horst Dreier, Kelsen im Kontext. Beiträge zum Werk Hans Kelsens und geistesverwandter Autoren, herausgegeben von Matthias Jestaedt und Stanley L. Paulson, Tübingen 2019, S. 67–94.

Dreier 1997a
Dreier, Horst: Gustav Radbruch und die Mauerschützen, in: JZ 1997, S. 421–434.

Dreier 2001
Dreier, Horst: Rezeption und Rolle der Reinen Rechtslehre, in: Festakt aus Anlass des 70. Geburtstags von Robert Walter, Wien 2001, S. 17–34 / auch zitiert nach: Horst Dreier, Kelsen im Kontext. Beiträge zum Werk Hans Kelsens und geistesverwandter Autoren, herausgegeben von Matthias Jestaedt und Stanley L. Paulson, Tübingen 2019, S. 95–114.

Dreier 2007
Dreier, Horst: Hans Kelsens Wissenschaftsprogramm, in: Helmuth Schulze-Fielitz (Hrsg.), Staatsrechtslehre als Wissenschaft, Berlin

2007, S. 81–114 / auch zitiert nach: Horst Dreier, Kelsen im Kontext. Beiträge zum Werk Hans Kelsens und geistesverwandter Autoren, herausgegeben von Matthias Jestaedt und Stanley L. Paulson, Tübingen 2019, S. 27–66.

Dreier 2009
Dreier, Horst: Joh 18, Wertrelativismus und Demokratietheorie, in: Robert Walter/Klaus Zeleny (Hrsg.), Reflexionen über Demokratie und Recht. Festakt aus Anlass des 60. Geburtstages von Clemens Jabloner, Wien 2009, S. 13–31.

Dreier 2010
Dreier, Horst: Max Webers Postulat der Wertfreiheit in der Wissenschaft und die Politik, in: Horst Dreier/Dietmar Willoweit (Hrsg.), Wissenschaft und Politik, Stuttgart 2010, S. 35–70 / auch zitiert nach: Horst Dreier, Kelsen im Kontext. Beiträge zum Werk Hans Kelsens und geistesverwandter Autoren, herausgegeben von Matthias Jestaedt und Stanley L. Paulson, Tübingen 2019, S. 345–385.

Dreier 2011
Dreier, Horst: Zerrbild Rechtspositivismus. Kritische Bemerkungen zu zwei verbreiteten Legenden, in: Vom praktischen Wert der Methode. Festschrift Heinz Mayer zum 65. Geburtstag, herausgegeben von Clemens Jabloner u.a., Wien 2011, S. 61–91 / auch zitiert nach: Horst Dreier, Kelsen im Kontext. Beiträge zum Werk Hans Kelsens und geistesverwandter Autoren, herausgegeben von Matthias Jestaedt und Stanley L. Paulson, Tübingen 2019, S. 307–344.

Dreier 2013
Dreier, Horst: Die (Wieder-)Entdeckung Kelsens in den 1980er Jahren – Ein Rückblick (auch in eigener Sache), in: Matthias Jestaedt (Hrsg.), Hans Kelsen und die deutsche Staatsrechtslehre, Tübingen 2013, S. 175–191 / auch zitiert nach: Horst Dreier, Kelsen im Kontext. Beiträge zum Werk Hans Kelsens und geistesverwandter Autoren, herausgegeben von Matthias Jestaedt und Stanley L. Paulson, Tübingen 2019, S. 115–134.

Dreier 2013a

Dreier, Horst: Vom mythologischen Weltbild zur demokratischen Staatsordnung: Hans Kelsen als politischer Soziologe (1988), in: Gedenkschrift Robert Walter, herausgegeben von Clemens Jabloner u.a., Wien 2013, S. 123–144.

Dreier 2013b

Dreier, Horst: »Secular Religion« im Kontext von Kelsens Gesamtwerk, in: Clemens Jabloner/Thomas Olechowski/Klaus Zeleny (Hrsg.), Secular Religion. Rezeption und Kritik von Hans Kelsens Auseinandersetzung mit Religion und Wissenschaft, Wien 2013, S. 1–18.

Dreier 2015

Dreier, Horst: Der verfassungsrechtliche Status politischer Parteien in der Weimarer Republik, in: Julian Krüper/Heike Merten/Thomas Poguntke (Hrsg.), Parteienwissenschaften, Baden-Baden 2015, S. 41–57.

Dreier 2017

Dreier, Horst: Der Preis der Moderne. Hans Kelsens Rechts- und Sozialtheorie, in: Elif Özmen (Hrsg.), Hans Kelsens Politische Philosophie, Tübingen 2017, S. 3–27.

Dreier 2020

Dreier, Horst: Verfassungskontroversen in der Weimarer Republik, in: Horst Dreier/Christian Waldhoff (Hrsg.), Weimars Verfassung. Eine Bilanz nach 100 Jahren, Göttingen 2020, S. 9–56.

Dreier 2021

Dreier, Horst: ad Hans Kelsen – Rechtspositivist und Demokrat, Hamburg 2021.

Dreier 2021a

Dreier, Horst: Hans Maier über »Politische Religionen«. Eine Miszelle, in: Ahmet Cavuldak (Hrsg.), Hans Maier. Werk und Wirken in Wissenschaft und Politik, Baden-Baden 2021, S. 181–189.

Ebenstein 1938

Ebenstein, William: Die rechtsphilosophische Schule der Reinen Rechtslehre, Prag 1938.

Ebenstein 1971

Ebenstein, William: The Pure Theory of Law: Demythologizing Legal Thought, in: California Law Review 59 (1971), S. 617–652.

Ehs 2007

Ehs, Tamara: Hans Kelsen und politische Bildung im modernen Staat, Wien 2007.

Ehs 2009

Ehs, Tamara: Erziehung zur Demokratie: Kelsen als Volksbildner, in: Robert Walter/Werner Ogris/Thomas Olechowski (Hrsg.), Hans Kelsen: Leben – Werk – Wirksamkeit, Wien 2009, S. 81–95.

Ehs 2017

Ehs, Tamara: Das politische Moment der Verfassungsgerichtsbarkeit, in: Elif Özmen (Hrsg.), Hans Kelsens politische Philosophie, Tübingen 2017, S. 133–147.

Ehs/Neisser 2017

Ehs, Tamara/Neisser, Heinrich: Staat und Recht ohne Aura: Hans Kelsen und der Verfassungsgerichtshof, in: Detlef Lehnert (Hrsg.), Verfassungsdenker. Deutschland und Österreich 1870–1970, Berlin 2017, S. 171–194.

Ermacora 1971

Ermacora, Felix: Die österreichische Bundesverfassung und Hans Kelsen, in: Festschrift für Hans Kelsen zum 90. Geburtstag, Wien 1971, S. 22–54.

Ermacora 1990

Ermacora, Felix: Die Entstehung der Bundesverfassung 1920, Bd. 4: Die Sammlung der Entwürfe zur Staats- bzw. Bundesverfassung, Wien 1990.

Fassbender 2008

Fassbender, Bardo: Friede durch Recht. Hans Kelsen und die Vereinten Nationen, in: Hauke Brunkhorst/Rüdiger Voigt (Hrsg.),

Rechts-Staat. Staat, internationale Gemeinschaft und Völkerrecht bei Hans Kelsen, Baden-Baden 2008, S. 127–147.

Feichtinger 2009
Feichtinger, Johannes: Transatlantische Vernetzungen. Der Weg Hans Kelsens und seines Kreises in die Emigration, in: Robert Walter/Werner Ogris/Thomas Olechowski (Hrsg.), Hans Kelsen: Leben – Werk – Wirksamkeit, Wien 2009, S. 321–338.

Foljanty 2013
Foljanty, Lena: Recht oder Gesetz. Juristische Identität und Autorität in den Naturrechtsdebatten der Nachkriegszeit, Tübingen 2013.

Gassner 2016
Gassner, Miriam: Hans Kelsen und die sowjetische Rechtslehre, in: Clemens Jabloner/Thomas Olechowski/Klaus Zeleny (Hrsg.), Das internationale Wirken Hans Kelsens, Wien 2016, S. 141–167.

Grabenwarter 2016
Grabenwarter, Christoph: Der österreichische Verfassungsgerichtshof, in: Armin von Bogdandy/Christoph Grabenwarter/Peter M. Huber (Hrsg.), Handbuch Ius Publicum Europaeum, Bd. VI: Verfassungsgerichtsbarkeit in Europa: Institutionen, Heidelberg 2016, § 102, Rn. 1–132 (S. 413–469).

Griller 2004
Griller, Stefan: Völkerrecht und Landesrecht – unter Berücksichtigung des Europarechts, in: Robert Walter/Clemens Jabloner/Klaus Zeleny (Hrsg.), Hans Kelsen und das Völkerrecht, Wien 2004, S. 83–120.

Grimm 1970
Grimm, Dieter: Europäisches Naturrecht und Amerikanische Revolution. Die Verwandlung politischer Philosophie in politische Techne, in: Ius Commune III (1970), S. 120–151.

Grimm 2020
Grimm, Dieter: Recht oder Politik? Die Kelsen-Schmitt-Kontroverse zur Verfassungsgerichtsbarkeit und die heutige Lage, Berlin 2020.

Groh 2010
Groh, Kathrin: Demokratische Staatsrechtslehrer in der Weimarer Republik, Tübingen 2010.

Groß 2007
Groß, Thomas: Hans Kelsen, Vom Wesen und Wert der Demokratie, in: Kritische Justiz 40 (2007), S. 306–311.

Hacke 2018
Hacke, Jens: Existenzkrise der Demokratie. Zur politischen Theorie des Liberalismus in der Zwischenkriegszeit, Berlin 2018.

Harrison 1976
Harrison, Geoffrey: Relativism and Tolerance, in: Ethics 86 (1976), S. 122–135.

Hart 1958
Hart, Herbert Lionel Adolphus: Der Positivismus und die Trennung von Recht und Moral, in: ders., Recht und Moral. Drei Aufsätze, aus dem Englischen übersetzt und mit einer Einleitung herausgegeben von Norbert Hoerster, Göttingen 1971, S. 14–57.

Hart 1963
Hart, Herbert Lionel Adolphus: Kelsen Visited, in: UCLA Law Review 10 (1963), S. 709–728.

Hart 1961 [1994]
Hart, Herbert Lionel Adolphus: The Concept of Law, Oxford 1961; zitiert nach der second edition, Oxford 1994.

Hefler 1999
Hefler, Günter: Wissenschaftlichkeit als Einsatz. Methodologie als politische Strategie bei Carl Schmitt und Hans Kelsen, in: Wolfgang Pircher (Hrsg.), Gegen den Ausnahmezustand. Zur Kritik an Carl Schmitt, Wien 1999, S. 249–284.

Heidemann 1997
Heidemann, Carsten: Die Norm als Tatsache. Zur Normentheorie Hans Kelsens, Baden-Baden 1997.

Heller 1934
Heller, Hermann: Staatslehre, Leiden 1934.

Herdegen 2022
Herdegen, Matthias: Völkerrecht, 21. Aufl., München 2022.

Hoerster 1989
Hoerster, Norbert: Verteidigung des Rechtspositivismus, Frankfurt/M. 1989.

Hoerster 2006
Hoerster, Norbert: Was ist Recht? Grundfragen der Rechtsphilosophie, München 2006.

Hofmann/Dreier 1989
Hofmann, Hasso/Dreier, Horst: Repräsentation, Mehrheitsprinzip und Minderheitenschutz, in: Hans-Peter Schneider/Wolfgang Zeh (Hrsg.), Parlamentsrecht und Parlamentspraxis in der Bundesrepublik Deutschland. Ein Handbuch, Berlin–New York 1989, Rn. 1–68 (S. 165–197).

Hohnerlein 2020
Hohnerlein, Jakob: Recht und demokratische Reversibilität. Verfassungstheoretische Legitimation und verfassungsdogmatische Grenzen der Bindung demokratischer Mehrheiten an erschwert änderbares Recht, Tübingen 2020.

Hwang 2020
Hwang, Shu-Perng: Volkswille: Reale Substanz oder notwendige Fiktion? Ernst-Wolfgang Böckenförde und Hans Kelsen im Vergleich, in: Der Staat 59 (2020), S. 371–396.

Hwang 2021
Hwang, Shu-Perng: Ist die Grundnorm demokratisch? Grundnormfiktion und Demokratietheorie bei Hans Kelsen, in: ZöR 76 (2021), S. 501–522.

Jabloner 1982
Jabloner, Clemens: Bemerkungen zu Kelsens »Vergeltung und Kausalität«, besonders zur Naturdeutung der Primitiven, in: Werner Krawietz/Ernst Topitsch/Peter Koller (Hrsg.), Ideologiekritik und Demokratietheorie bei Hans Kelsen, Berlin 1982, S. 47–62.

Jabloner 1988
Jabloner, Clemens: Kein Imperativ ohne Imperator. Anmerkungen zu einer These Kelsens, in: Robert Walter (Hrsg.), Untersuchungen zur Reinen Rechtslehre II, Wien 1988, S. 75–95.

Jabloner 1992
Jabloner, Clemens: Ideologiekritik bei Kelsen, in: Robert Walter (Hrsg.), Schwerpunkte der Reinen Rechtslehre, Wien 1992, S. 97–106.

Jabloner 1997
Jabloner, Clemens: Menschenbild und Friedenssicherung, in: Robert Walter/Clemens Jabloner (Hrsg.), Hans Kelsens Wege sozialphilosophischer Forschung, Wien 1997, S. 57–73.

Jabloner 1998
Jabloner, Clemens: Wie zeitgemäß ist die Reine Rechtslehre?, in: Rechtstheorie 29 (1998), S. 1–21.

Jabloner 2005
Jabloner, Clemens: Stufung und »Entstufung« des Rechts, in: ZöR 60 (2005), S. 163–185.

Jabloner 2011
Jabloner, Clemens: Der Rechtsbegriff bei Hans Kelsen, in: Stefan Griller/Heinz Peter Rill (Gesamtredaktion), Rechtstheorie: Rechtsbegriff – Dynamik – Auslegung, Wien 2011, S. 21–39.

Jabloner 2020
Jabloner, Clemens: Hans Kelsen und die Entwicklung des B-VG 1920, in: Clemens Jabloner/Thomas Olechowski/Klaus Zeleny (Hrsg.), Die Verfassungsentwicklung 1918–1920 und Hans Kelsen, Wien 2020, S. 143–155.

Jabloner 2022
Jabloner, Clemens: Kelsen als Feindbild, in: Juridikum 2022, S. 164–172.

Jabloner 2025
Jabloner, Clemens: Nicht ohne Leidenschaft: Kelsens »Österreichisches Staatsrecht«, in: HKW 10, 31–44.

Jabloner/Zeleny 2006
Clemens Jabloner/Klaus Zeleny: Kelsen und die griechischen Philosophen – eine Einführung, in: Robert Walter/Clemens Jabloner/Klaus Zeleny (Hrsg.), Griechische Philosophie im Spiegel Hans Kelsens, Wien 2006, S. 1–13.

Jabloner/Olechowski/Zeleny 2022
Clemens Jabloner/Thomas Olechowski/Klaus Zeleny (Hrsg.), Der Stufenbau des Rechts auf dem Prüfstand, Wien 2022.

Jakab 2005
Jakab, András: Probleme der Stufenbaulehre. Das Scheitern des Ableitungsgedankens und die Aussichten der Reinen Rechtslehre, in: ARSP 91 (2005), S. 333–365.

Jakab 2008
Jakab, András: Kelsens Völkerrechtslehre zwischen Erkenntnistheorie und Politik, in: Hauke Brunkhorst/Rüdiger Voigt (Hrsg.), Rechts-Staat. Staat, internationale Gemeinschaft und Völkerrecht bei Hans Kelsen, Baden-Baden 2008, S. 191–204.

Jakab 2021
Jakab, András: Rechtstheoretische Grundlagen des österreichischen Verfassungsdenkens, in: ders. (Hrsg.), Methoden und theoretische Grundfragen des österreichischen Verfassungsrechts. Eine Einführung für Fortgeschrittene, Wien 2021, S. 37–70.

Jellinek 1914
Jellinek, Georg: Allgemeine Staatslehre, 3. Aufl., Berlin 1914.

Jestaedt 2000
Jestaedt, Matthias: Wie das Recht, so die Auslegung. Die Rolle der Rechtstheorie bei der Suche nach der juristischen Auslegungslehre, in: ZöR 55 (2000), S. 133–158.

Jestaedt 2004
Jestaedt, Matthias: Der Europäische Verfassungsverbund. Verfassungstheoretischer Charme und rechtstheoretische Insuffizienz einer Unschärferelation, in: Recht der Wirtschaft und der Arbeit in Europa. Gedächtnisschrift für Jürgen Blomeyer, Berlin 2004, S. 637–674.

Jestaedt 2006

Jestaedt, Matthias: Einleitung, in: Hans Kelsen im Selbstzeugnis. Sonderpublikation anläßlich des 125. Geburtstages von Kelsen am 11. Oktober 2006, herausgegeben von Matthias Jestaedt in Kooperation mit dem Hans Kelsen-Institut, Tübingen 2006, S. 1–19.

Jestaedt 2008

Jestaedt, Matthias: Hans Kelsens Reine Rechtslehre. Eine Einführung, in: Hans Kelsen, Reine Rechtslehre. Einleitung in die rechtswissenschaftliche Problematik, Studienausgabe der 1. Auflage 1934, herausgegeben und eingeleitet von Matthias Jestaedt, Tübingen 2008, S. XI–LXVI.

Jestaedt 2009

Jestaedt, Matthias: Von den »Hauptproblemen« zur Erstauflage der »Reinen Rechtslehre«, in: Robert Walter/Werner Ogris/Thomas Olechowski (Hrsg.), Hans Kelsen: Leben – Werk – Wirksamkeit, Wien 2009, S. 113–135.

Jestaedt 2011

Jestaedt, Matthias: Rechtstheorie als Euthanasie der Rechtsphilosophie? Hans Kelsens Ergänzungsthese gegen Gustav Radbruchs Verdrängungsthese, in: Carl Friedrich Gethmann (Hrsg.), Lebenswelt und Wissenschaft. XXI. Deutscher Kongreß für Philosophie an der Universität Duisburg–Essen. Kolloquienbeiträge, Hamburg 2011, S. 282–308.

Jestaedt 2013

Jestaedt, Matthias: Methoden(r)einheit und Disziplinenvielheit. Das unvollendete Verwissenschaftlichungskonzept der Reinen Rechtslehre, in: Gedenkschrift Robert Walter, herausgegeben von Clemens Jabloner u.a., Wien 2013, S. 219–236.

Jestaedt 2017

Jestaedt, Matthias: Ein Klassiker der Rechtstheorie. Die »Reine Rechtslehre« aus dem Jahre 1960, in: Hans Kelsen, Reine Rechtslehre. Studienausgabe der 2. Auflage 1960, herausgegeben und eingeleitet von Matthias Jestaedt, Tübingen–Wien 2017, S. XIII–XCV.

Jestaedt 2019

Jestaedt, Matthias: Wiener Summe. Die »Allgemeine Staatslehre« als Kelsens vollständigstes Werk, in: Hans Kelsen, Allgemeine Staatslehre. Studienausgabe der Originalausgabe 1925, herausgegeben und eingeleitet von Matthias Jestaedt, Tübingen–Wien 2019, S. XI–LXXXIV.

Jestaedt 2024

Jestaedt, Matthias: Der Stufenbau der Rechtsordnung. Von den Tücken einer Metapher, in: Rechtskonflikte. Festschrift für Horst Dreier zum 70. Geburtstag, herausgegeben von Frauke Brosius-Gersdorf u.a., Tübingen 2024, S. 131–147.

Jestaedt/Lepsius 2006

Matthias Jestaedt/Oliver Lepsius: Der Rechts- und der Demokratietheoretiker Hans Kelsen – Eine Einführung, in: Hans Kelsen, Verteidigung der Demokratie. Abhandlungen zur Demokratietheorie, herausgegeben von Matthias Jestaedt und Oliver Lepsius, Tübingen 2006, S. VII–XXIX.

Jülich 2019

Jülich, Michael: Der verzerrte Spiegel der Normativität. Eine transzendentalphilosophische Neukonzeption der Grundnorm, in: Rechtstheorie 50 (2019), S. 137–154.

Kammerhofer 2011

Kammerhofer, Jörg: Uncertainty in International Law. A Kelsenian perspective, London–New York 2011.

Kammerhofer 2013

Kammerhofer, Jörg: Robert Walter, die Normenkonflikte und der zweite Stufenbau des Rechts, in: Gedenkschrift Robert Walter, herausgegeben von Clemens Jabloner u.a., Wien 2013, S. 237–256.

Kammerhofer 2016

Kammerhofer, Jörg: Hans Kelsen in today's International Legal Scholarship, in: Jörg Kammerhofer/Jean D'Asperemont (Eds.), International Legal Positivism in a Post-modern World, Cambridge 2016, S. 81–113.

Kaufmann 1997
Kaufmann, Marcel: Permanente Verfassunggebung und verfassungsrechtliche Selbstbindung im europäischen Staatenverbund, in: Der Staat 36 (1997), S. 521–546.

Kaufmann 2023
Kaufmann, Rodrigo: Die Form der demokratischen Legitimation, Berlin 2023.

Kempny 2025
Kempny, Simon: Zum (vielfältigen) Stufenbau der Rechtsordnung und seinen Darstellungen, in: Jura 2025, S. 372–385.

Kennedy 1995
Kennedy, David: Kelsen als Pragmatist des Völkerrechts. Die Oliver Wendell Holmes Lectures des Jahres 1941, in: Agostino Carrino/Günther Winkler (Gesamtredaktion), Rechtserfahrung und Reine Rechtslehre, Wien–New York 1995, S. 95–128.

Kersting 2002
Kersting, Wolfgang: Neukantianische Rechtsbegründung. Rechtsbegriff und richtiges Recht bei Cohen, Stammler und Kelsen, in: Robert Alexy u.a. (Hrsg.), Neukantianismus und Rechtsphilosophie, Baden-Baden 2002, S. 23–68.

Kersting 2006
Kersting, Wolfgang: Kelsen und Aristoteles, in: Robert Walter/Clemens Jabloner/Klaus Zeleny (Hrsg.), Griechische Philosophie im Spiegel Hans Kelsens, Wien 2006, S. 15–30.

Kick 2001
Kick, Karl G.: Politik als Kompromiß auf einer mittleren Linie: Hans Kelsen, in: Hans J. Lietzmann (Hrsg.), Moderne Politik. Politikverständnisse im 20. Jahrhundert, Opladen 2001, S. 63–80.

Kleinlein 2012
Kleinlein, Thomas: Konstitutionalisierung im Völkerrecht. Konstruktion und Elemente einer idealistischen Völkerrechtslehre, Heidelberg u.a. 2012.

Klenner 1972
Klenner, Hermann: Rechtsleere. Verurteilung der Reinen Rechtslehre, Berlin (Ost) 1972.

Kley 2000
Kley, Andreas: Hans Kelsen als politischer Denker des 20. Jahrhunderts. Ein Beitrag zu »Wesen und Wert der Demokratie«, in: Liechtensteinische Juristenzeitung 21 (2000), S. 16–26.

Kley/Tophinke 2001
Kley, Andreas/Tophinke, Esther: Hans Kelsen und die Reine Rechtslehre, in: JA 2001, S. 169–174.

Köchler 1980
Köchler, Hans: Zur transzendentalen Struktur der ›Grundnorm‹, in: Auf dem Weg zu Menschenwürde und Gerechtigkeit. Festschrift für Hans R. Klecatsky, Wien 1980, S. 505–517.

Köttgen 1931
Köttgen, Arnold: Kelsen und die Demokratie, in: ZStW 90 (1931), S. 97–107.

Köttgen 1931a
Köttgen, Arnold: Nation und Staat, in: Blätter für deutsche Philosophie 5 (1931), S. 190–220.

Koller 1982
Koller, Peter: Zu einigen Problemen der Rechtfertigung der Demokratie, in: Werner Krawietz/Ernst Topitsch/Peter Koller (Hrsg.), Ideologiekritik und Demokratietheorie bei Hans Kelsen, Berlin 1982, S. 319–343.

Koller 2005
Koller, Peter: Zur Theorie des rechtlichen Stufenbaues, in: Stanley L. Paulson/Michael Stolleis (Hrsg.), Hans Kelsen: Staatsrechtslehrer und Rechtstheoretiker des 20. Jahrhunderts, Tübingen 2005, S. 106–121.

Korb 2010
Korb, Axel-Johannes: Kelsens Kritiker. Ein Beitrag zur Geschichte der Rechts- und Staatstheorie (1911–1934), Tübingen 2010.

Kradolfer 2020

Kradolfer, Matthias: Hans Kelsen und die direkte Demokratie, in: ZSR 139/1 (2020), S. 367–389.

Kramer 1973

Kramer, Ernst A.: Zwei Festschriften für Hans Kelsen, in: Rechtstheorie 4 (1973), S. 73–87.

Kreß 2020

Kreß, Claus: Hans Kelsen, Hermann Jahrreiß, Carl Schmitt und die Frage von Krieg und Frieden im Völkerrecht, in: Festschrift 100 Jahre Rechtswissenschaftliche Fakultät Universität Köln, herausgegeben von Hanns Prütting, Köln 2020, S. 79–106.

Kuch 2016

Kuch, David: Die Autorität des Rechts. Zur Rechtsphilosophie von Joseph Raz, Tübingen 2016.

Kuch 2019

Kuch, David: Teilnehmerperspektive und Rechtssatzlehre. Eine problematische Beziehung, in: ARSP 105 (2019), S. 376–391.

Kucsko-Stadlmayer 1992

Kucsko-Stadlmayer, Gabriele: Der Beitrag Adolf Merkls zur Reinen Rechtslehre, in: Robert Walter (Hrsg.), Schwerpunkte der Reinen Rechtslehre, Wien 1992, S. 107–121.

Kucsko-Stadlmayer 1992a

Kucsko-Stadlmayer, Gabriele: Rechtsnormbegriff und Arten der Rechtsnormen, in: Robert Walter (Hrsg.), Schwerpunkte der Reinen Rechtslehre, Wien 1992, S. 21–36.

Lagerspetz 2017

Lagerspetz, Eerik: Kelsen on Democracy and Majority Decision, in: ARSP 103 (2017), S. 155–179.

Lagi 2012

Lagi, Sara: Hans Kelsen and the Austrian Constitutional Court (1918–1929), in: Revista Coherencia 9 (2012), S. 273–295.

Lagi 2021

Lagi, Sara: Democracy in Its Essence. Hans Kelsen as a Political Thinker, Lanham u.a. 2021.

Larenz 1935
Larenz, Karl: Rechts- und Staatsphilosophie der Gegenwart, 2. Aufl., Berlin 1935.

Leben 1998
Leben, Charles: Hans Kelsen and the Advancement of International Law, in: EJIL 9 (1998), S. 287–305.

Lehnert 2000
Lehnert, Detlef: Der Beitrag von Hans Kelsen und Hugo Preuß zum modernen Demokratieverständnis, in: Christoph Gusy (Hrsg.), Demokratisches Denken in der Weimarer Republik, Baden-Baden 2000, S. 221–255.

Lembke 2013
Lembke, Ulrike: Weltrecht – Demokratie – Dogmatik. Kelsens Projekte und die Nachwuchswissenschaft, in: Matthias Jestaedt (Hrsg.), Hans Kelsen und die deutsche Staatsrechtslehre. Stationen eines wechselvollen Verhältnisses, Tübingen 2013, S. 223–240.

Lenk 1992
Lenk, Klaus: Freiheit und Kompromißbildung: Zum Demokratiekonzept Hans Kelsens, in: Herfried Münkler (Hrsg.), Die Chancen der Freiheit. Grundprobleme der Demokratie, München 1992, S. 114–125.

Lepsius 2000
Lepsius, Oliver: Staatstheorie und Demokratiebegriff in der Weimarer Republik, in: Christoph Gusy (Hrsg.), Demokratisches Denken in der Weimarer Republik, Baden-Baden 2000, S. 366–414.

Lepsius 2009
Lepsius, Oliver: Kelsens Demokratietheorie, in: Tamara Ehs (Hrsg.), Hans Kelsen. Eine politikwissenschaftliche Einführung, Wien 2009, S. 67–89.

Lepsius 2009a
Lepsius, Oliver: Hans Kelsen und der Nationalsozialismus, in: Robert Walter/Werner Ogris/Thomas Olechowski (Hrsg.), Hans Kelsen: Leben – Werk – Wirksamkeit, Wien 2009, S. 271–287.

Lepsius 2015
Lepsius, Oliver: Die Staatslehre des Dante Alighieri in der Sicht Hans Kelsens, in: ZNR 37 (2015), S. 80–95.

Lippold 1988
Lippold, Rainer: Geltung, Wirksamkeit und Verbindlichkeit von Rechtsnormen, in: Rechtstheorie 19 (1988), S. 463–489.

Lippold 1988a
Lippold, Rainer: Um die Grundlagen der Normenlogik, in: Robert Walter (Hrsg.), Untersuchungen zur Reinen Rechtslehre II, Wien 1988, S. 146–192.

Lippold 2000
Lippold, Rainer: Recht und Ordnung. Statik und Dynamik der Rechtsordnung, Wien 2000.

Losano 2020
Losano, Mario G.: Krieg und Frieden bei Kelsen – gestern und heute, in: Clemens Jabloner/Thomas Olechowski/Klaus Zeleny (Hrsg.), Die Verfassungsentwicklung 1918–1920 und Hans Kelsen, Wien 2020, S. 1–17.

Luthardt 1986
Luthardt, Wolfgang: Politiktheoretische Aspekte im »Werk« von Hans Kelsen, in: Richard Saage (Hrsg.), Solidargemeinschaft und Klassenkampf. Politische Konzeptionen der Sozialdemokratie zwischen den Weltkriegen, Frankfurt/M. 1986, S. 149–166.

Mayer 1992
Mayer, Heinz: Die Interpretationstheorie der Reinen Rechtslehre, in: Robert Walter (Hrsg.), Schwerpunkte der Reinen Rechtslehre, Wien 1992, S. 61–70.

Merkl 1916
Merkl, Adolf Julius: Zum Interpretationsproblem (1916), in: WRS I, S. 1059–1077.

Merkl 1917
Merkl, Adolf Julius: Das Recht im Lichte seiner Anwendung (1917), in: WRS I, S. 1167–1201.

Merkl 1918
Merkl, Adolf Julius: Das doppelte Rechtsantlitz (1918), in: WRS I, S. 1091–1113.

Merkl 1930
Merkl, Adolf J.: Der »entpolitisierte« Verfassungsgerichtshof, in: Der österreichische Volkswirt 23 (1930), S. 509–511.

Merkl 1931
Merkl, Adolf J.: Prolegomena einer Theorie des rechtlichen Stufenbaus, in: Gesellschaft, Staat und Recht. Untersuchungen zur reinen Rechtslehre, herausgegeben von Alfred Verdroß, Wien 1931, S. 252–294.

Mersel 2006
Mersel, Yigal: Hans Kelsen and Political Parties, in: Israel Law Review 39 (2006), S. 158–181.

Meyer 2011
Meyer, Stephan: Juristische Geltung als Verbindlichkeit, Tübingen 2011.

Möllers 2000
Möllers, Christoph: Staat als Argument, München 2000.

Moore 1973
Moore, Ronald: Kelsen's Puzzling ›Descriptive Ought‹, in: UCLA Law Review 20 (1973), S. 1269–1288.

Münkler 2024
Münkler, Laura: Kelsens Zwiespalt. Demokratie zwischen Liberalismus und Sozialismus, in: Rechtskonflikte. Festschrift für Horst Dreier zum 70. Geburtstag, herausgegeben von Frauke Brosius-Gersdorf u.a., Tübingen 2024, S. 615–631.

Mußgnug 2021
Mußgnug, Reinhard: Die österreichischen Dispensehen, in: Boris P. Paal/Dörte Poelzig/Oliver Fehrenbacher (Hrsg.), Deutsches, Europäisches und Vergleichendes Wirtschaftsrecht. Festschrift für Werner F. Ebke zum 70. Geburtstag, München 2021, S. 717–731.

Neschwara 2005

Neschwara, Christian: Kelsen als Verfassungsrichter. Seine Rolle in der Dispensehen-Kontroverse, in: Stanley L. Paulson/Michael Stolleis (Hrsg.), Hans Kelsen: Staatsrechtslehrer und Rechtstheoretiker des 20. Jahrhunderts, Tübingen 2005, S. 353–384.

Neschwara 2009

Neschwara, Christian: Hans Kelsen und das Problem der Dispensehen, in: Robert Walter/Werner Ogris/Thomas Olechowski (Hrsg.), Hans Kelsen: Leben – Werk – Wirksamkeit, Wien 2009, S. 249–267.

Öhlinger, 2005

Öhlinger, Theo: Die Einheit des Rechts. Völkerrecht, Europarecht und staatliches Recht als einheitliches Rechtssystem?, in: Stanley L. Paulson/Michael Stolleis (Hrsg.), Hans Kelsen: Staatsrechtslehrer und Rechtstheoretiker des 20. Jahrhunderts, Tübingen 2005, S. 160–173.

v. Oertzen 1974

v. Oertzen, Peter: Die soziale Funktion des staatsrechtlichen Positivismus (Diss. phil. Göttingen 1952/53), Frankfurt/M. 1974.

Oeter 2008

Oeter, Stefan: Souveränität und Staat bei Kelsen, in: Hauke Brunkhorst/Rüdiger Voigt (Hrsg.), Rechts-Staat. Staat, internationale Gemeinschaft und Völkerrecht bei Hans Kelsen, Baden-Baden 2008, S. 283–298.

Özmen 2017

Özmen, Elif: Kelsen und das Problem des Pluralismus, in: dies. (Hrsg.), Hans Kelsens Politische Philosophie, Tübingen 2017, S. 29–49.

Olechowski 2009

Olechowski, Thomas: Der Beitrag Hans Kelsens zur österreichischen Bundesverfassung, in: Robert Walter/Werner Ogris/Thomas Olechowski (Hrsg.), Hans Kelsen: Leben – Werk – Wirksamkeit, Wien 2009, S. 211–230.

Olechowski 2013

Olechowski, Thomas: Kelsens Debellatio-These. Rechtshistorische und rechtstheoretische Überlegungen zur Kontinuität von Staaten, in: Gedenkschrift Robert Walter, herausgegeben von Clemens Jabloner u.a., Wien 2013, S. 531–552.

Olechowski 2013a

Olechowski, Thomas: Hans Kelsen als Mitglied der Deutschen Staatsrechtslehrervereinigung, in: Matthias Jestaedt (Hrsg.), Hans Kelsen und die deutsche Staatsrechtslehre. Stationen eines wechselvollen Verhältnisses, Tübingen 2013, S. 11–27.

Olechowski 2014

Olechowski, Thomas: Kelsen als Pazifist, in: Nikitas Aliprantis/Thomas Olechowski (Hrsg.), Hans Kelsen: Die Aktualität eines großen Rechtswissenschaftlers und Soziologen des 20. Jahrhunderts, Wien 2014, S. 119–129.

Olechowski 2020

Olechowski, Thomas: Hans Kelsen. Biographie eines Rechtswissenschaftlers, Tübingen 2020.

v. Ooyen 2003

van Ooyen, Robert Chr.: Der Staat der Moderne. Hans Kelsens Pluralismustheorie, Berlin 2003 (2., erweiterte Auflage 2020).

v. Ooyen 2009

van Ooyen, Robert Chr.: Staat und pluralistische Gesellschaft bei Kelsen, in: Tamara Ehs (Hrsg.), Hans Kelsen. Eine politikwissenschaftliche Einführung, Wien 2009, S. 17–45.

v. Ooyen 2010

van Ooyen, Robert Chr.: Hans Kelsen und die offene Gesellschaft, Wiesbaden 2010.

Opałek 1982

Opałek, Kasímierz: Kelsens Kritik der Naturrechtslehre, in: Werner Krawietz/Ernst Topitsch/Peter Koller (Hrsg.), Ideologiekritik und Demokratietheorie bei Hans Kelsen, Berlin 1982, S. 71–86.

Osterkamp 2009
Osterkamp, Jana: Verfassungsgerichtsbarkeit in der Tschechoslowakei (1920–1939). Verfassungsidee, Demokratieverständnis, Nationalitätenproblem, Frankfurt/M. 2009.

Osterkamp 2009a
Osterkamp, Jana: Hans Kelsen in der Tschechoslowakei, in: Robert Walter/Werner Ogris/Thomas Olechowski (Hrsg.), Hans Kelsen: Leben – Werk – Wirksamkeit, Wien 2009, S. 305–318.

Ott 1992
Ott, Walter: Der Rechtspositivismus. Kritische Würdigung auf der Grundlage eines juristischen Pragmatismus, 2., überarbeitete und erweiterte Aufl., Berlin 1992.

Ottmann 2001
Ottmann, Henning: Geschichte des politischen Denkens. Band 1: Die Griechen. Teilband 1: Von Homer bis Sokrates, Stuttgart 2001.

Paulson 1979
Paulson, Stanley L.: Neue Grundlagen für einen Begriff der Rechtsgeltung, in: ARSP 65 (1979), S. 1–19.

Paulson 1988
Paulson, Stanley L.: Die Rezeption Kelsens in Amerika, in: Ota Weinberger/Werner Krawietz (Hrsg.), Reine Rechtslehre im Spiegel ihrer Fortsetzer und Kritiker, Wien–New York 1988, S. 179–202.

Paulson 1992
Paulson, Stanley L. (Hrsg.): Hans Kelsen und die Rechtssoziologie. Auseinandersetzungen mit Hermann U. Kantorowicz, Eugen Ehrlich und Max Weber, Aalen 1992.

Paulson 1992a
Paulson, Stanley L.: Kelsen's Legal Theory: the Final Round, in: Oxford Journal of Legal Studies 12 (1992), S. 265–274.

Paulson 1992b
Paulson, Stanley L.: Überlegungen zur Auslegung bei Hans Kelsen und deren Folgen für die Rechtserkenntnis, in: Werner Hoppe (Hrsg.), Rechtsprechungslehre, Köln u.a. 1992, S. 409–421.

Paulson 1993
Paulson, Stanley L.: Die unterschiedlichen Formulierungen der »Grundnorm«, in: Rechtsnorm und Rechtswirklichkeit. Festschrift für Werner Krawietz zum 60. Geburtstag, herausgegeben von Aulis Aarnio u.a., Berlin 1993, S. 53–74.

Paulson 1995
Paulson, Stanley L.: Richterliche Gesetzesprüfung. Ein Aspekt der Auseinandersetzung zwischen Schmitt und Kelsen über den »Hüter der Verfassung«: Einwände und Gegeneinwände, in: Agostino Carrino/Günther Winkler (Gesamtredaktion), Rechtserfahrung und Reine Rechtslehre, Wien–New York 1995, S. 41–58.

Paulson 1998
Paulson, Stanley L.: Four Phases in Hans Kelsen›s Legal Theory? Reflections on a Periodization, in: Oxford Journal of Legal Studies 18 (1998), S. 153–166.

Paulson 1999
Paulson, Stanley L.: Arriving at a Defensible Periodization of Hans Kelsen's Legal Theory, in: Oxford Journal of Legal Studies 19 (1999), S. 351–364.

Paulson 2002
Paulson, Stanley L.: Faktum/Wert-Distinktion: Zwei-Welten-Lehre und immanenter Sinn. Hans Kelsen als Neukantianer, in: Robert Alexy u.a. (Hrsg.), Neukantianismus und Rechtsphilosophie, Baden-Baden 2002, S. 223–251.

Paulson 2004
Paulson, Stanley L.: Souveränität und der rechtliche Monismus. Eine kritische Skizze einiger Aspekte der frühen Lehre Hans Kelsens, in: Demokratie und sozialer Rechtsstaat in Europa. Festschrift für Theo Öhlinger, Wien 2004, S. 21–40.

Paulson 2005
Paulson, Stanley L.: Zwei radikale Objektivierungsprogramme in der Rechtslehre Hans Kelsens, in: Stanley L. Paulson/Michael Stolleis (Hrsg.), Hans Kelsen: Staatsrechtslehrer und Rechtstheoretiker des 20. Jahrhunderts, Tübingen 2005, S. 191–220.

Paulson 2013

Paulson, Stanley L.: The Great Puzzle: Kelsen's Basic Norm, in: Kelsen revisited. New Essays on the Pure Theory of Law. Edited by Luís Duarte d'Almeida, John Gardner and Leslie Green, Oxford–Portland 2013, S. 43–61.

Paulson 2013a

Paulson, Stanley L.: Hans Kelsen (1881–1973). Das Ende der Reinen Rechtslehre? Zum Umbruch im Werk Hans Kelsens, in: Steffen Augsberg/Andreas Funke (Hrsg.), Kölner Juristen im 20. Jahrhundert, Tübingen 2013, S. 53–74.

Paulson 2014

Paulson, Stanley L.: Ermächtigung. Grundmodalität der Reinen Rechtslehre, in: Zeichen und Zauber des Rechts. Festschrift für Friedrich Lachmayer, herausgegeben von Erich Schweighofer u.a., Bern 2014, S. 21–34.

Paulson 2024

Paulson, Stanley L.: Hans Kelsen, Immanuel Kant und Hermann Cohen, in: Rechtskonflikte. Festschrift für Horst Dreier zum 70. Geburtstag, herausgegeben von Frauke Brosius-Gersdorf u.a., Tübingen 2024, S. 223–241.

Paulson/Paulson 1998

Paulson, Stanley L./Litschewski Paulson, Bonnie (Eds.): Normativity and Norms. Critical Perspectives on Kelsian Themes, Oxford 1998.

Pawlik 1996

Pawlik, Michael: Rechtsstaat und Demokratie in der Perspektive der Reinen Rechtslehre. Zur Legitimation des Grundgesetzes bei Hans Kelsen, in: Winfried Brugger (Hrsg.), Legitimation des Grundgesetzes aus Sicht von Rechtsphilosophie und Gesellschaftstheorie, Baden-Baden 1996, S. 167–187.

Perels 1979

Perels, Joachim (Hrsg.), Grundrechte als Fundament der Demokratie, Frankfurt/M. 1979.

Polke 2013
Polke, Christian: Werte und Normen im Recht. Hans Kelsen und die weltanschauliche Neutralität des Staates, in: Der Staat 52 (2013), S. 99–118.

Potacs 2014
Potacs, Michael: Marxismus und Kelsen, in: Nikitas Aliprantis/ Thomas Olechowski (Hrsg.), Hans Kelsen: Die Aktualität eines großen Rechtswissenschaftlers und Soziologen des 20. Jahrhunderts, Wien 2014, S. 81–91.

Preiss 1993
Preiss, Walter: Hans Kelsens Kritik am Naturrecht. Die Naturrechtslehre, eine vergebliche Suche nach absoluter Gerechtigkeit, Frankfurt/M. u.a. 1993.

Priester 1984
Priester, Jens: Die Grundnorm – eine Chimäre, in: Werner Krawietz/Helmut Schelsky (Hrsg.), Rechtssystem und gesellschaftliche Basis bei Hans Kelsen, Berlin 1984, S. 211–244.

Prisching 1988
Prisching, Manfred: Hans Kelsen und Carl Schmitt. Zur Konfrontation zweier staatstheoretischer Modelle, in: Ota Weinberger/ Werner Krawietz (Hrsg.), Reine Rechtslehre im Spiegel ihrer Fortsetzer und Kritiker, Wien–New York 1988, S. 77–116.

Radbruch 1932
Radbruch, Gustav: Rechtsphilosophie, 3. Aufl., Leipzig 1932, zitiert nach: Gustav Radbruch, Rechtsphilosophie. Studienausgabe, herausgegeben von Ralf Dreier und Stanley L. Paulson, 2. Aufl., Heidelberg 2003, S. 1–192.

Radbruch 1946
Radbruch, Gustav: Gesetzliches Unrecht und übergesetzliches Recht, in: SJZ 1946, S. 105–108 / auch zitiert nach: Gustav Radbruch, Rechtsphilosophie. Studienausgabe, herausgegeben von Ralf Dreier und Stanley L. Paulson, 2. Aufl., Heidelberg 2003, S. 211–219.

Rathkolb 2009

Rathkolb, Oliver: Hans Kelsen und das FBI während des McCarthysmus in den USA, in: Robert Walter/Werner Ogris/Thomas Olechowski (Hrsg.), Hans Kelsen: Leben – Werk – Wirksamkeit, Wien 2009, S. 339–348.

Raz 1970

Raz, Joseph: The Concept of a Legal System. An Introduction to the Theory of Legal System, Oxford 1970.

Raz 1974

Raz, Joseph: Kelsen's Theory of the Basic Norm, in: The American Journal of Jurisprudence 19 (1974), S. 94–111.

Raz 1975

Raz, Joseph: Practical Reason and Norms, London 1975.

Raz 1986

Raz, Joseph: The Purity of the Pure Theory, in: Richard Tur/William Twining (Eds.), Essays on Kelsen, Oxford 1986, S. 79–97.

Rill 2009

Rill, Heinz Peter: Die Reine Rechtslehre im Lichte kritischer Betrachtungen, in: ZöR 64 (2009), S. 373–385.

Römer 1987

Römer, Peter: Rechtspositivismus und Nationalsozialismus, in: Karl-Heinz Schöneburg (Hrsg.), Wahrheit und Wahrhaftigkeit in der Rechtsphilosophie, Berlin 1987, S. 135–150.

Rub 1995

Rub, Alfred: Hans Kelsens Völkerrechtslehre. Versuch einer Würdigung, Zürich 1995.

Schlaich 1981

Schlaich, Klaus: Die Verfassungsgerichtsbarkeit im Gefüge der Staatsfunktionen, in: VVDStRL 39 (1981), S. 99–146.

Schlaich/Korioth 2021

Schlaich, Klaus/Korioth, Stefan: Das Bundesverfassungsgericht. Stellung, Verfahren, Entscheidungen, 12. Aufl., München 2021.

Schmerfeld 2024
Schmerfeld, Anna: Hans Kelsen und der Trotz, in: Göttinger Rechtszeitschrift 7 (2024), S. 95–104.

Schmidt 1992
Schmidt, Michael: Kelsens Lehre und die Normenlogik, in: Robert Walter (Hrsg.), Schwerpunkte der Reinen Rechtslehre, Wien 1992, S. 87–96.

Schmitt 1928
Schmitt, Carl: Verfassungslehre, Berlin 1928.

Schmitt 1931
Schmitt, Carl: Der Hüter der Verfassung, Berlin 1931.

Schmitt 1934
Schmitt, Carl: Über die drei Arten des rechtswissenschaftlichen Denkens, Hamburg 1934.

Schmitz 1981
Schmitz, Georg: Die Vorentwürfe Hans Kelsens für die österreichische Bundesverfassung, Wien 1981.

Schönberger 2007
Schönberger, Christoph: Die Verfassungsgerichtsbarkeit bei Carl Schmitt und Hans Kelsen. Gemeinsamkeiten und Schwachstellen, in: La controverse sur »le gardien de la constitution« et la justice constitutionelle. Kelsen contre Schmitt, Paris 2007, S. 177–195.

Schuett 2021
Schuett, Robert: Hans Kelsen's Political Realism, Edinburgh 2021.

Schulze-Fielitz 2015
Schulze-Fielitz, Helmuth: Art. 20 (Rechtsstaat), in: Horst Dreier (Hrsg.), Grundgesetz-Kommentar, Bd. II, 3. Aufl., Tübingen 2015, Rn. 1– 229 (S. 186–291).

Schwab 2024
Schwab, Sebastian: Die Reine Rechtslehre von unten. Die Rahmendoktrin als Methodenlehre und Argumentationstheorie, in: ARSP 110 (2024), S. 105–132.

Seidl-Hohenveldern 2000
Seidl-Hohenveldern, Ignaz: Völkerrecht, 10. Aufl., Köln u.a. 2000.

Smend 1928
Smend, Rudolf: Verfassung und Verfassungsrecht (1928), in: ders., Staatsrechtliche Abhandlungen und andere Aufsätze, 2. Aufl., Berlin 1968, S. 119–276.

Somek 2007
Somek, Alexander: Kelsen Lives, in: EJIL 18 (2007), S. 409–451.

Somek 2009
Somek, Alexander: Rechtsdynamik für Eilige – Hans Kelsen über Gewaltenteilung, in: Rechtsphilosophie im 20. Jahrhundert. 100 Jahre Archiv für Rechts- und Sozialphilosophie, Stuttgart 2009, S. 117–130.

Stourzh 1974
Stourzh, Gerald: Vom Widerstandsrecht zur Verfassungsgerichtsbarkeit, Graz 1974.

Stourzh 1982
Stourzh, Gerald: Hans Kelsen, die österreichische Bundesverfassung und die rechtsstaatliche Demokratie, in: Die Reine Rechtslehre in wissenschaftlicher Diskussion, Wien 1982, S. 11–29.

Strejcek 2009
Strejcek, Gerhard: Hans Kelsen als Wahlrechtsexperte, in: Robert Walter/Werner Ogris/Thomas Olechowski (Hrsg.), Hans Kelsen: Leben – Werk – Wirksamkeit, Wien 2009, S. 231–248.

Sucharipa-Behrmann 2004
Sucharipa-Behrmann, Lilly: Kelsens »Recht der Vereinten Nationen«. Welche Relevanz hat der Kommentar heute noch für die Praxis?, in: Robert Walter/Clemens Jabloner/Klaus Zeleny (Hrsg.), Hans Kelsen und das Völkerrecht, Wien 2004, S. 21–36.

Techet 2021
Techet, Péter: »Historical turn« in der *Hans-Kelsen*-Forschung? Wechselwirkungen zwischen Rechtstheorie und Rechtsgeschichte, in: ZöR 76 (2021), S. 1329–1369.

Techet 2022
Techet, Péter: Zweck und Wesen des »Ausnahmezustandes« in den Lehren von *Carl Schmitt* und *Hans Kelsen*. Politische und rechtliche Gefahren des »Ordnungsdenkens« – in der Rechtswissenschaft und der Rechtsgeschichte, in: ZöR 77 (2022), S. 239–282.

Techet 2023
Techet, Péter: Die »Reine Rechtslehre« im Kontext der verfassungsrichterlichen Tätigkeit von Hans Kelsen. Verflechtungen und Widersprüche zwischen Theorie und Praxis, in: Der Staat 62 (2023), S. 299–359.

Telman 2010
Telman, D.A. Jeremy: A Path Not Taken: Hans Kelsen's Pure Theory of Law in the Land of the Legal Realists, in: Robert Walter/Clemens Jabloner/Klaus Zeleny (Hrsg.), Hans Kelsen anderswo. Hans Kelsen abroad. Der Einfluss der Reinen Rechtslehre auf die Rechtstheorie in verschiedenen Ländern, Teil III, Wien 2010, S. 353–376.

Thienel 1986
Thienel, Rudolf: Geltung und Wirksamkeit, in: Stanley L. Paulson/Robert Walter (Hrsg.), Untersuchungen zur Reinen Rechtslehre, Wien 1986, S. 20–50.

Thienel 1988
Thienel, Rudolf: Derogation. Eine Untersuchung auf Grundlage der Reinen Rechtslehre, in: Robert Walter (Hrsg.), Untersuchungen zur Reinen Rechtslehre II, Wien 1988, S. 11–43.

Thienel 1991
Thienel, Rudolf: Kritischer Rationalismus und Jurisprudenz. Zugleich eine Kritik an Hans Alberts Konzept einer sozialtechnologischen Jurisprudenz, Wien 1991.

Thienel 1992
Thienel, Rudolf: Recht und Staat aus der Sicht der Reinen Rechtslehre, in: Robert Walter (Hrsg.), Schwerpunkte der Reinen Rechtslehre, Wien 1992, S. 71–86.

Thienel 2006
Thienel, Rudolf: Rechtswissenschaft ohne Sollen?, in: Eric Hilgendorf (Hrsg.), Wissenschaft, Religion und Recht. Hans Albert zum 85. Geburtstag, Berlin 2006, S. 415–438.

Tkaczyński 2008
Tkaczyński, Jan Wiktor: »Vom Wesen und Wert der Demokratie« von Hans Kelsen aus heutiger Sicht, in: Der Staat 47 (2008), S. 108–119.

Topitsch 1982
Topitsch, Ernst: Einleitung, in: Hans Kelsen, Vergeltung und Kausalität Mit einer Einleitung von Ernst Topitsch, Neudruck der Ausgabe 1941, Wien – Köln – Graz 1982, S. XI–XXXII.

Topitsch 1989
Topitsch, Ernst: Einleitung, in: Hans Kelsen, Staat und Naturrecht. Aufsätze zur Ideologiekritik, mit einer Einleitung herausgegeben von Ernst Topitsch, 2. Aufl., München 1989, S. 11–28.

Tur/Twining 1986
Richard Tur/William Twining (Eds.), Essays on Kelsen, Oxford 1986.

Uecker 2006
Uecker, Stefan: Vom Reinheitspostulat zur Grundnorm. Logik und Methode der Reinen Rechtslehre Hans Kelsens, Berlin 2006.

Ule 1940
Ule, Carl Hermann: Herrschaft und Führung im nationalsozialistischen Reich, in: VerwArch. 45 (1940), S. 193–260.

Vašek 2010
Vašek, Markus: Relativität und Revisibilität. Zur Begrenzung der Mehrheitsregel in der Demokratietheorie Hans Kelsens, in: Rechtstheorie 41 (2010), S. 499–520.

Vašek 2014
Vašek, Markus: Recht und Frieden im Denken Hans Kelsens, in: Bernhard Jakl/Beatrice Brunhöber/Ariane Grieser/Juliane Ottmann/Tim Wihl (Hrsg.), Recht und Frieden – Wozu Recht?, Stuttgart 2014, S. 21–32.

Vašek 2020
Vašek, Markus: Zwischen Kontinuität und Diskontinuität – Die republikanischen Verfassungen vor dem B-VG 1920, in: Clemens Jabloner/Thomas Olechowski/Klaus Zeleny (Hrsg.), Die Verfassungsentwicklung 1918–1920 und Hans Kelsen, Wien 2020, S. 27–45.

Verdross 1964
Verdross, Alfred: Völkerrecht, 5. Aufl., Wien 1964.

Vinx 2007
Vinx, Lars: Hans Kelsen's Pure Theory of Law. Legality and Legitimacy, Oxford 2007.

Vinx 2015
Vinx, Lars: The Guardian of the Constitution. Hans Kelsen and Carl Schmitt on the Limits of Constitutional Law, Cambridge 2015.

Volkmann 2024
Volkmann, Uwe: Demokratietheorie ohne Demokratie? Vom Wert der Philosophie Hans Kelsens für unsere Zeit, in: Rechtskonflikte. Festschrift für Horst Dreier zum 70. Geburtstag, herausgegeben von Frauke Brosius-Gersdorf u.a., Tübingen 2024, S. 713–730.

Vollmeyer 2011
Vollmeyer, Jan: Der Staat als Rechtsordnung. Hans Kelsens Identitätsthese und ihre Bedeutung für den europäischen Konstitutionalisierungsprozess, Baden-Baden 2011.

Walter 1970
Walter, Robert: Der gegenwärtige Stand der Reinen Rechtslehre, in: Rechtstheorie 1 (1970), S. 69–95.

Walter 1971
Walter, Robert: Das Lebenswerk Hans Kelsens: Die Reine Rechtslehre, in: Festschrift für Hans Kelsen zum 90. Geburtstag, Wien 1971, S. 1–8.

Walter 1983
Walter, Robert: Das Auslegungsproblem im Lichte der Reinen Rechtslehre, in: Festschrift für Ulrich Klug zum 70. Geburtstag, Bd. I: Köln 1983, S. 187–197.

Walter 1992
Walter, Robert: Entstehung und Entwicklung des Gedankens der Grundnorm, in: Robert Walter (Hrsg.), Schwerpunkte der Reinen Rechtslehre, Wien 1992, S. 47–59.

Walter 1992a
Walter, Robert: Entwicklung und Stand der Reinen Rechtslehre, in: Robert Walter (Hrsg.), Schwerpunkte der Reinen Rechtslehre, Wien 1992, S. 9–20.

Walter 1993
Walter, Robert: Die Grundnorm im System der Reinen Rechtslehre, in: Rechtsnorm und Rechtswirklichkeit. Festschrift für Werner Krawietz zum 60. Geburtstag, herausgegeben von Aulis Aarnio u.a., Berlin 1993, S. 85–99.

Walter 1999
Walter, Robert: Hans Kelsens Rechtslehre, Baden-Baden 1999.

Walter 2005
Walter, Robert: Hans Kelsen als Verfassungsrichter, Wien 2005.

Walter/Jabloner/Zeleny 2003
Robert Walter/Clemens Jabloner/Klaus Zeleny (Hrsg.), Hans Kelsens stete Aktualität, Wien 2003.

Walter/Jabloner/Zeleny 2008
Robert Walter/Clemens Jabloner/Klaus Zeleny (Hrsg.), Der Kreis um Hans Kelsen. Die Anfangsjahre der Reinen Rechtslehre, Wien 2008.

Walter/Jabloner/Zeleny 2010
Robert Walter/Clemens Jabloner/Klaus Zeleny (Hrsg.), Hans Kelsen anderswo. Hans Kelsen abroad. Der Einfluss der Reinen Rechtslehre auf die Rechtstheorie in verschiedenen Ländern, Teil III, Wien 2010.

Wendenburg 1984
Wendenburg, Helge: Die Debatte um die Verfassungsgerichtsbarkeit und der Methodenstreit der Staatsrechtslehre in der Weimarer Republik, Göttingen 1984.

Wiederin 2007
Wiederin, Ewald: Grundlagen und Grundzüge staatlichen Verfassungsrechts: Österreich, in: Armin von Bogdandy/Pedro Cruz Villalón/Peter M. Huber (Hrsg.), Handbuch Ius Publicum Europaeum, Bd. I: Grundlagen und Grundzüge staatlichen Verfassungsrechts, Heidelberg 2007, § 7, Rn. 1–136 (S. 389–449).

Wiederin 2009
Wiederin, Ewald: Das Spätwerk Kelsens, in: Robert Walter/Werner Ogris/Thomas Olechowski (Hrsg.), Hans Kelsen: Leben – Werk – Wirksamkeit, Wien 2009, S. 351–365.

Wiederin 2011
Wiederin, Ewald: Die Stufenbaulehre Adolf Julius Merkls, in: Stefan Griller/Hans Peter Rill (Gesamtredaktion), Rechtstheorie: Rechtsbegriff – Dynamik – Auslegung, Wien 2011, S. 81–134.

Wiederin 2014
Wiederin, Ewald: Der österreichische Verfassungsgerichtshof als Schöpfung Hans Kelsens und sein Modellcharakter als eigenständiges Verfassungsgericht, in: Thomas Simon/Johannes Kalwoda (Hrsg.), Schutz der Verfassung: Normen, Institutionen, Höchst- und Verfassungsgerichte, Berlin 2014, S. 283–306.

Wiederin 2014a
Wiederin, Ewald: Hans Kelsen als praktischer Verfassungsrechtler, in: Nikitas Aliprantis/Thomas Olechowski (Hrsg.), Hans Kelsen: Die Aktualität eines großen Rechtswissenschaftlers und Soziologen des 20. Jahrhunderts, Wien 2014, S. 109–118.

Wiederin 2020
Wiederin, Ewald: In aller Nüchternheit: Österreichs erster Verfassungskommentar, in: HKW 8, 25–37.

Wiederin 2022
Wiederin, Ewald: Die Verfassungsgerichtsbarkeit in Österreich 1919–1939, in: Beiträge zur Rechtsgeschichte Österreichs 2022, S. 276–286.

Wiederin 2023
Wiederin, Ewald: Hans Kelsen als Praktiker des Verfassungsrechts, in: Osaka University Law Review 70 (2023), S. 81–122.

Zeleny 2009
Zeleny, Klaus: Der Kreis um Kelsen. Die Wiener Rechtstheoretische Schule, in: Robert Walter/Werner Ogris/Thomas Olechowski (Hrsg.), Hans Kelsen: Leben – Werk – Wirksamkeit, Wien 2009, S. 137–148.

Zeleny 2015
Zeleny, Klaus: Das Majoritätsprinzip bei Hans Kelsen und einige gegenwärtige Kritikpunkte, in: Ius est ars. Ünnepi tanulmányok Visegrády Antal professzor 65. születésnapja tiszteletére, Pécs 2015, S. 531–554.

Zeleny 2018
Zeleny, Klaus: Hans Kelsen als politischer Mensch, in: Clemens Jabloner/Jan Kuklik/Thomas Olechowski (Hrsg.), Hans Kelsen in der tschechischen und internationalen Rechtslehre, Wien 2018, S. 17–36.

Zellenberg 2014
Zellenberg, Ulrich E.: Hans Kelsen und die Deutung des Bindungskonflikts als Kompetenzkonflikt, in: ZöR 69 (2014), S. 685–714.

Sachregister

Horst Dreier wurde 1954 in Hannover geboren und studierte dort 1975 bis 1981 Rechtswissenschaften. Seine Dissertation von 1985 befasste sich mit dem Gesamtwerk Hans Kelsens und läutete dessen Renaissance in Deutschland ein. Nach der Habilitation an der Universität Würzburg und Stationen in Heidelberg und Hamburg war er von 1995 bis zu seiner Emeritierung im September 2020 Ordinarius für Rechtsphilosophie, Staats- und Verwaltungsrecht an der Julius-Maximilians-Universität Würzburg. Von 2001 bis 2007 Mitglied des Nationalen Ethikrates, von 2004 bis 2006 Vorsitzender der Vereinigung der Deutschen Staatsrechtslehrer. Seit 2003 ordentliches Mitglied der Bayerischen Akademie der Wissenschaften, seit 2007 der Deutschen Akademie der Naturforscher Leopoldina (Sektion Kulturwissenschaften). Er war Fellow des Berliner Wissenschaftskollegs, des Max-Weber-Kollegs in Erfurt und der Carl Friedrich von Siemens Stiftung in München. Jüngere Veröffentlichungen: Staat ohne Gott, München 2018; Kelsen im Kontext, Tübingen 2019; Kirche ohne König, Tübingen 2020; Metamorphosen der Demokratie, Basel 2024.